高等院校管理类专业系列教材

领导科学与艺术

主 编 陈 辉 宋 川
参 编 汪 洋

机械工业出版社

本书是一部讨论领导理论及领导实践的教材。全书以领导科学的发展过程为主线，将领导科学的内容分为了三个主要方面：领导者、追随者与情境，其中领导者部分主要介绍了领导者的概念、特质及特点，尤其是其权力特征。除了权力，领导者还离不开的是追随者。在追随者部分本书既重点介绍了领导者对追随者的激励，又强调了追随者对领导者的限制。这些保证了组织的凝聚力。同时，无论是领导者还是追随者都是在一定的情境下行动的，所以本书对于组织内外的环境，特别是文化进行了特别的关注。除了系统介绍领导理论及实践外，在各节内容之后的引导性问题有助于读者在阅读之后进一步分析思考。

本书可以作为高等院校管理学类专业的教材，也可供相关专业选用和社会读者学习。

图书在版编目（CIP）数据

领导科学与艺术/陈辉，宋川主编. —北京：机械工业出版社，2014.9（2025.1 重印）
ISBN 978-7-111-47837-9

Ⅰ. ①领… Ⅱ. ①陈… ②宋… Ⅲ. ①领导学—教材 Ⅳ. ①C933

中国版本图书馆 CIP 数据核字（2014）第 201848 号

机械工业出版社（北京市百万庄大街 22 号　邮政编码 100037）
策划编辑：张　亮　　　责任编辑：张　亮
版式设计：墨格文慧　　　责任校对：乔　晨
封面设计：鞠　杨　　　　责任印制：邰　敏
北京富资园科技发展有限公司印刷
2025 年 1 月第 1 版第 11 次印刷
184mm×260mm · 14.75 印张 · 363 千字
标准书号：ISBN 978-7-111-47837-9
定价：45.00 元

电话服务　　　　　　　　网络服务
客服电话：010-88361066　　机 工 官 网：www.cmpbook.com
　　　　　010-88379833　　机 工 官 博：weibo.com/cmp1952
　　　　　010-68326294　　金 书 网：www.golden-book.com
封底无防伪标均为盗版　　　机工教育服务网：www.cmpedu.com

这本书是写给谁的

如果你认为领导并不是天生的，每个人都可以通过努力成为一名领导者，那么选择这本书就对了。在现代社会和组织生活中，领导不简单地只是那些被赋予了领导地位的人。常常，我们在非领导者的身上也感受到了优秀领导者的气质。所有的个体都应该意识到他们的技巧、能力和知识，并且抓住可以成为领导者的机会。

领导者存在于生活中的各行各业以及组织的各个层级。一些今天最知名的领导者并不是天生的，而是后天习得的领导角色。这些领导者们每天面对着挑战、变化和跌宕起伏，并且发展、创造出了自己独特的领导方式。领导者都有一些共同的特质，但是同时这些人又都是非常不同的人。不同的经历、智慧、成就、人品、风度、魅力均由领导过程体现出来。

从表面上看，领导者只是驾驭者、指挥者，但实际上，一个领导者并不只是一个权力的拥有者，在指挥、带领、指导追随者为实现组织目标而努力的过程中，需要各项能力和各种素质。领导者需要关心追随者对领导方式的反应，注意追随者的各种情绪，并通过沟通和化解冲突来维持一个团队的凝聚力。因为领导者肩负着与普通人不同的使命与责任，要做出高瞻远瞩的决策，要带领着一群人披荆斩棘，走向一个大家都认可的辉煌未来。

人们常犯的错误之一，就是误以为领导力是一种可以依靠阅读、畅谈和参加课程培训就能掌握的技巧。的确，这些学习可以帮助我们雕琢一些领导者技艺，但事实上，没有什么能够教会人如何去领导一个组织和团队，除了实践。领导是一门唯有通过实践才能学会的技艺。

领导学既是一门科学，又是一门艺术。但它并不是可望而不可即的，它有一定的规律可循。希望读者能够通过本书的介绍，在广泛阅读的基础上开动脑筋，对现实中的疑惑进行深入思考，坚持读书与运用相结合，知行合一、日积月累，必然能够在错综复杂的局势下左右逢源、如鱼得水，成功地应付各种显露的或者潜在的危机，不断提高自己的领导能力并成为出色的领导者。

为方便教学，本书配套电子课件等教学资源。凡选用本书作为教材的教师均可索取，咨询电话：010-88379375。

目 录

这本书是写给谁的
第一部分 关注领导者 1
第1章 开篇 3
1.1 领导是什么 3
1.1.1 领导概念 3
1.1.2 领导既是一门科学又是一门艺术 6
1.1.3 领导既是理性的又是感性的 7
1.2 领导与管理 8
1.2.1 领导与管理的区别 8
1.2.2 领导与管理的联系 11
1.3 领导理论 13
1.3.1 领导特质理论 13
1.3.2 领导行为理论 15
1.3.3 领导权变理论 18
1.3.4 领导理论的新发展 19
第2章 领导与权力 22
2.1 权力是什么 22
2.1.1 权力 22
2.1.2 权威 24
2.1.3 魅力 27
2.1.4 总结 29
2.2 权力的获得与失去 31
2.2.1 权力来源 31
2.2.2 权力分类 34
2.2.3 失去权力 36
2.3 权力的运用 39
2.3.1 影响力 39
2.3.2 影响力过程 41
2.3.3 影响策略与政治 45
2.3.4 授权 50
第3章 领导特质 53
3.1 领导特质是什么 53
3.1.1 伟人理论 53
3.1.2 特质与素质 54
3.2 领导特质理论 58
3.2.1 特质理论 58
3.2.2 人格特质模型 61
3.2.3 评价 64
3.3 领导智商与情商 66
3.3.1 智商与智慧 66
3.3.2 情商与情绪管理 68
3.3.3 印象管理 71

第二部分 关注追随者 75
第4章 追随者与追随力 77
4.1 追随者 77
4.1.1 追随者及其类型 77
4.1.2 领导者与追随者的关系 80
4.1.3 LMX 理论 82
4.2 追随力 85
4.2.1 Potter & Rosenbach 追随力模型 86
4.2.2 Curphy-Roellig 追随力模型 88
4.3 关注追随者的领导者 91
4.3.1 责任与信任 91
4.3.2 领导行为理论（领导风格理论） 94
4.3.3 追随力与领导力的整合 100
4.3.4 交易型领导与变革型领导 102
第5章 领导与激励 107
5.1 激励及人性假设 107
5.1.1 基本激励过程 107
5.1.2 激励、满意与绩效的关系 ... 110
5.1.3 人性的假设 113
5.2 内容型激励理论 116
5.2.1 需要层次理论 117
5.2.2 生存—关系—成长理论 120
5.2.3 成就动机理论 122
5.2.4 双因素理论 124
5.2.5 内容型激励理论的相互关系 127
5.3 过程型激励理论 128

5.3.1	期望理论	128	7.1.3 环境与变化	182
5.3.2	公平理论	131	7.2 领导权变理论	184
5.3.3	目标设置理论	134	7.2.1 菲德勒模型	184
5.3.4	强化理论	137	7.2.2 赫塞—布兰查德情境理论	

第6章 领导与凝聚力 141
 6.1 凝聚力 141
  6.1.1 群体凝聚力的定义与来源 141
  6.1.2 群体凝聚力与群体生产率 144
  6.1.3 群体士气 147
 6.2 处理冲突的艺术 149
  6.2.1 冲突 149
  6.2.2 竞争与合作 153
  6.2.3 规范与压力 155
 6.3 沟通的艺术 159
  6.3.1 沟通 159
  6.3.2 有效沟通 164
  6.3.3 人际沟通技能——倾听 167
  6.3.4 人际沟通技能——反馈 169

第三部分 关注情境 173

第7章 领导与情境 175
 7.1 环境与变化 175
  7.1.1 环境与环境生态学 175
  7.1.2 环境的分类 179

   （领导生命周期理论） 188
  7.2.3 路径—目标理论 192
  7.2.4 领导者—参与模型 195
  7.2.5 对权变理论的批评 199

第8章 领导与组织 201
 8.1 领导与组织文化 201
  8.1.1 文化与组织文化 201
  8.1.2 组织文化与时代范式 206
  8.1.3 组织文化的维度 208
  8.1.4 文化预期的领导特质 213
 8.2 领导与组织结构 216
  8.2.1 组织结构 216
  8.2.2 集权与分权 218
 8.3 团队发展与变革 219
  8.3.1 群体与团队 219
  8.3.2 团队建设 222
  8.3.3 领导创新与组织变革 224
 8.4 全书总结 227

参考文献 230

第一部分

关注领导者

第 1 章 目 录

Content

1.1 领导是什么

1.1.1 领导概念

1.1.2 领导既是一门科学又是一门艺术

1.1.3 领导既是理性的又是感性的

1.2 领导与管理

1.2.1 领导与管理的区别

1.2.2 领导与管理的联系

1.3 领导理论

1.3.1 领导特质理论

1.3.2 领导行为理论

1.3.3 领导权变理论

1.3.4 领导理论的新发展

第1章 开 篇

> 记住老板与领导者的不同：一位老板会说"去吧！"，而一个领导会说"让我们去吧！"。
>
> ——E. M. Kelly

我们总是期待人与人之间是平等的，但是却又常常发现周围的人总是被分为了三六九等。纵观整个人类的历史，我们会发现这是一部分人受制于另一部分人的领导和统治的历史长卷。为什么提倡平等的现代社会依然存在着这样的上下级关系呢？伏尔泰说过，就算世界上没有上帝，那也有必要创造一个。领导承载了我们的寄托，排解了我们对于未知的担忧，他们总能在各个领域给我们指明未来的方向、带来希望。

领导并不是现代才有。其实所谓领导，顾名思义就是"领"，即领着大家往前走；以及"导"，即引导大家走上这条路。这就是组织中领导的本质——通过下属达成组织目标。

1.1 领导是什么

1.1.1 领导概念

领导是指一类人吗？

一提到"领导"，一般在我们的脑海中浮现的是一些具体的人物。因此，"领导"首先被理解为一种对人的称呼。他们是政治英才、企业精英还是宗教领袖？你的老板、上司，甚至是你的老婆？那么，为什么你会想到这些人呢？这些人有着哪些不同于其他常人的地方呢？无论你想到的领导是秦始皇、亚历山大大帝，还是比尔·盖茨、索罗斯，这些人的共同点就在于你被他们领导了，这是一种不知不觉地被这些人所影响的过程。有的学者认为，领导者就是拥有影响他人的力量的这么一类人，这种领导力就是一种影响力，归根结底是一种权力（第 2 章会详细地讲解）。特别是意大利的政治思想家马基雅维利（Machiavellian），他丝毫不加掩饰地强调，领导者要不择手段地获得和使用权力，有效的领导者是那些能够利用技巧和手段达到自己目标的人。

但并不是所有的学者都看重权力的作用。德国的社会学家韦伯（Max Weber）强调有效的领导者有一种魅力（关于权力与魅力的不同详见2.1.3），即某种精神力量和个人特征，能够对许多人施加个人影响。所以这样说来，领导者是一群有着独特性格特点和人格特质的人。他们可以热情可以冷静、可以坚持可以灵活、可以果断可以谨慎、可以正直可以圆通（更多关于领导特质的内容详见第 3 章）。

领导是指一类活动吗？

领导并非仅仅是一个称呼或职位。领导的本质反映的是人与人之间的关系，它存在于领导活动之中。因此，"领导"除了被看作一个名词，还可以被看作一个动词。20 世纪早期对领导的研究将领导定义为领导的活动，涉及领导与追随者之间的互动。到了 20 世纪中期，学者将领导视为一个围绕着人与人之间所共享的目标展开的影响过程。领导过程强调领导是一个涉及领导同追随者之间以及领导同情境之间的复杂的互动关系，是一个领导者、被领导者与环境相互作用的动态过程，是领导者通过向被领导者施加影响以改变被领导者的行为，创造有利于领导的环境，从而有效地实现目标的活动。

第一位正式提出领导过程中领导、追随者和情境重要性的学者是弗雷德·菲德勒（Fred Fiedler）。菲德勒将领导描述成三个要素的综合——领导、追随者和情境，并建立了领导过程的相互作用模型，如图 1-1 所示。借助这个模型，我们可以分析领导过程内部的具体状况。首先我们可以审视三个要素之间的互动情况。如果我们不仅仅关注领导者和追随者，还同时关注两者之间如何相互影响，那么我们可以更好地认识领导的过程。同样，在分析领导和情境的时候，如果我们通过观察情境如何制约或者促进了领导者的行动，以及领导者如何通过改变情境的不同方面来提高效率的话，则可以帮助我们更好地理解领导过程。更重要的是，这种理论提示我们：领导过程的互动模型强调，领导涉及领导同追随者之间以及领导同情境之间的复杂的互动关系。这种互动关系让我们摆脱了对领导活动的一般化理解，从而针对领导、追随者和情境之间相互互动展开具体的分析。

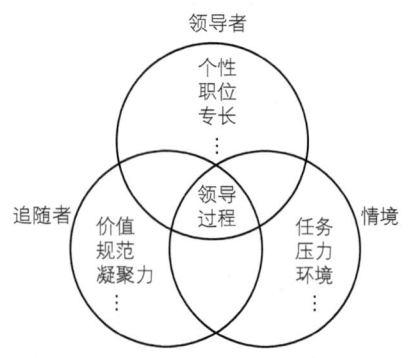

图 1-1 领导过程的相互作用模型

资料来源：E. P. Hollander. Leadership Dynamics: A Practical Guide to Effective Relationships [M]. New York: Free Press, 1978.

第1章 开篇

无法精确的定义

在20世纪的60年代和70年代，越来越多的学科和领域开始研究领导现象。早期的领导理论很少系统地、直接地提出领导的概念。但是随着领导成为流行的理念和实践，许多关于领导的定义诞生了。在1978年，詹姆斯·麦格雷戈·伯恩斯（James MacGregor Burns）出版了《领导学》一书，这改变了领导研究的性质。他认为如果要理解和学习领导，就必须要定义领导。到目前为止没有一个令大多数人都接受的、统一而全面的定义。而且即便是在学术研究中，领导也不是精确定义的。也许要获得对于领导最好的理解就要看看多数人是如何定义领导的。以下是一些被学者和领导实践者所广泛接受的定义：

（1）领导是指在竞争和冲突的背景下，人们借助动机、价值以及各种经济的、政治的和其他的资源来实现领导者同追随者之间共享目标的一个相互动员的过程。

（2）领导是一个诱导下属以一种预想的姿态来行动的过程。

（3）领导是指挥和协调一群人的工作。

（4）领导是一种令其他人顺从的人际关系，而这是因为他们想要顺从，并非不得不顺从。

（5）领导是一个影响组织去完成它的目标的过程。

（6）领导是关注资源来创造有吸引力的机会行为。

（7）领导是为团体能够更加有效而去创造条件。

（8）领导涉及通过其他人来完成任务，以及组建富有凝聚力的、关注目标的团队。好的领导者就是那些通过各种情境来建立组织并获得结果的人。

（9）领导者是一种以社交的方式解决问题的复杂形式。

（10）任何一位能对他人进行卓有成效的心理激励，因而能有效地调节大众反应的人，就可以被称为领导者。

（11）领导者可以被视为用来整合其他成员的角色以促进社会系统进步的一个角色。

（12）领导是团队内部两个或者两个以上的成员之间的相互作用，这种相互作用通常会涉及对组织的构架或重建，以及团队成员的认知和期望。

（13）领导就是有着某些特质的伟大的男人和女人，他们影响下属去做领导者想做的事情以有效地实现组织或者团队的目标。

由此可见，人们对于领导的认识可能比我们想象的还要更加的缤纷复杂。这些理解的不同源于上面刚刚提到过的内容——"领导实际是一个涉及领导者、追随者和情境之间的复杂过程"。一些领导的研究者关注的是他们的个性、物理特质或者领导者行为；一些人研究的是领导者同追随者之间的关系；还有的人研究的是情境如何影响领导行动的。有的人甚至认为，其实根本没有所谓的领导，只是将组织的成功和失败错误归因于领导，而情境可能比组织中任何的要素（包括领导者自身）都更能影响组织的功能。

领导的概念各异，这些不同导致了各类研究者进一步发掘领导的不同方面。尽管这些关于领导的概念可能看起来令人疑惑，但是通过这些概念，我们知道了没有一个单独的概念可以完全地涵盖领导的内涵，这是很重要的。不同的概念为我们提供了审视领导概念的不同视角，为理解领导现象提供了多重要素。

例如，在上面列举的第一个概念中，顺从似乎成为将领导定义为一种在层级关系中的自上而下的影响。第二个概念则强调的是领导的指挥和控制两个方面，并且因此可能会降低领导情感方面因素的重要性。第三个概念则将重点放在了下属顺从的意愿，也就排除了任何类型的诱导会成为领导的工具。更深层的含义就是，当领导者有着大量的潜在的引导能力，但领导者并没有确切地威胁的时候，真正的领导在于下属是否自愿地服从。同样的，在概念中使用"有吸引力的机会"这个短语的关键原因，就是准确地区分领导和暴政。由于对于领导有着许多不同的定义，因此我们认为领导这个概念包括很广泛的个体。

人们从不同的角度来理解和定义领导，但是我们还是可以找到领导概念中一些本质性的、共性的要素，如互动过程、动员资源、竞争和冲突、共享目标等。丘拉(Joanne B. Ciculla)指出，关于领导的诸多不同的定义中可以发现相似之处，所有的定义都将领导视为某种过程、行为或者通过某种方式驱动他人的影响。由于大多数学者倾向于将领导视为一种社会现象或一个社会过程。在这个过程中，某个人对其他的某个人或某些人有意图地施加影响，以促使大家为达到共同的、需要团队成员的通力合作才能达到的目标而努力。因此，本书将"领导"定义为"领导就是领导者通过影响他人来实现组织和成员中共享的目标的过程"。当然，要更好地理解这个概念，我们需要继续发掘它所蕴含的丰富内涵。

思考：
1．你对领导的定义是什么？你给出的概念中包含哪些重要的要素？
2．领导的概念五花八门，这给了我们怎样的启示？

1.1.2 领导既是一门科学又是一门艺术

说"领导"既是科学又是艺术就是强调领导科学既是一个学者们竞相研究的理论领域，同时也是千万领导者们正在进行的实实在在的实践。领导科学的范畴反映在大约 8000 项研究当中。一个领导学研究领域的专家并不必然是一位好的领导者，反之亦然。一些管理者可能是有效的领导，但是他们并没有学习过领导的课程，也没有接受过相关的培训。一些领导领域的学者可能自己本身却是相对差劲的领导者。

领导研究的目标总是瞄准领导效率。学问可能不是提高领导效率的必要前提，可是理解这些重要的学术研究成果可以帮助我们更好地使用各种观点去系统地分析局势，然后从侧面向我们提供了领导者如何能够使用更加有效率的方法和途径。尽管如此，不同的领导者对于局势的分析以及使用的反映技巧都非常不同。领导是一门科学的同时又是一门艺术。

领导成为一个几乎在任何时候、任何人都感兴趣的话题。人们对于那些掌控政府、学校、公司等各类组织的人表现出了极大的兴趣,也因此成千上万的关于领导话题的图书和文章面世了。科菲(Gordon J. Curphy)和霍根(Robert Hogan)认为,所有这些著作可以归为两大阵营,据此领导学科的研究可以划分为两个相互平行的传统,即学术研究的传统(Academic Tradition)和口口相传的传统(Troubadour Tradition)。

(1)学术研究的传统,主要是指由那些使用数据和数学方法来研究有效领导的文章,因为学术传统是基于研究的。但是多数的这些研究成果是写给其他的领导研究者的,并且事实上,对于领导实践解释力不够。因此,领导实践者们常常对于学术传统下的研究成果并不熟悉。

(2)口口相传的传统,这方面的著作和文章的内容是一些对以前的领导者的回忆和对其曾经的观点或活动的整理。这类流行的图书包括《谁动了我的奶酪?》《CEO 想让你知道的事情》等。这类文章提供的事实很难同小说区分开,也很难知道是否这些观点可以用于其他的背景下,而且研究的结果也很难和观点区分开。

如何将两种传统结合起来,即如何为领导者们提供及时的、容易理解又基于研究的建议是改进领导实践最大的挑战。一方面,领导科学研究所积累的知识有着巨大的价值,然而学者们的角度很客观,很少从服务的对象——领导者和未来的领导者着眼。这些基于严谨论证的领导研究越来越丧失了重要性,主要是因为在学术期刊上发表的文章的内容晦涩难懂,并且无趣。另一方面,领导实践者常常想要找到有效而成功的捷径,他们也就理所应当地找到了那些似乎可以给他们直接提供指导的流行书籍和速成类文章。但不幸的是,这些速成书籍和文章里的观点很少是基于严谨的研究的基础之上的。它们将领导过程的复杂性过于简单化,并且在许多时候它们甚至提供了糟糕的建议。

思考:

1. 如果要成为一名优秀的领导者,需要学习领导理论还是领导实践呢?
2. 你如何看书店那些领导类速成图书呢?

1.1.3　领导既是理性的又是感性的

充分理解领导这一概念,需要认识到人性的两个方面。我们生活的社会由理性的和感性的人类经验共同构成。我们无法想象一个完全理性的世界是怎样的冷冰冰,也无法想象一个完全感性的世界又会怎样的狂热。

领导活动同时涵盖了人类经验的这两个方面,领导行为和领导影响力可能是理性的、逻辑的,也可能是激情的、随性的。我们不能只是将重点放在栽培那些理性的领导者上,因为他们仅仅依据逻辑上的可能性来做出反应,而每个个体有着不同的思维和情感、不同的希望和梦想、不同的需求和恐惧、不同的目标和报复、不同的优势和弱点,并且领导的情景也是纷繁复杂的。人可以同时是理性的和感性的，所以领导者可以使用理性的方法，也可以使用感性的吸引来影响追随者，但是他们也必须权衡他们行为的感性和理性的后果。

好的领导不仅仅包括深思熟虑、谋划、协调、控制，虽然这些理性分析的确可以提高领导水平和领导效率，还包括触及他人的感知。20 世纪 60 年代争取黑人权利的马丁·路德·金激励了许多人的行动，他不仅触动了他们的脑，更感动了他们的心。情绪可以帮助人们成功地完成工作，它在领导活动中起着非常重要的作用。情商被认为是一种感觉、使用、沟通和识别、记忆、学习、管理和理解我们自己以及他人情绪的内在的能力。在某个程度上说，每个人都拥有情商，只是我们情绪管理的程度不同，特别是在应对高压的情形下（有关情商和情绪管理的更多内容请见 3.3.2）。

被激起的群体感情和群体情绪可以是积极的也可以是消极的，可以是建设性的也可以是破坏性的。一些领导者可以鼓舞人们来实现远大的理想和目标，但另一方面，像希特勒领导下的群众暴动以及当前社会出现的暴徒集团都证明了群体狂热可以很容易地引发群体的盲目从众和导致不理智的结局。同样是在情感吸引的作用下，吉姆·琼斯（James Warren Jones）牧师在 1978 年就使得 909 名他的追随者自愿地实施了自杀行为。

总之，领导既包括理性行动，也包括追随者的感性、非理性的行为。领导者需要同时考虑他们的行动的理性结果和情绪结果。

思考：
1. 我们做人做事的重要原则就是完全理性的吗？过于理性会带来怎样的结果？
2. 情绪控制是否算是一种能力？为什么？过于情绪化会带来怎样的结果？

1.2 领导与管理

要回答什么是领导，很自然地要分析领导与管理之间的关系。我们常常交替使用"领导"和"管理"这两个词，两者感觉似乎是一回事，但是其实它们是有着很大区别的。

1.2.1 领导与管理的区别

领导就是管理吗？

要准确地说出领导和管理的区别并不是一件容易的事情。许多人会隐约地感觉到，管理更多地意味着效率、计划、文书工作、过程、规则、控制和一致性，而领导意味着风险承担、互动、创新、变化和愿景。有人认为领导不同于管理，领导基本上是一种价值的选择，因此是价值偏向的、创造性的。

每个研究领导科学的学者基本都会对领导与管理做出区分,就如同提出领导的概念一样,这种区分也因强调不同的方面而数不胜数。表1-1尽可能全面地对两者的重点属性做了对比。

表1-1 领导与管理的区别

属 性	领 导	管 理
本质	改变	稳定
行为	变革	经营
关注	领导他人	管理工作
关心	什么是正确的	如何成为正确的
视野	长期	短期
方法	设定目标	控制细节
追求	愿景	目标
权力	个人魅力	正式权威
拥有	追随者	下属
吸引	心	脑
文化	塑造	执行
动力	事前的	事后的
需要	成就	成绩
挑战	面对	最小化
冲突	利用	避免
规则	打破	制定
信任	给予	获得
责备	承担	施加

理解这些区别的一个简单的方法就是将管理看作应付复杂性的过程,而将领导看作应付变化性的过程。大型组织的不断膨胀导致了管理层级的出现,用以维持在计划、预算、报告、监督等方面的控制。所以,好的管理意味着即便是在最复杂的组织中,事情也能够有条不紊地进行,即管理的本质是稳定。而领导要应对社会中因技术、竞争、规则和经济以及人口等方面的变化越来越频繁地、持续地给组织以变化的压力,即领导的本质是改变。

因此,管理关注的是控制复杂的管理工作,而领导是要挑战当前的做事方法并为组织设置新的目标。换句话说就是:领导者就是做正确的事,而管理者是正确地做事。史蒂芬·理查兹·柯维(Stephen R. Covey)做了一个非常形象的比喻:"管理就好比有效地爬上成功之梯;而领导决定了梯子是否倚靠在了正确的墙上。"

领导者就是管理者吗?

同样是对远大目标的追求,领导总是要求能量的瞬间爆发。不同于管理的控制机制那样强行地将人们置于正确的轨道之上，领导者的鼓舞和激励，通过满足人们对于成就感、归属感、认知感、自尊、把握自我命运以及不辜负生命等的需求，来激发人们的潜能。无疑，上述情感是如此打动人心，从而必将激发起强有力的回应。

领导者还通过协调组织中的非正式关系以追寻目标。这些非正式关系构成的一张隐形而有力的关系网，能够以一种非常类似于组织的正式层级所使用的协调管理方法来协调群体行为。非正式的关系网能够处理更多的有关非常规行为和变化的协调问题。大量的沟通渠道以及由此而来的个体间的信任感，使各种妥协和适应成为可能。一旦有矛盾产生，这些关系便会发挥作用从而使矛盾得到解决。而其中最重要的，也许就在于通过对话和妥协，使得彼此之间以一种联系和相容，代替了可能的疏远和竞争。所有这些都要求领导比管理协调有更大量的沟通。同时，与正式的层级结构的做法不同，这一切全部通过非正式的关系网来完成。

组织既需要管理者又需要领导者，那么所有的管理者都是领导者吗？或相反，所有的领导者都是管理者吗？当然不是！有些时候他们两者是相同的、统一的。在理想情况下，所有的管理者都应可以发展出领导技巧因而被认为是领导者。哈佛商学院的教授约翰·科特（John P. Kotter）指出，领导是一种可以学习的技巧，并且它和管理互为有效补充。可现实中，许多管理者永远都成不了领导者，许多的领导者成为绝望的管理者。

领导者可以是任命的，也可以是从一个群体中产生出来的，领导者可以不运用正式权力来影响他人的活动。领导者无论他们的职位如何，都被周围的人看作在某种情形下为他们提供领导活动的人。并不是所有的领导者必然具备完成其他管理职能的潜能，因此不应该所有的领导者都处于管理岗位上。一个人能够影响别人这一事实并不表明他同样也能够计划、组织和控制。

同样，管理其他人也并不立即意味着拥有了领导地位。领导者与管理者两者之间一个显著的区别在于：一个管理者被赋予一个职位，任命使得他们拥有合法的权力进行奖励和处罚，其影响力来自于他们所在的职位所赋予的正式权力。哈佛商学院终身教授亚伯拉罕·扎莱兹尼克（Abraham Zaleznik）干脆认为领导者和管理者基本上就是两类不同的人。

1.2.2 领导与管理的联系

领导还是管理?

虽然领导与管理各具特色,但是两者却有着许多重叠的领域,特别是在协调和控制职能上。因此,许多管理学家将领导与管理混用,彼得·德鲁克就认为管理就是领导。通过电影《指环王》的例子我们可以一窥领导与管理之间的密切关系:大家在爱隆会议上争论应该如何前进,佛罗多·巴金斯(Frodo Baggins)通过毁掉戒指挽救议会于水火之中。他设定了目标,但是并不知道该怎么实现它。在探索的过程中,群体的管理还来源于其他人,特别是甘道夫(Gandalf)和阿拉贡(Aragorn)。

在实际运作过程中,领导与管理也不是泾渭分明的。下面这则 1906 年旧金山大地震的故事,你更多地看到了好的管理活动还是好的领导活动,或是两者都有呢?

1906 年 4 月 18 日早上 5 时 15 分,一场强度为里氏 8.3 级(后来有人修改为 7.8 级)的大地震袭击了旧金山。这场大地震仅仅持续了 75 秒钟之后,旧金山几乎一片瓦砾,更加可怕的是,地震过后不久一场大火燃起,使震后的旧金山雪上加霜。和这场大地震以及随后的余震相比,随之而来的火灾造成的财产损失甚至更大。

城内发生了多处火灾,据估计,火灾多达 60 起。在市中心,几处相近大火混合成了一场更大的火灾。这场大火最终摧毁了市中心云尼斯大道(Van Ness Avenue)的超过 500 座楼房。此时大火已笼罩了全城,很多火灾是由破烟囱、火炉、电线和煤气管道断裂引起的。消防员做好准备,扛起水龙头准备灭火时,却突然发现无水可用,很多消防栓只能流出几滴水。城市供水系统遭到破坏,并因火炉倾倒引发大火,大火持续三天三夜,将 10 平方千米的市区化为灰烬,死亡 6000 余人,直接经济损失 5 亿美元。

在没有其他人来救灾,并且没有高科技的沟通方法的条件下,旧金山的官员如何行动呢?首先,任命军队供给的高级军官控制整体局势。旧金山湾区拥有数个军事基地,地震袭来时,整个加州局由陆军准将弗雷德里克·芬斯顿(Frederick Funston)来指挥。芬斯顿向陆军发布紧急命令向旧金山调动供给,同时海军动员和指挥拖船连续不断地抽取海水、灌入消防水管系统,准备了 800 升淡水以供急需饮水的市民饮用。为了保证安全,旧金山下达了戒严令。军队协同警方行动,防止有人趁火打劫。

地震发生之后,几近全毁的旧金山市立刻全力恢复自己的生活秩序。但是由于地震破坏了城市的电报系统,一个棘手的问题出现了:在灾难中被围困的人如何与他们的家庭取得联系？这时城市邮政系统立即声称，所有的旧金山市民可以使用邮局与他们的亲戚和朋友取得联系。邮局的四十多名员工，他们在大火中以超人的毅力保护邮政大楼不受波及。两天之后，旧金山美国邮政宣布复工。他们把车子开进难民营，不管是书页、报纸的碎片，包装纸的残角，还是扯下来的衣袖口，甚至木块，只要写上地址无论是否贴有邮票，灾民都可以把自己的消息传给外面世界的亲友。整场灾劫之中，没有丢失任何一封信件，这是美国邮政史上最光荣的一幕。

也许这提醒了我们，现代政府的有效管理不仅仅包括繁文缛节的管理手段，还包含着更具创新性和更加人性的领导方法。

领导与管理兼备

管理是用于应对复杂性的。管理的实践和程序在很大程度上是对应于 20 世纪的一个最重要发展，即大型组织的出现而言的。如果缺乏良好的管理，复杂型组织必将趋于一团糟，进而直接危及它们的生存。有序的管理可以赋予组织更多的秩序和连续性。

与此不同，领导则是相对于变革而言的。近年来，领导之所以能够变得如此重要，部分原因在于当今的经济更加富于竞争性，更加趋向于变化不定。新的环境下，变革日益成为维系生存、增强竞争力的必要条件，而更多的变革总是要求更强有力的领导。

然而，当我们致力于改进组织的领导能力的时候应当记住，过强的领导辅以过弱的管理同样不好，有时甚至还会更糟。领导和管理构成了同一过程中既相互区别又相互补充的两个体系，它们各有其自身的功能和特点，同时又都是当今经济条件下，组织取得成功所必不可少的组成部分。要应对快速变化的环境，组织所面临的真正难题在于，如何将强有力的领导和强有力的管理结合起来并使其相互制衡。

领导者与管理者交叉

如果说领导活动和管理活动还算是有所联系的话，那么领导者和管理者之间往往有着更多的交叉，甚至在许多小型组织中，两者是合二为一的。领导既不神奇也不神秘，它并不必然优于管理，同样，它不可能完全替代管理。而且并非所有的人都既擅长领导又精通管理。有些人能够成为卓越的管理者却不能成为优秀的领导者；而另一些人则具有杰出的领导才能，但是由于种种原因而不能成为强有力的管理者。所以，成熟的组织对两种人同时并重，且力图将两种人纳入同一团队里。

如同将管理者分为基层、中层和高层一样，领导者也有必要按照日常工作的层次和侧重被划分为基层领导者、中层领导者和高层领导者。其中，基层领导者侧重"有"，对于他们来说，看得见、摸得到的具体的东西是最重要的。中层领导者用"能"，因为他们主要负责上传下达，"能"强调的是有能力。而高层领导者要"无"，也就是不再纠结于组织活动和组织发展的细节和安排。"无"并不代表着懒惰和无所事事,无中可以生有。只有无为,领导者的下属才能无不为;只有无言,领导者的下属才能知无不言;只有不能,领导者的下属才能能者多劳。高层领导者更应该关注的是关注全局,从组织整体发展的角度去考虑影响,而不是去抢着做工作。

思考:

1. 对于一个组织来说,是领导更重要,还是管理更重要?为什么?
2. 不同于管理者,领导者更应该思考哪些问题、做哪些事情呢?

1.3 领导理论

现代西方领导理论的发展大体上经历了4个阶段。

第一阶段从19世纪末到20世纪40年代。研究的重点主要是具备什么样素质的人才适合当领导,即作为领导者需具备什么样的素质修养,或者当了领导之后需要具备哪些素质才能成为一个出色的领导者。人们把这一时期关于领导者特质的研究统称为领导特质理论(Trait Theory),将这一时期称为特质研究时期。

第二阶段始于20世纪40年代中期到70年代早期。研究的重点主要集中于领导行为,探讨什么样的领导行为、领导风格才能提高领导绩效。人们把这一时期关于领导行为的研究称为领导行为理论(Behavior Theory),将这一时期称为领导行为研究时期。

第三阶段始于20世纪60年代早期到90年代。这一时期研究的重点是影响领导绩效的情境因素,如工作任务、团体类型、下属特征等,将这一时期称为权变理论(Contingency or Situational Theory)研究时期。

第四阶段从20世纪80年代至今。这一时期的研究可以说比较分散,人们从多方面、多角度来研究影响领导绩效的各种因素,产生了多种领导理论,如交易型领导理论(Transactional Leadership)、变革型领导理论(Transformational Leadership)以及自我领导和超级领导理论等。

1.3.1 领导特质理论

王侯将相,宁有种乎?

在过去的一个世纪里,领导科学的研究者们时常思考这样一个问题,那就是:是什么使特定的人成为伟大的领导者?领导者是天生的还是后天培养的?换句话说,领导者同追随者是否有着本质的不同?领导特质理论就致力于归纳出有效领导者应该具有的个人特征,比如智慧、价值观、自信、外表等。该理论普遍认为有一组可以用来识别有效领导者的个人素质和性格特征。它提供了一种对于领导者复杂人格的简单解释。在很长一段时期之内，该理论一直是解释领导现象的重要来源。有关领导特质理论，本书在第3章进行了更加全面、系统、详细的介绍。

在19世纪末以及20世纪早期，许多学者坚持把领导个人品质特征当做描述和预测领导绩效的主要因素，对领导者的研究多着重于探索有效领导者与无效领导者之间、高层领导者与基层领导者之间是否存在个人品质的差异，更多的注意力被集中在那些无可争议非常卓越的"伟人"身上。人们普遍推崇的是苏格兰哲学家托马斯·卡莱尔（Thomas Carlyle）提出的"伟人理论"（Great Man Approach）。卡莱尔认为一些人生下来就是领导，遗传的、特殊内在的特质和性格特点使得这些人不同于那些追随者。领导素质是继承而来的，领导者同追随者从本质上是不同的。伟人是与生俱来的，而不是后天培养的。那些伟大的社会、政治和军事领导者是具有与生俱来的能够使其成为领导的特质。这种特定的领导才能和品质意味着，不管在什么情况下，具有这些特质的人最终将被推向领导者的位置。有人甚至认为，领导者是天生的"伟人"，缔造优秀领导者的问题可以归结为选对正确的人。

在伟人理论的影响下，领导特质理论于20世纪早期诞生了。领导特质理论（Trait Theories of Leadership）就是从性格、生理、智力及社会因素等方面对大量领导者的考察、分析和研究，寻找领导者特有的素质或应有的品质的理论，它也被称作素质理论。

1948年的时候，拉尔夫·斯托克蒂尔（Ralph Stogdill）考察了建立在人格特质理论基础上的一百多项研究成果。为了概括出成功领导者普遍具有的特征，他找到了79个独特的特质，但是其中65个特质仅仅在一项研究中出现过，其中只有4个特质（外向、幽默、聪慧和积极主动）出现在了5个以上的研究之中。同时斯托克蒂尔指出，尽管有足够的证据说明拥有某些特质的人作为领导更可能获得成功，但是他没有发现哪一种特质普遍地与有效的领导有关，并且特质重要与否同环境因素有着很大关系。例如，一位军事领导者和商业领导者所拥有的素质是不相同的。在一种环境下如鱼得水、得心应手的领导可能在另一个环境下一筹莫展，因此人格特质理论并不具有普遍意义。在此基础上巴斯进一步指出，事实上，环境分析统治了该领域。豪斯和阿迪蒂亚也认为很少有与有效的领导相关的通用素质。

经过数十年的研究探索，这种关于素质的特质理论在20世纪中期遇到了挑战。有关领导的个性素质的研究提供的结果常常令人失望。特质到底对于领导和领导能力能有多大的影响，一直没有一致的结论。而且领导科学的多数研究者未能在有效的领导者应该具有的才智、个性、身体特征方面达成共识，最终一致认为：领导理论的遗传决定论的观点是错误的，寻找放之四海而皆准的领导素质是徒劳无功的。这些颠覆性的重要发现，伴随着20世纪60年代和70年代对行为主义研究的兴起，导致了许多人认为个人特质并不能用于预测未来领导者的成功，并且将研究的重点转移到了其他的领导现象。

第 1 章 开篇

君子生非异也，善假于物也

直到20世纪的80年代和90年代，对领导者智商和个性等特质的研究才重新获得了研究者的青睐。人们从注重技术训练和管理方法中得到启示，逐步认识到领导者的特性是在实践中形成的，于是提出了现代特质理论。例如，罗伯特·豪斯（Robert House）确定了有效领导者的3项特质，即极高的自信、支配力以及对自己信仰的坚定信念。麦吉尔大学的康格（J. A. Conger）和凯南格（R. N. Kanungo）认为具有领袖魅力的领导人有如下特点：他们有一个希望达到的理想目标，为此目标能够全身心地投入和奉献，反传统，非常固执而自信，是激进变革的代言人，而不是传统现状的卫道士。

最近关于领导素质的研究发现，成功的领导者与其他人是不相同的。对于领导者的成功，某些特殊的素质确实起到了关键作用。但领导更像是一种风格，它不仅强调领导者的实质，也强调领导者的外在表现。领导者并不一定是绝顶聪明或全能先知的伟人，但他们需要具备极好的素质，这种素质并不是每个人都具有的。领导可能是一个普通人，只不过是在适当的时机出现在适当的位置上罢了。或许位置起了很大的作用，但是这也需要某种特别的人来把握机会带来的挑战和机遇。

拥有良好的素质，仅仅能使采取正确行动和获取成功成为可能。对于成功的领导者来说，只有某种素质还是不够的——它们仅仅是成功的前提。一定情境下的领导行为和反应使得一个人成为了一位成功的领导者。拥有某些必要禀赋的领导者还必须在不同情境下、面对不同追随者的时候采取正确的行动（如制定远景规划、树立典型角色、设定目标）才能获得成功。这就是20世纪40年代中期到70年代早期产生的领导行为理论和20世纪50年代后期发展起来的领导权变理论。

思考：

1．你认为领导者最重要的特质有哪些？为什么？

2．领导特质理论的核心是什么？它主要的假设是什么？

3．领导特质是否可以用于区分成功的领导者与失败的领导者？除了从特质上分析领导者，你是否还能想到其他的视角或者方法？

4．一个人表现出来的性格特质总是稳定的吗？一个平时温文尔雅的人是否会在一定的情境下变得暴躁易怒？有没有什么情境之下，情绪化的领导比镇定的领导更有效呢？对于这些，你是怎么理解的呢？

1.3.2 领导行为理论

行动决定价值

由于特质研究没有取得令人满意的结论，随着20世纪40年代中期行为科学的兴起，研究者从对领导者特质的研究转向了对领导者的领导行为和领导方式进行研究。领导行为理论集中研究领导的工作方式和行为风格对领导有效性的影响。这些对于工作、任务、行动和行为方式的研究所关注的是领导做什么,即通过考察领导者实际做了什么和怎么做的,来寻找提升领导绩效的答案。有关领导行为理论,本书在第4章进行了更加全面、系统、详细的介绍。

领导行为理论认为,领导工作的绩效主要取决于领导者的行为和风格,而不是领导者的特质。领导者不是天生造就的,而是后天培养、塑造而形成的。领导绩效是领导者从事不同行为的结果。如果能够识别出决定领导绩效的关键行为方式,那么就可以按照一些精心设计的培训项目把有效的领导行为模式移植到其他个体身上,改善领导的绩效,使之也成为有效的领导者。领导行为理论强调什么是一位有效领导者的行为,而不是判断谁应该是一位有效的领导者。领导行为研究者希望通过分析领导的行为特征,辨明优秀领导者的行为方式和风格如何影响领导绩效,并且提炼出恰当的领导方式来指导领导实践,最终实现只要正确行事,任何人都可以成为优秀的领导者。

相对于特质理论研究,领导行为研究具有一定的优势:首先,由于能够被观察,所以行为比素质更具有客观性和说服力,人们很少为自己的行为进行辩解;其次,行为能够被测量,而个性特质、价值观或者智力都只能通过行为或者其他的测试进行推测,行为比素质更精确和更正确;最后,行为可以通过学习而获得,但素质是先天或者早期生活中形成的。

研究角度与理论

探寻领导行为的结果是一个更富有挑战性的研究目标,因为许多具体的行为或方式有很大的随意性,所以对领导行为的研究有许多的角度:将领导视为一种功能;将领导视为一个过程;将领导视为一种行为方式;将领导视为一种角色;将领导视为工作任务和活动;将领导视作技术。虽然以上的各种角度让我们眼花缭乱,但是领导行为理论主要还是围绕两个基本问题展开的:一是领导者是怎么样做的,即领导的行为表现是什么?二是领导是怎样或以什么方式来领导群体的?

在行为理论方面,有几种比较经典的理论:俄亥俄州立大学关于结构维度和关怀维度的研究、密执安大学关于领导生产导向和员工导向的理论研究、布莱克和莫顿(Black & Mouton)的管理方格理论和斯堪的纳维亚学者关于发展维度的研究等。主要的理论成果包括库尔特·勒温(Kurt Zadek Lewin)的领导方式理论、伦西斯·利克特(Rensis Likert)的管理风格理论、领导四分图理论、管理方格理论等(见表1-2)。

表1-2　5种常见的领导行为理论

理　　论	划　分　依　据	领导行为类型
四方图理论 （俄亥俄州立大学）	体谅和创立结构	4种：双高、此高彼低、此低彼高、双低
管理方格理论 （布莱克和莫顿）	关心人和关心生产	5种：贫乏型、任务型、俱乐部型、中间型、协作型
领导作风理论 （卢因）	权力定位	3种：专制式、民主式、放任式
领导系统模式 （利克特）	上下级相互信任的程度、下级参与决策管理的程度	4种：专权独裁式、温和独裁式、协调式、参与式民主
PM型领导模式 （三隅二不二）	群体维持和目标达成	4种：P目标达成型、M团体维持型、PM两者兼顾型、PM两者俱无型

领导行为理论最大的特点是从行为的维度对领导进行分类，说明什么样的领导最为有效，强调了行为之间的交互影响。行为理论与特质理论的主要区别在于两者的理论假设不同：如果特质理论有效，领导者从根本上就是天生的；相反，行为理论认为，领导者是可以培养的，通过培训项目或者后天的培养是可以将有效的领导行为模式移植给领导者的。

另外需要注意的是，这些领导行为理论并不强调领导所做的工作或工作的种类具体是什么，而是描述当以领导角色行动的时候，领导强调的是什么。一般来说，这些理论从对人的关注和对生产的关心两个维度（后来瑞典和芬兰的研究者提出了第三个维度：发展维度），以及上级控制和下属参与的角度对领导行为进行了分类，在确定领导行为类型与群体工作绩效之间的一致性关系上取得了一定的成功。具有某些特质、价值观和态度的领导者可能觉得比其他人更加容易有效地活动、高效地活动。例如，随和度高的领导可能会发现给予追随者关心和支持相对容易，但是要求他们遵守纪律却很难。同样，不看重隶属关系、外向特质低的领导可能更乐意自己做事，而不是同其他人一起。因为行为是受到意识控制的，所以只要想，我们总是可以改变我们的行动。

领导行为理论有助于增加对各种不同类型领导行为的理解，注重行为模式而非领导特质，强调了领导培训的重要性。但和领导特质理论研究一样，两者都属于静态层面上的研究，只注重行为而没有考虑环境因素，也仅为高度复杂的领导过程提供了一个简单的视角，只考察了领导过程的强化因素，缺乏对影响成功与失败的情境因素的考虑。因此，其指导意义也是有限的。

就像前面提到的，在评估领导行为时我们必须时刻牢记追随者和情境。情境因素可以在领导行为中起到具有决定性的作用。同时，追随者和情境因素还可以帮助决定领导行为的好与坏。例如，一个领导在完成任务上给予下属非常细节的指导，如果追随者刚刚来到组织中或者以前从来没有接触过该工作，那么这种做法可能会帮助领导者获得更好的结果。但是如果追随者是有经验的，同样的领导行为可能就会起到负作用。因此要更全面地理解领导作用和领导效能，就要进一步了解领导权变理论。

思考：

1. 领导行为理论主要关注的是哪些因素？领导行为一般可以从哪些维度考虑？
2. 与领导特质理论相比较，领导行为理论具有怎样的特点？
3. 领导行为总是保持一贯性吗？一个平时非常民主、亲民的领导会不会在一定情境下突然做出独断的决策？对此你是如何理解的？
4. 影响领导者具体行为的因素都有哪些？

1.3.3 领导权变理论

什么是权变？

由于领导特质理论和行为理论都没有从根本上解决领导的有效性问题，人们仍旧疑惑：领导者是否有足够的时间？下属是否有参与的能力？多人参与是否造成浪费？所谓团队式领导应该是动态的还是静态的？带着以上种种质疑，在批判行为理论的过程中，人们开始重视情境因素对领导活动的影响。在20世纪60年代后期，领导科学研究进入了第三个阶段，即权变理论阶段，并在此基础上逐渐形成了领导权变理论。有关领导权变理论，本书将在第7章进行更加全面、系统、详细的介绍。

所谓权变就是权宜应变的意思。这种理论的前提假设是：一种领导行为是否有效，依赖于具体领导情境的需要。每个组织的环境、内容的各个子系统都各有其特点，并直接影响了组织的设计和管理。领导权变理论所关注的是领导者与被领导者的行为与环境的相互影响，尤其关注不同的领导方式与各种环境之间的适应性，并强调领导者的行为取决于既定的环境或情境。该理论认为，在领导活动中并不存在着一种普遍适用的"最好的"或"不好的"领导方式，任何领导类型都可能是有效的，也可能是无效的，关键看它与环境是否适应。权变论将客观情况与领导行为的相互作用视为决定领导活动能否成功的关键所在。无论领导者的性格或行为风格如何，只有领导者使自己的个人特点与领导情境因素相匹配的时候才能成为一个优秀的领导者。

由此，领导成为一个动态的过程，领导方式应随着下属的特点和情境的变化而变化，这样才能获得较高的领导绩效。领导绩效取决于领导者、被领导者、环境三因素之间相互作用的结果。X领导风格在A条件下恰当可行，Y领导风格则更适合于B条件，Z领导风格则更适合于C条件。这告诉我们，领导的有效性依赖于情境因素，并且这些情境因素是可以被识别和分析出来的。

主要的情境因素

对影响领导效果的主要情境因素进行识别和分析的研究很多。在权变理论的发展过程中，领导行为与领导的有效性之间的关系依赖的中间变量有任务结构、领导者—成员关系的质量、领导者的职位权力、下属角色的清晰度、群体规范、信息的适用性、下属对领导决策的接受程度、下属的工作士气等。领导权变理论的代表性研究主要有菲德勒的领导权变模型、赫塞和布兰查德的情境理论、豪斯的路径—目标理论、弗鲁姆和耶顿的领导参与模型等。

菲德勒是第一个对领导情境与有效领导方式之间的关系进行认真和系统研究的人。依据领导者的动机模型和情境控制指数这两个变量,并在对各种不同类型群体做了大量研究的基础上,他提出了团体的工作绩效与领导者动机模型及其情境控制变量之间的关系模型,它被称为菲德勒权变模型,成为领导学研究的一个经典范例。卡曼(A. K. Karman)则于1966年创立了生命周期理论。该理论强调,领导的风格要与下属的成熟度相适应,在下属逐渐成熟的过程中,领导者的风格应当逐渐调整。在确定什么是有效的领导行为过程中,应当把工作行为、关系行为和被领导者的成熟度结合起来考虑。赫西与布兰查德在生命周期模型的基础上,进一步发展出情境领导模型。该模型考虑了以下3个因素之间的相互作用:领导者给予的指导或指示的数量;领导者给予的关心支持的数量;追随者在执行特定任务、职责或目标时表现的准备程度。根据该理论模型,不存在领导或影响他人方式的最佳风格,使用何种风格取决于领导者影响的程度。

但由于实践者很难确定领导成员关系、任务结构等权变变量,领导权变理论相对于实践者显得过于复杂和困难,它的应用也具有一定的局限性。1978年,伯恩斯在对政治型领导人进行定性分类研究的基础上,提出领导过程应包含交易型和变革型两种领导行为,这一分类为领导行为的研究开辟了新的思路。1985年,巴斯正式提出了交换型领导行为理论和转变型领导行为理论,它比以往理论采取更为实际的观点,是以一个"走在大街上的"普通人的眼光看待领导行为,更具有实际的应用价值,在实践中得到了广泛应用。

此外,权变理论中最大的分歧在于领导者与情境之间的关系。有些人认为领导行为是刚性的,领导者不能根据具体权变因素改变领导行为;而有些学者持反对意见,认为领导者会根据具体的环境改变自己的领导行为。

思考:

1. 领导情境理论与领导特质理论有着怎样的不同?
2. 情境因素最大的优势在于哪里?它的局限性又有哪些?
3. 你能想到的领导情境因素有哪些?
4. 有人认为领导只是应对情境的一些活动,真正的领导行为是不存在的。对此你有怎样的看法?

1.3.4 领导理论的新发展

领导理论经过半个多世纪的演变,从特质理论、行为理论到权变理论,都在试图揭示有效领导背后的真正原因。阿代尔(J. Adair)的观点给出了很好的总结,他认为好的领导者有3个指示牌:在特质、能力上——你是什么;在功能上——你做什么;在一定情境下——你知道什么。虽然以往的理论都存在着局限性,但是这3种领导理论中的3个分析要素为后来理论的发展奠定了基础。后来的学者在前人的基础上,仍然在进行着不懈的探索,经过实践活动和理论探索,研究者又提出了许多关于领导的新理论和新理念。根据年代的发展,以下总结了自20世纪80年代以来一些新发展出的领导理论(见表1-3)。

表1-3 新发展出的领导理论

时间	一句话介绍
20世纪80年代	自我领导与超级领导(Self-Leadership & Super Leadership) 自我领导理论强调下属自己领导自己,假设下属如果有了自我控制的能力,则他们能够以一种负责任的方式来迎接挑战;而所谓超级领导就是领导者带领下属领导他们自己,超级领导适用于那些有责任领导他人的管理者
20世纪90年代	分布式领导(Distributed Leadership) 该理论强调领导及领导的影响分布于有结构的组织关系之中,是以组织中种种联合力量的形式表现出来的
	参与式领导(Participatory Leadership) 该理论强调的是民主型领导类型或领导风格,其实质是领导者能够组织员工参与决策和管理,使员工更容易地把个人目标融合于组织目标之中
21世纪初	仆人领导(Servant Leadership) 该理论强调领导者以谦逊、平易近人的性格以及强大的道德力量吸引追随者,这是一种存在于实践中的无私的领导哲学,将领导者提升到了一个精神道德的层面,即我们每个人对别人负有道德上的职责
	安静领导(Quiet Leadership) 该理论强调并不是所有的情形下都需要显而易见的、光鲜的领导者和领导活动,很多情况下领导活动是默默无闻的、潜移默化的,甚至不为人所知的,领导者也应该更加关注自己的内心而不是行为,进行冥想和自我控制
	美学领导(Aesthetic Leadership) 该理论关注的是领导者像美学家一样的行为方式,在组织中并不通过其职位权威来履行领导职能,因此美学领导不仅仅是涉及创造力或愿景,也涉及对于文化、政治或者人际问题的洞察,对于社会不平等或者文化问题的美学评论
	毒性领导(Toxic Leadership) 该理论关注的是领导负面行为或领导阴暗面,其中隐含的假设是:无效领导对应的不仅包括有效领导的缺失,更包括各种各样的破坏性行为

在20世纪末的80年代和90年代,领导科学的研究还有前三大领导理论的"影子"。例如,自我领导和超级领导理论的本质依然是关于领导者与追随者的关系;分布式领导理论也仍然是将领导活动分布于领导者、追随者和情境相互作用的"网"中;参与式领导强调领导者促使追随者与组织保持一致,以便更好地实现组织目标。但到了21世纪,领导科学进行了颠覆性的探索。一方面,领导科学的研究推翻了对领导作用的一味肯定,开始进行批判性的思考。另一方面,注重弥补技术未臻纯熟的粗陋,领导科学的研究更加讲求艺术性。另外,领导科学的研究开始强调哲学和精神、价值观和道德。不知道以中国为代表的东方领导哲学会不会成为今后领导学研究的新热点呢?

思考:

1. 你如何看待领导科学研究已经取得的成果?
2. 你对领导科学研究未来的发展有怎样的猜测?

第 2 章 目 录

Content

2.1 权力是什么

2.1.1 权力

2.1.2 权威

2.1.3 魅力

2.1.4 总结

2.2 权力的获得与失去

2.2.1 权力来源

2.2.2 权力分类

2.2.3 失去权力

2.3 权力的运用

2.3.1 影响力

2.3.2 影响力过程

2.3.3 影响策略与政治

2.3.4 授权

第 2 章　领导与权力

"想要凭权力和怒火确立其主张的人，却发现他的理由非常虚弱。"

——法国文艺复兴后期思想家蒙田

当提到权力的时候你想到了什么？你想到了一个拥有着巨大权威的人、一个受人尊敬的人？或是一个高级职务？你考虑过让人们违背他们的意愿而行动吗？领导者的权力对于别人总是显而易见的吗？权力是道德中立的吗？还是如英国历史学家阿克顿爵士所说，"绝对的权力导致绝对的腐败"，权力从本质上是危险的吗？什么会增强或者削弱领导权力呢？通过这一章的学习我们就会对上面这些关于权力的问题有个大致的了解。

2.1　权力是什么

2.1.1　权力

权力不是领导

第一眼看上去，领导同权力的关系似乎明显并且简单。领导与权力密不可分，领导活动围绕的核心就是权力。历史上卓越的领导者都特别关心权力的获得和使用。意大利政治家马基雅维利完成的《君主论》被认为是关于权力政治的经典手册。当前的学者们也强调将领导过程视为一种权力现象，甚至有人认为领导的本质就是权力（或权威，或影响力）。

尽管领导与权力的关系密不可分，但是毕竟领导并不等同于权力。首先，由于领导是一个通过下属来完成组织目标的过程，因此领导过程要求领导者和被领导者双方的目标保持一致。而权力不要求构成权力关系的双方有一致的目标，只需要在领导者与被领导者之间形成依赖。领导与权力的第二个差别在于影响的方向。领导一般侧重于向追随者，即向下施加影响，而尽量减少横向和向上的影响。而权力则不然，权力的影响过程更加复杂和充满艺术性。因此,领导研究在大多数情况下强调领导的方式,而权力研究的领域更加宽泛,不仅包括探寻权力的来源,还包括权力过程中一些影响策略的使用,特别是赢得服从的权术。最后,群体和个人一样可以使用权力来控制其他个体或群体,所以权力的实施者不止局限于个人的范畴,也就是说除了领导者之外,群体也可以使用权力。

权力的内涵

无论权力在其他社会科学中是否是最重要的概念,但至少在领导科学中的确如此。关于如何定义权力,当前的学者有着很大的分歧。这种分歧一点不亚于第1章中关于领导概念的争论。权力的概念是如此的宽泛和复杂,以至于每个人之间的想法都有些许不同。权力无论是被定义为对他人产生的作用或者对他人潜在的影响力,还是被定义为影响他人行为的能力,理解权力都需要注意以下几个要点:

(1)权力是潜在的。权力从来就不是直接被观察到的,追随者需要根据影响力技巧及其使用的频率进行归因。有些时候,尽管领导者可能没有故意去采取任何行动,但仅仅拥有实施影响力的能力常常就可以影响他人。权力可以存在但不被使用,它是一种能力或潜力。一个人可以拥有权力,但不运用权力。

(2)权力是一种依赖关系。也许关于权力最重要的一点在于它是依赖的函数。B对A的依赖感越强,则在他们的关系中A的权力就越大。尤其当一个人控制了你所期待拥有的事物时,他就拥有了对你的权力。我们在小说或者影视作品中经常看到这样的情节,豪门的家长只需明确或隐晦地威胁——小心我把你排除在财产继承者名单之外,就能够牢牢地控制整个庞大的家族。

(3)权力对象拥有自主权。韦伯将权力定义为"一个人或一群人即使遭到参与行动的其他人的抵抗,也能通过命令来实现自己意志的机会"。在韦伯看来,权力就是即使别人不想你这么做,你也能坚持自己的方式做下去。因此,当权力主体想要迫使权力客体做其本来不愿做的事情时,权力主体必须使用策略,让事情变成权力客体自主做出选择的结果。

在权力双方构成的这个潜在的依赖关系中,我们注意到,施加影响力的权力主体可能是个体、人群或组织;同样,权力客体可以是目标个体,也可以是目标人群。因此,权力概念突出的特征就是人们之间的相互作用。确切地说,权力是一个社会意义上的术语,即一个个体是相对于其他个体而拥有权力,一个团体也是相对于其他团体而拥有权力,以此类推。所以,权力的概念对于理解组织中的人如何影响彼此是非常有用的。

权力的复杂性

尽管通常认为权力是属于领导者的,强调领导者有着影响其追随者行为和态度的潜能。但是事实上,权力是领导者、追随者和情境的一个函数,追随者也会影响领导者的行为和态度。因此，权力意味着权力主体对权力客体的影响程度，这是一个相对的而非绝对的概念。

情境本身也可以制约领导者影响下属的能力，反之亦然。特别是如何使用权力，以及影响力的结果，这些都会对主体随后的权力造成影响。例如，领导者可以奖励或者惩罚追随者，他就比其他不能奖惩或者惩罚的领导者更具影响力。同样，追随者以及情境的特点也可以减弱领导者影响追随者的潜能，如当追随者属于一个强有力、活跃的组织之中的时候，领导者对追随者的影响力就会由于组织的作用而减弱。因此，权力表示的是，在任何一个给定的时间点上，一个主体影响一个或者多个目标客体的行为或者态度的相对能力。我们在学习、观察和描述权力关系的时候，必须将权力的目标客体、影响目标和时间具体化，因为权力从来不是绝对的或不变的，它是一个随着情境、个体、时间的变化而改变的动态关系。

最后，这里需要强调的是，对于权力的理解应该是多维度和多层次的。史蒂芬·卢克斯（Steven Michael Lukes）提出了权力的"三重维度观念"，这套阐述如今已成经典。他在讨论权力的时候，第一个维度关注的是在可以观察到的冲突中，决定坚持并努力贯彻自己行动的能力，即控制决策。第二个维度则关注的是控制议题、影响决策和控制议程。在这里，卢克斯特别强调了：拥有权力的群体或个人在实施权力的时候，可以不是通过决策，而是通过限制其他人可以利用的替代选择。比如说，权威政府实施自身权力的一种方式就是限制新闻可以报道的范围。这样一来，它们就常常可以将某些不满，如国际上的谴责，预先排除在外。最后，权力还有第三个维度，被称作"欲望的操弄"（Manipulation of Desires），即控制思想。卢克斯问道："让另一个人或一些人拥有希望你领导他们的欲望，也就是说，通过控制他们的思想和欲望来确保他们的遵从，这难道不是最高级的实施权力的方式吗？"这最后的维度，让我们察觉到了一种特殊的权力形式，那就是权威。下面我们就进一步看看什么是权威，它又有着怎样的特点和分类。

思考：

1. 领导与权力有着怎样的区别？
2. 你认为什么是权力？怎样理解"权力"这个概念？
3. 只要拥有权力就可以顺利地实施吗？

2.1.2 权威

众 望 所 归

在日常生活中，人们习惯于把权威与权力混淆在一起。似乎权威也就成为那些拥有权力的人的专利。但是,从政治学与领导学的研究成果来看,把权威等同于权力,显然是不完全正确的。前面提到,韦伯将权力定义为是一种"即使他人反对,依然能够实现自己目的的能力"。有的学者认为,权威是蛮力的对立面,虽然权威也意味着对命令的遵从,但它是以自愿顺从或者追随的形式表达出来的。有的学者认为权威是一种规范性的力量,即通过为某种行为提供合法化的、合理的理由,来改变行为的能力。

权力可能源于物质或经济地位,可能是借助蛮力能够迫使别人服从你的意愿,但是马克思·韦伯(Max Weber)指出,我们在别人心目中是怎样的、他人怎样看待我们,都会影响我们拥有权力的大小。这里的一个关键问题是别人认为我们的权力合法的程度。强制是一种被施加者视为不合法的权力,它的效力不高,因为迫使人们做他们不愿意的事情需要付出额外的精力和费用。而相比之下,权威的效力则要高得多,因为权威是权力被施加者认为合法的一种权力。

合 法 性

卢梭说:"强力并不构成权力,人们只是对合法的权力才有服从的义务。""合法权力"指的是具有正当性的权力,它不仅在事实上占据优势,而且由于价值上的正面评价而取得某种正统性。至于什么是正统性的内容、什么是正当性的内容那就不好说了。在不同的历史时代、不同的社会背景下,人们有着不同的理解。

一般来说,正当性总要通过某种价值观念和社会规范反映出来。例如,人类社会中所长期存在的种种身份特权、财产特权和精神特权就是以生而不平等的正义观为基础的。"合法权力(Legitimated Power)"意味着权力的行使获得了除纯粹的强力之外的价值观念以及反映一定价值观念的社会规范的支持。合法性(Legitimacy)指的就是这种被承认、被认可、被接受的规范性基础,至于具体的基础是习惯、法律或道德,则要视具体实际情况而定。持这种观点的学者认为,权力获得服从不仅仅是因为威胁性的强制,它与赤裸裸的暴力或反社会的强力不同,前者是一种社会选择或社会共识的反映,具有最低限度的合理性、可接受性。"合法性"对于权力的存在具有至关重要意义。如果缺少"合法性"的支持,权力即使没有最终崩溃,也会发生动摇。例如,在实行民主选举的国家里我们可以看到,即使自己支持的候选人最终没有当选,选民也都会遵守选举结果,即选举产生的领袖拥有合法权力。因为公民对于这个制度抱有足够的信心、信任和信念。他们相信民主选举的整个过程和程序是公开、公正和公平的,他们才会接受结果。

权力的合法性来源

既然强权依靠的是强迫和暴力,那么权威依靠的合法性来源具体有哪些呢?它们是如何对我们造成影响?具体造成了怎样的影响呢?韦伯进一步给我们进行了解答。通过对历史进行分析，他区分了不同的权威类型或者说是"理念类型"，最终将合法权力分为了 3 种类型，即传统型权威（Traditional Authority）、克里斯玛型权威（Charismatic Authority）和法理型权威（Rational-legal Authority）。下面就以韦伯的模型为工具来看下为什么人们会服从他人。

传统型权威指的是，通过敬重并长久确立的文化模式得到合法化的权力。韦伯举出的例子就是在中世纪的欧洲，贵族们的世袭家族统治。传统型权威依靠的是"日常生活惯例为每个人提供了毋庸置疑的行为规范"这一信条。换句话说，我们之所以会去做那些拥有权威的人希望的事情，是因为我们一直都在这么做，过去为现在提供了正当性。过去，国王和皇帝所依靠的一直都是传统型权威。现在，父母通常也有这种权威。你可能见过一位父亲或者母亲对孩子说不能给她买糖果，孩子问"为什么不行"，回答有很多种可能，如糖果对你没好处、马上就要吃饭了等。但是用这些理由去说服孩子通常都会失败，最终很多父母选择了他们本来永远也不想说的话——"不行就是不行"或者"因为我说不行"。这样的话的确有效，因为它假定了父母对孩子有合法性权威，这样的假定有着悠久的历史。

与传统型权威相反，克里斯玛型权威往往会破坏传统。过去绝大多数社会的特征就是传统型权威的结构不时地被克里斯玛的爆发而不断地更迭。克里斯玛被韦伯表述为"一种特殊的人格特质，由此这个人被看作了非凡的、被赋予了超自然的、超人的或者至少是极不寻常的力量和特质"。克里斯玛型领导具有超越一般人的资质，他们能够吸引人们追随，因为人们信任这个人并对领导产生了的忠诚献身之情。克里斯玛型权威与传统型权威的主要区别在于：前者来自一个特殊的人，而后者来自这个人占据的地位以及以前在这个地位上的人的权威。不过，克里斯玛型权威并不只是出现在那些干一番惊天动地事业的领导者身上，也可能是以非常平常的方式进行的，比如某些老师的权威也可能具有一定程度的克里斯玛性质。

韦伯提出，在现代世界，传统型权威逐渐被法理型权威所取代。法理型权威是一种通过依法实施的规章条令而得到合法化的权力。与克里斯玛型权威不同的是，法理型权威的基础是理性，包括规则、程序和为了最有效的方式达成目标而建立的原则，而不是个人；而与同样基于地位的传统型权威不同的是，法理型权威必须向权力的被施加者说明为什么他们要做被要求做的事，原因不是个人的一时兴起，而往往是建立在效率、资格或者资格认定的基础上，并遵守了既定的程序。如果程序被证明是无效率的，就可以通过改正程序来提高生产率或效率。这使得法理型权威能够在规则内不断提高效率，但是前两种权威却无法做到。

思考：

1．什么是权威？它与权力有着怎样的不同？
2．什么是合法权力？什么是合法性？合法指的就是合乎法律吗？
3．尝试着比较一下韦伯提出的三种权威类型，并说明你对三种权威类型的看法和态度。

2.1.3 魅力

气宇不凡

多年以来,学者们一直在分析和讨论魅力的概念以及为什么人们被魅力型领导所吸引。魅力(charisma)同希腊词 Karis 同源,一般被译为天赋的良好品质。在政治学和社会学中,个人魅力被描述为与生俱来的先天能力,尽管如此,对于魅力的理解可不止一种。在宗教的著作中人们在多处发现了魅力一词,根据圣保罗的定义,魅力是被赋予个体来服务于整个社会。当一个魅力型的人带着内心的意愿和慈爱宽容来服务的时候,魅力达到了最大值。魅力的概念仍旧被社会学家、政治学家和研究组织的学者所修改,造成这个概念变得越来越神秘。

前文提到的著名社会学家马克思·韦伯重新定义了宗教意义上魅力的概念,使得魅力一词不仅仅适用于宗教,并且同理性权威一起适用于各种情况,包括政治、管理和经济制度。韦伯这样说道:"魅力一词将被用于描述一种个人性格特质,这种特质被认为是卓越的,并且是被超自然、超人类,至少是少见的力量或品质所赋予的。魅力不为普通人所有,它们被认为有着非凡的、典型的起源,并且在它们的基础上个人被当做一位领导者。"一般认为,魅力是指一种具有神秘性、人与人之间相互吸引并且令人由衷顺服的心理表现。领导魅力是指领导者实施领导时对其追随者产生的吸引力。由于这种吸引力,领导者在领导过程中具有了凝聚力和号召力,使其追随者产生了信任并自觉地拥护、配合和服从领导者的领导。

魅力有那么超凡的作用吗

根据传统的社会心理学和政治学的说法,领袖人物应当具有超凡的魅力,使得追随者感到必须服从他、忠于他、按他的话去做,甚至为他献身。为了弄清这类具有超凡魅力的领袖人物在追随者心目中的印象和影响究竟如何,温特在肯尼迪总统遇刺身亡后向一组管理学院的研究生重放了肯尼迪就职演说的影片。毫无疑问,肯尼迪在当年的学生心目中是一个非常典型的领袖人物,魅力和影响力非常大,影片也很感人。但是,调查表明,那些追随肯尼迪的学生在深受感动之后并没有变得更加愿意服从、遵循、忠实于领袖人物的思想,反而变得更加相信自己的力量。

这说明,领导者不能依靠个人的魅力强迫自己的追随者服从;领导者必须帮助追随者增强自信心和能力,激发他们的热情,认清自己的目标和使命。最早提出领袖个人魅力概念的韦伯也认识到,领袖要靠"激发"追随者来实现领导。为此,领袖必须深切了解群众的需要和希望,形成共同的意志和目标,把大家团结起来。领导的过程不是强迫,甚至也不是说服，而是认识自我。

魅力新研究

在韦伯研究的基础上，现代研究者开始关注在魅力形成过程中追随者的角色和组织的角色。人际关系理论同时吸取了心理学和社会学的研究成果，在关注魅力型领导特质的同时还关注了魅力型领导与追随者之间的互动关系。结果发现，群体成员不只是为了其经济利益，更是为了自我价值的实现而工作，因而需要被尊重、理解、关心。领导者必须满足被领导者的心理和社交等方面的需求才可能保持威信，提高领导效率。

日常的魅力不仅是存在的，而且每个领导都需要魅力来重新赋予组织以活力。越来越多像豪斯（Robert. House）、彼得斯（T. Peters）和沃德曼（R. Waterman）等学者著书立说，并伴随着变革型领导的提出，大大减弱了人们对魅力的困惑。人们更加相信，魅力不是一种捉摸不定的力量，它并不能在真空中发挥作用，而只能作为一种社会关系来影响他人。艾伦·布莱曼（Alan Bryman）提出了交易型领导和变革型领导的概念，即领导者通过追随者使用一种或者多种方法来达成结果。例如，转变型领导通过魅力激励下属，通过个人考虑来满足他们的情感需求，并且通过引起他们对于问题的意识来激励他们。

现代的学者对魅力进行了更加深入和细致的研究。一方面，除了肯定魅力的正能量之外，许多学者也开始关注魅力的反面特征。就像诺齐克（Robert Nozick）所说，魅力就它的本质来说，不是激起了分析，而是弱化了分析。随着美丽的光环慢慢褪去，人们开始关注当个人特质不受控制、"天使"转而变成"魔鬼"的时候发生的事情。所罗门（Robert C. Solomon）总结到，在分析了魅力的道德和伦理问题之后，我们对待魅力的时候不能够掉以轻心，因为它可以是非常危险的。另一方面，有的学者认为测量魅力型领导及其追随者的研究是去掉魅力神秘感和魔力的最好的方法。巴斯（Bernard M. Bass）和后来的阿沃利奥（Bruce J. Avolio）提倡使用信度和效度都很高的测量工具来系统地研究领导。多因素领导方式问卷（the Multifactor Leadership Quesstionnaire，MLQ）是巴斯设计的用于区分有效领导行为和无效领导行为的工具。它由十个因素四大类构成，转变型领导中的魅力是一个重要的部分。尤其是，魅力借助这个工具可以得以可靠的测量。

思考：

1. 魅力是什么？它很神秘吗？常人是否具有魅力？
2. 魅力是如何发挥作用的？
3. 是否存在日常的魅力？魅力是理性的吗？魅力能够在规范的组织中有效地发挥作用吗？

2.1.4 总结

权威还是权力？

有些人会认为:"我们只对权威感兴趣,而对权力一点不感冒。"因为权威这个词听上去更加积极而且更加突出精神性,权力这个词却带着某些消极的内涵,它往往与威逼利诱、与金钱交易有关。然而,将权威和权力做一番对比之后你将会发现,权威根本就不像一眼看上去那样的与精神相关。在希腊语中,权力(dynamics)意味着做事的能力,它可以被翻译为力量、魄力和蛮力。而希腊语权威(exousia)讲的更多的是允许和许可,即做事的合法性。一个带着枪抢银行的强盗,他有拿到钱的权力但是却没有持枪的合法性。在其他的情形下,人们可能有做事的合法性但是却缺少行使这项权力的力量。

魅力型领导理论(Charismatic Leadership Theory)

魅力型领导理论是指领导者利用其自身的魅力或领袖气质,来鼓励追随者并做出重大组织变革的一种领导理论。它关注领导的特质、性格和个性。魅力常常被认为是有效领导的关键特质,但是仅仅有魅力还不够。从20世纪70年代后期开始,学者们早已超越了韦伯对权力的理解,开始重新解释和定义这一概念,充实新的内容,并试图确认有领袖魅力的领导者的个性特点。

豪斯(Robert House)于1977年明确了魅力型领导者有三种个人特征,即高度自信、支配力以及对自己信仰的坚定信念。这样的领导者能够谋划一个远大而又有想象力的目标,不仅自己自信而且还要让追随者也有着实现目标的信心。布莱曼(Alan Brightman)指出,魅力的根本特征是自身存在的使命感,以及他人对这种使命的接受。魅力型领导在某种程度上可被视为一种"社会交换",交换的内容是其所包含的情感因素而非理性成本,人际交互中的情绪因素可以被视为魅力型人格特征的核心。本尼斯(Warren Bennis)在研究了90位美国最有效和最成功的领导者之后,发现他们有四种共同的能力:有令人折服的远见和目标意识;能清晰地表述这一目标,使下属理解并认同;对这一目标的追求表现出执着和全身心的投入;了解自己的实力并以此作为资本善于利用。

目前,多数研究者仍然在采用面谈、传记、观察等描述性方法对魅力型领导者进行定性研究。不少研究者正在探索研究魅力型领导者的定量方法。在此方面最新最全面的分析是由麦吉尔大学的杰·康格(Jay Conger)和鲁宾德拉·卡农格(Rabindra Kanungo)进行的。他们总结了魅力型领导的5个行为属性：远见卓识（Vision & Articulation）；环境敏感（Environmental Sensitivity）；成员需求敏感（Sensitivity to Follower Needs）；敢于冒险（Personal Risk）；反传统（Unconventional Behaviour）。最近，又有学者用戏剧性（Theatrical）来描述魅力型领导，即魅力型领导就是一种富有戏剧性的印象管理过程，这一过程包括取景、编剧、搭台、演出。

我们可以成为魅力型领导吗？

尽管仍有少数人强调领袖魅力不可能被学到，但大多数学者专家认为个体可以经过培训而学会领袖魅力的行为。比如，培训本科在校学生成功地"扮演"魅力型领袖的角色，指导学生如何清晰地表述较高的愿景；如何向下属表达高期望；如何对下属表现出很有信心和信任；如何重视下属的需要；通过练习表现出有活力、自信的形象，并使用有魅力的说话方式。为了进一步捕捉到领袖魅力的更具动态和更生动的特征，他们训练学生去使用领袖魅力的非常语特点。例如，他们或者坐在自己的办公桌上或者在桌边漫步、身体向前接近下属、保持直接的目光接触，以及呈现放松的姿态和生动的面部表情。研究发现，即便这些领导者是扮演出的，但是他们的下属比无领袖魅力的领导者的下属表现出更高的工作绩效、对任务的适应性，以及对领导和群体的适应性。

魅力型领导到底有多大魅力？

有关魅力型领导最后应该注意的是：有领袖魅力的领导者对于员工达到高绩效水平来说并不总是必需的。当追随者的任务中强调观念、信仰和信念等心理因素时，它的作用凸显。这可以解释为什么领袖魅力的领导更多存在于政治、宗教中，或在一个引入重要新产品或面临生存危机的企业中出现。富兰克林·罗斯福在经济大萧条中指出了光明的前景；马丁·路德·金不屈不挠的愿望是通过和平手段建立社会平等；斯蒂文·乔希斯（Steve Jobs）在20世纪70年代末80年代初提出了个人电脑必将极大改变人们日常生活的前景，从而在苹果公司赢得了技术员工坚定的忠诚和承诺。

然而，当危机和剧烈变革的需要减退时，有领袖魅力的领导者事实上可能会成为组织的负担。这是因为有领袖魅力的领导者过分的自信，常常导致了许多问题。他们不能聆听他人所言，受到有进取心的下属挑战时会十分不快，并对所有问题总坚持自己的正确性。

思考：

1．魅力型领导具有怎样的特点？请结合你的生活或工作谈谈你的体会。
2．普通人如何增加领导魅力？

2.2 权力的获得与失去

权力是人类社会中普遍存在的现象。早在柏拉图、亚里士多德、马基雅维利、霍布斯等人的言论或著作中，都曾直接或间接讨论到权力的要素、正当性和非正当性权力的评价、权力的取得与丧失等伦理与现实问题。其中，关于权力的来源问题，更是大家讨论的焦点。究竟是什么使得某些个人或集体具有了支配他人并影响他人行为的能力？又是什么原因使得人愿意听从于他（他们）呢？

2.2.1 权力来源

韦伯的社会分层理论

韦伯提出，经济资源、社会资源和组织资源在决定谁拥有权力上都很重要。我们在社会中所处的地位，就是由我们对这三种资源的拥有状况决定的。

第一个来源是经济资源。控制经济资源的人，大多数比控制其他资源的人拥有更大的权力。影响经济资源的包括两个要素：拥有经济资源和在市场中的技术知识。首先，阶级意味着你拥有多少财富。拥有大量金钱、财产或土地的人，比没有这些东西的人阶级地位高。其次，阶级意味着你知道什么和你能做什么。当他人愿意为某种技术付出报酬的时候，这类技术是稀缺而急需的，那么掌握这项技术的人群的阶级地位就高于那些没有这项技术的人。技术、知识和能力水平高的人，比起那些只有基本技术水平的人，可以获得更高的报酬。学生上大学的一个重要原因就是提高技能，从而在进入劳动力市场时具有竞争优势并获得一份好的工作。因此，即使是那些没有直接经济资源的人，也可以通过提高其技能去获得有潜在价值的经济资源。

第二个来源是地位。它是基于职位声望、道德身份或接近拥有权力的人的社会等级。地位不是你从别人那里拿来多少就拥有多少的东西，你能不能运用基于地位的权力取决于别人如何看待你。韦伯将"地位"视为对荣誉、声望的肯定或否定的估计，而声望与声誉是由人们的身份、仪态、风度、生活方式、教育水平等因素决定的。我们常常被问到"你是做什么的？"其实，这个问题的实际意思是"你有着怎样的一份工作"？知道了别人的工作，我们就能够推测他们所归属的地位群体，进而推测他们的社会地位。例如，医生和律师一向在职业声望中排在前列，而毒品贩子则排在末尾，即使他们比医生和律师赚的钱更多。当然，地位群体除了包括职业群体，还包括年龄群体、宗教群体、种族群体、政治群体、各种俱乐部等。

第三个权力来源是团体。团体对于任何一个想要组织起来的人都是一个可能的资源。阶级和党派、社团都可以结合起来使权力最大化。正如韦伯看到的，那些缺乏经济资源和社会资源的人，比拥有这些资源的人更难组织起来。对于一种权力资源的控制，可以用于增加其他资源。那些控制了阶级和地位资源的人，通常可以更好地组织起来确保他们的利益得以实现。所以，社会运动经常希望借用组织力量来改善其成员的经济地位和社会地位，但是由于缺少经济和社会资源，这使得有效的组织变得尤为重要。正因为如此，马丁·路德·金坚持把非暴力作为保持组织统一的策略，其目的就是通过这种策略去消解支配地位的社会阶级所占据的经济地位和社会地位，维持群体的团结。

五种权力来源

20世纪50年代，社会学家约翰·佛兰奇（John French）和伯特兰·瑞文（Bertram Raven）创立了社会权力基础（Bases of Social Power）理论（图2-1）。通过该理论，他们希望可以辨别出权力的主要类型并给出系统的定义，然后根据权力的来源及权力的使用去比较权力的效果并解释权力现象。社会权力理论假设权力及其影响作用至少要引入两个作用体，一个是施加权力作用的权力主体，一个是被施加权力作用的权力受体。佛兰奇和瑞文通过对权力受体的分析，找出了五种权力的基础与来源。这五种权力来源包括五种复杂的函数：①领导者的函数，②情境的函数，③领导者与追随者之间关系的函数，④领导者与情境之间关系的函数，⑤同时涉及领导者、追随者和情境这三要素的所有方面的函数。

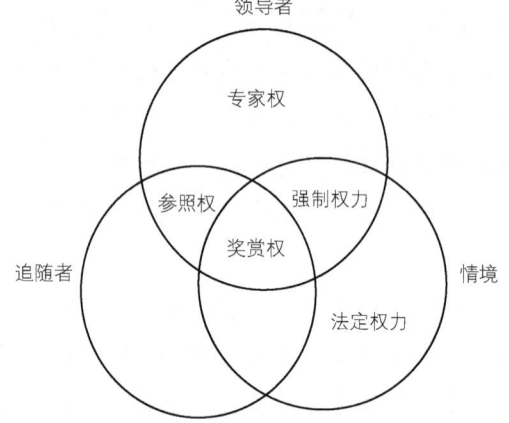

图2-1 French和Raven的五种权力来源和类型

资料来源：Richard L. Hughes, Robert C. Ginnett, and Gordon J. Curphy. (2011). Leadership: enhancing the lessons of experience. McGraw-Hill Education. p 125.

1. 法定权力（Legitimate Power）

在正式的群体或组织中，获取权力最常用的方法大概就是凭借组织结构中的职位。这种来自于对于工作活动的正式权威的权力被称作法定性权力。它代表个体通过组织中正式层级结构中的职位所获得的权力，亦称为组织权威（Organizational Authority）或规范性权力（Normative Power）。换句话说，法定权力意味着领导者有着权威是因为其被任命为组织中的某个特定的角色,并且只是在其占据职位的时候或者在该角色合理的界限内。

法定权力不仅包括下面马上讲到的强制权和奖赏权,它的涵盖更为宽泛。特别值得一提的是,法定权力通常与合法的职位联系在一起,但是反之不成立,正式任命的头衔或职位不一定给予某人权力。拥有职位和成为一位领导者并不是同义词,权力必须得到下属的认可,才能使占据某一职位的人拥有权力。

2. 专家权力(Expert Power)

知识就是力量,专家权力来源于专长、特殊技能和专门知识。由于世界的发展日益取决于技术的发展,专门的知识技能也就成为权力的主要来源之一。工作分工越细,专业化越强,目标的实现就越依赖于专家。因此,有专长的人为其获取个人影响权提供了基础,因为他可以凭借他人对其专长的依赖,通过他们在特定领域的相对的专长来影响其他人。例如,新领导者对于工作了解较少,一定的工作要交由下属来做,这时追随者就可以实施巨大的影响。

3. 强制性权力(Coercive Power)

强制权是通过威胁或惩罚来迫使人们服从的权力。因此,强制权是建立在惧怕的基础上的。一个人如果不服从的话就可能产生消极的结果,出于对后果的惧怕,个体对强制性权力做出反应。这种权力取决于使用或威胁使用的生理的处罚,如肉体的痛苦、精神上的打击,对基本的生理及安全需要的控制。强制权力通常立竿见影,但会造成深远的影响:报复、破坏信任、破坏人际关系。例如,警察因为超速开罚单,教师将捣乱的学生留校,老板开除懒惰的工人以及父母惩罚孩子。追随者也可能使用强制性的力量去影响领导者的行为。例如,追随者可以使用身体攻击、怠工、工作懈怠或者罢工来威胁领导者修正其行为。

4. 奖赏性权力(Reward Power)

强制性权力和奖赏性权力是两个相对的概念。如果你能剥夺他人的有价值的东西或给他造成不良的影响,那么你对他就拥有了强制性权力。如果你能给他人带来某种利益或帮助他免于消极的影响,那么你对他就拥有了奖赏性权力。人们服从于一个人的愿望或指示是因为这种服从能给他们带来益处。因此,那些能给人们带来他们所期望的奖赏的人就拥有了权力。奖赏权就是领导者决定提供还是取消奖赏的权力,这些奖赏可以是人们认为有价值的任何东西。在组织情境中,奖赏可以是金钱、晋升、提供终身职位、赞扬和表彰、有趣的工作任务、友好的同事、重要的信息、有力的工作转换等。

5. 参照性权力(Referent Power)

佛兰奇和瑞文认为最后一种影响力为参照性权力。参照性权力的基础是对于拥有理想的资源或个人特质的人的认同。如果我崇拜并认同你,希望自己也成为你那样的人,那么你就可以对我施加权力,因为我想取悦你。当人们羡慕领导者并且将它们看作角色模范的时候,我们说他们就有了参照权力。从某种意义上说,这也是一种超凡的魅力。如果你景仰一个人到了要模仿他/她的行为和态度的地步,那么这个人对你就拥有了参照性权力。参照性权力可以解释为什么人们要花几百万去请名人做产品广告。

思考：

1. 如何获得权力？对你来说，哪种方法更加适用，为什么？
2. 你如何看待法定权力？法定权力的优点和缺点分别是什么？
3. 专家权的来源是什么？你相信专家的话吗？这个过程中你是否感到了权力的存在？
4. 你如何看待参照性权力？

2.2.2 权力分类

职位权力与个人权力两分法

一种被广泛采用的分类方法，是根据职位和个人两个方面进行分类。权力要么来自于一个人在组织中的位置，要么来自于主体和客体的关系。这两种权力的类型是相对独立的，但是也有部分重合。职位权力的影响力主要来自法理型权力、对于资源和奖赏的控制、对于惩罚的控制、对于信息的控制和对于生理工作环境的控制。个人权力的影响力则以友谊和忠诚为基础，来自于工作专长。

通过表 2-1 中对职位权力和个人权力的特点进行比较后，我们发现，职位权力与个人权力分类的意义就在于将权力分为强行服从和自愿信服，强调的依然是权力硬影响力和软影响力之间的区分。

表 2-1 两大权力系统的比较

	职位权力	个人权力
来源	外在，法定职位	内在，个人要素
范围大小	受时空限制 不因人而异 确定	不受时空限制 因人而异 不确定
方式	行政命令	人格感召
基础	必须服从	自愿接受
效果	畏惧	信服
性质	强制性影响力	凝聚性影响力
包括的权力	合法性权利 奖赏权力 强制性权力 信息权力 生态权力	参照性权力 专家权力 说服力 魅力

人际和结构两分法

另一种常见的分类将组织中的权力按照来源归类为人际和结构两个方面。其中权力的人际来源强调，组织中的权力问题通常集中在领导者与追随者之间的人际关系。权力的结构来源就是强调情境的特征也会影响或决定权力。情境特征包括组织的设计、部门结构的类型、影响的机会、接近有权势个体和重要资源的方式、个体的职位的实质等（见表 2-2）。

权力的结构和情境来源反映了在不同团队和部门中工作与职位的划分。工作分派和工作角色自然就导致了对信息、资源、决策和其他人的不均等的接触机会。组织中大量的具体情境因素几乎都能够成为权力的来源，重要的权力的结构来源包括知识、资源、决策和网络。

表 2-2 与权力相关的职位特征

特　征	定　义	举　例
居中性	在沟通网络中职位之间的关系	更核心的职位拥有更大的权力
重要性	在工作流程中执行任务的关系	负责更重要任务的职位，拥有更大的权力
灵活性	在决策、工作分派等中的自主程度	更自主的职位拥有更大的权力
受关注性	任务绩效被组织中的上级管理者所关注的程度	更受关注的职位拥有更大的权力
相关性	任务与高度优先的组织目标之间的关系	与重要目标密切相关的职位拥有更大的权力

（资料来源：Whetton, D.A., and Cameron, K.S. (1998)Developing Managerial Skill, 4th ed. Reading, Mass: Addison-Wesley, p238.）

主体和客体两分法

由于权力涉及主客体，双方对于权力的认识与看法各不相同，所以还可以依据主体和客体来划分权力的来源和种类，这种分类方法可以说是综合了上面的分类方法（见表 2-3）。

表 2-3 主体权力与客体权力

主体的观点	客体的观点
地位权力： 指挥命令 资源的控制、分配 决策、建议、评估、考核 奖励、讯息掌握 地位的重要性 与其他人的联盟关系	 合法或适宜权力 奖励权力 强制权力
个人权力： 精力、洞察力、意志 决断、解决问题能力 经验、各种人脉 友谊、信任、忠诚 派系和联盟	 专家权力 参考权力 信息权力

从主体角度来看，权力可以分为地位权力和个人权力。前者是因为拥有或占有的地位所引申出来的权力，如指挥、命令、资源的控制和分配、决策、建议、评估、考核、奖励、信息的掌握、地位的重要性以及与其他地位的联盟关系等。而个人权力与个人有关，包括

个人的特质，如精力、洞察力、意志力、决断力、解决问题的能力、经验、知识，以及个人平时营造出来的各种人际关系（人脉），如友谊、信任、支持、忠诚、联盟和派系等。从客体的角度来看，依然是佛兰奇和瑞文提出的五类权力，再加上信息权力（Information Power）、说服力（Persuasion Power）和魅力（Charismatic Power）。

从主体来看，不论是地位权力还是个人权力，它们必须与客体的五类或者七类权力相对应。主体的权力要能够影响客体，客体就必须察觉到主体运用的权力，对于客体来说必须有价值、有意义或有作用。也就是说，只有客体觉得主体运用的权力具有合法性或适宜性，客体才会受到主体所影响。

领导者最好使用哪种权力呢？

在不了解更多具体事实的情况下，这是一个没有答案的问题。那么我们可以得到什么概括性的结论吗？事实上，大量的研究检验了佛兰奇和瑞文的观点。结果表明，一般来说，主要依赖于参照性和专家权力的领导者能够更好地激励和满足下属，这样的领导者很少缺席，并且做得也更好。至少以下四个关于权力和影响力的结论是可靠的：

（1）有效的领导会利用所有的权力来源；他们知道每种权力来源的优势和弱势，他们会根据给定情况下的目标有选择性地强调一种或者另一种。

（2）尽管领导者在一个功能良好的组织中，他们对于下属有着强大的影响力，但是他们也会受到他们的影响，两者之间高程度的相互影响出现在高效的组织中。

（3）领导者不断变化他们与下属分权的程度。一些领导似乎视他们的权力为一种固定的资源，这种资源当与他人分享的时候会减少他们的份额，他们以零和思想来看待权力。其他的领导者将权力视为一种不断做大的蛋糕，他们看到了增加下属权力但是也没有减少自己权力的可能性。

（4）有效的领导者常常通过工作来增加他们各种权力基础，或者更乐意使用他们的强制性的权力。

思考：

1. 你对领导的能力是如何理解的？
2. 你对法定权力和非法定权力（影响力）是如何理解的？

2.2.3 失去权力

权力在不断地随着环境、个体的行为以及时间而改变。社会交换理论和战略权变理论描述了权力是如何获得或丧失的。社会交换理论解释了权力是如何在领导者和追随者相互影响的过程中不断获得和丧失的；战略权变理论则解释了不同组织中的小群体如何在变化环境中进行权力分配。

社会交换理论（Social Exchange Theory）

社会互动的最基本形式是互换利益或者好感，这不仅包括物质利益也包括心理收获，如同意、尊敬、自尊和喜爱的表达。个体在童年时代的早期学习如何进行社会交换，并形成了在交换中对于互换以及平等的期待。在众多的社会交换理论中，霍兰德（E. P. Hollander）和雅各布斯（T. O. Jacobs）的理论明确地关注了社会交换中的领导现象。

一个人在群体中的地位和所拥有的权力与群体评估此人对群体的贡献有关。个体的贡献可能涉及对于群体来说非常稀缺的资源，或者是关键信息、关键任务。为了增强地位和影响力，表现良好的个体积累了"特质账户"（Idiosyncrasy Credits），并被允许比其他成员有更多的自由，可以摆脱不重要的组织规则。在这个"特质账户"中，当一个领导者做出了一个被证明成功的创新性建议，群体对个人专长的信任就被加强了，进一步这个领导者就拥有了更多的地位或者影响力。但是，如果领导者的建议被证明是错误的，那么交换关系可能要被群体重新评估。领导丧失地位和影响力的程度部分取决于对于群体来说失败有多么的严重。如果失败看起来是由于错误的判断或者能力不够，而不是领导者控制之外的环境原因，那么消极影响就会更大。当领导者被认为追求个人动机而不是为群体忠诚的服务的话，那么后果就更加糟糕。因此，领导者的创新是一把双刃剑。成功的创新导致更多的信任，但是失败则导致更多的责备。高地位的领导者更是如此，如果被认为对于失败负有责任，那么这样的领导将失掉更多的地位。而且根据社会交换理论，领导者在面对重大问题和挫折的时候必须创新。如果领导者此时没有展示出创造力或者没有果断地处理，那么将失去更多的自尊和影响力，就像那些没有成功做出行动的领导者一样。

在交换过程中，领导者通过重复展示专长和对组织的忠诚来获得影响力。虽然凭借上级任命和职位权力的正式领导者不那么依赖于下属对他们能力的评估，但是能力不够的领导者将失去对于下属的专家权力，领导者的法定性权力最终也会受损。

战略权变理论（Strategic Contigencies Theory）

战略权变理论假设，组织是相互联系的亚群体组成的系统，在劳动力的分配时既分配权力又分配资源。它解释了组织中的亚群体是如何获得以及失去权力的。该理论通过控制一些与战略权变相关的变量，来探究亚群体权力与应对不确定性、替代性和中心性之间的关系。这种理论假定群体的权力取决于三个要素，并在论述了过程中提出了四个假设：

（1）擅长处理所要解决的重要问题。

希克森（D. J. Hickson）将不确定性定义为，由于缺少未来事件的信息，导致未来可能出现不可预知的结局。不确定性不会带来权力，应对不确定性才会产生权力，所以权力来自于应对不确定性的能力。各群体面临的不确定性不一致，这里希克森提出第一个假设就是亚群体越多地应对不确定性，他们在组织中的权力也就越大。

（2）小组专长独特的程度而不可替代。

可替代性被希克森表述在第二个假设中：亚群体活动的可替代性越低，它对于组织就拥有越大的权力。例如，如果它所有的活动都可以通过资料人员完成，那么采购部门的权力就会大大削减；如果部门经理有关他们员工或者专家的建议会引起人事变动，那么人事部门的权力就被大大削减了。

（3）在工作流中小组的中心性。

希克森将组织看作一个由一系列独立的角色和活动相互关联构成的系统，因此亚群体的中心性指的是它的活动在组织系统内关联的程度。如果你是组织的工作流的中心成员，那么你就非常重要了。这会给你带来许多你意想不到的机会，因为如果缺少了你，那么正常的运转就无法继续下去。通过这个概念，可以看出，组织中没有一个亚群体是零中心性的。

中心性的概念包含两层含义：一是如果与组织中的其他许多活动相联系的话，那么亚群体就是中心性的。二是如果它们的缺席将导致系统迅速、大范围的工作流崩溃，那么组织的这些活动也就具有了中心性。在这个两层含义的基础上，希克森提出了第三个假设：如果亚群体的工作流越是涉及面广或者越是时间性强，则它对组织就拥有越大的权力。

前面的三条假设分别将权力与不确定性、可替代性和中心性相联系，但是由于现实中无法严格做到控制一种变量来观测其他的变量，所以这些假设并没有得到验证。为了解释这三个要素之间的关系，希克森又提出了情境要素。这就是第四个假设：亚群体所控制的偶然事件越多，那么它对组织就拥有越大的权力。克洛泽（Michel Crozier）同样也发现，烟草公司中人事部的权力能够维持是因为所有其他的部门都是例行的、日常化的。而医院的人事部门的权力相对减弱，也是由于该部门许多工作是例行的。对此，克洛泽解释道，"专家的成功之处在于不断地挑战自我。因为理性化的过程赋予了他们权力，但是理性化的结果却削弱了他们的权力。一旦这个领域中所有的想法和创新都被转换成了制度和项目，那么专家的权力也就不存在了"。所以权力会被理性的、日常的工作所削弱。

思考：

1. 个体会在什么情况下丧失权力？
2. 群体会在什么时候下得到和失去权力？

2.3 权力的运用

2.3.1 影响力

在前面的内容里我们分析了权力、影响力,此外还有许多常常交替使用权力、影响力和影响力策略这些概念。但是这些概念各有侧重,对它们进行区分是十分必要的。

权力、影响力、影响策略

人们常说,"王五有影响力",这是说王五有权力,有改变他人态度或行为的能力。"张三影响李四"是指张三运用他的权力改变了李四的态度或行为。因此,如果"影响"是个名词,它是权力运用所产生的效果;如果"影响"是个动词,则它等同于权力的运用,它是一种过程而不是一种能力。权力则可以视为影响的基础,如此区分后可以得到下列两种情况:有权力者不使用他/她的权力,即有权者不运用他的权力去影响他人;有权力者使用他/她的权力,即有权力者影响他人。第一种情况下,主体不对客体产生任何效果,主体有权力但是没有影响力;第二种情况是否对客体产生效果,则要看客体如何评价主体的权力,以及主体的影响计策或技巧,主体可能既有权力又有影响力。

权力是引起改变的能力,影响力是目标人群态度、价值观、信念或者行为实际变化的程度,那么影响策略说的是个体或团体想要运用权力或影响他人的行为时所采用的方法。具体包括情感吸引、交换好感、恐吓等。当领导者、追随者或者团队面临一个他们想要影响他人行为的情境时,他们就必须选择一种策略。

但是对于权术或策略的运用,一般人们常常持矛盾的态度。一方面乐忠于谈论组织内外的政治斗争,一方面却认为权力的游戏是负面的、肮脏的,甚至是卑鄙的。所以,《三国演义》不论是以小说、戏剧还是影视剧的方式表现,都受到了人们的欢迎。不论中外,政治学者或领袖人物都非常重视权力的掌握和运用。早在两千多年前的战国时代,韩非子提出国家治理"势""法""术"三原则。其中,"势"指的就是权威;"法"实则强调的是合法性权力;"术"则关注的就是影响策略了。目前学者关于影响策略的研究集中在主体如何根据影响力的方向或影响力企图的目标而去使用影响力策略(如对于下属、同级或者上级),近些年来,越来越多的研究开始评估不同策略或者策略组合及其相对有效性。

复杂关系

权力、影响过程、影响策略和影响力结果之间具体对应的关系还不得而知,而且目前也很少有研究深入调研权力和影响力的关系。仅有有限的研究确切证明了权力影响了影响策略的选择,但依然没有支持性的证据确切证明权力如何调节某一具体的影响策略的效率。

它们之间的关系只能简单地用图 2-2 来表示。

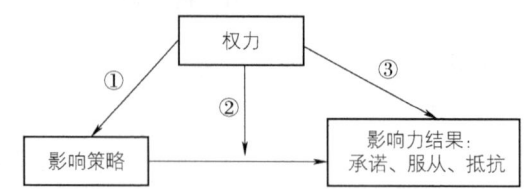

图 2-2　权力、影响力、影响策略、影响结果之间的相互关系

权力的主体采用的影响策略与其掌握的权力有着直接关系（如箭头①所示）。许多策略需要某种特殊类型的权力才能变得有效。例如，有着参照权力的领导者更可能使用影响策略；交换策略需要奖赏权，权力的主体就通过与客体交换从而获得了那些自己认为有价值的东西；像警告和威胁等这样强烈的施加压力形式，则可能更容易被那些有着强制权力的主体所使用；理性说服则更容易用于当主体有必要解释专业知识的时候。

一些影响策略可能对于目标的态度和行为有着直接的作用，却无关主体的权力。此时，权力是一个用于增强或者减弱主体所使用的影响策略的效果的调节变量（如箭头②所示）。这种情况尤其发生在直接与影响力动机策略有关的权力上。例如，专家权可能调节理性说服策略所能发挥的作用。如果先由专家解答"为什么改变操作程序很重要？"这个问题，那么"改变操作程序"这个建议就更容易被接受。同样奖赏权也可以调整交换策略。一个有着高奖赏权的权力主体比其他主体可能更容易发起一次交换。但是这里要注意，权力客体对于权力主体奖赏权的理解比权力主体实际控制的奖赏权要更重要。我们经常在某部电影里可以看到，一个衣衫褴褛的百万富翁向陌生人借一大笔钱去做某件事，这个陌生人拒绝了，因为他认为这个人是个穷人。相反，一个穿戴体面的艺术家没有钱，有时却能够让人们借钱给他们。

当权力与影响力结果不直接相关的时候，权力主体也可能增加影响策略以获得成功（也如箭头②所示）。一个有着很大参照性权力的权力主体可能通过理性说服的策略来获得对建议的支持；一个有着很大的强制性权力的权力主体则很容易就获得客体对于简单命令的服从，即便他或她没有使用任何交换策略；一个拥有专家权的权力主体就可能获得与自身专业无关的可信度，如一个著名的科学家影响人们去参与一个风险投资。

另一种可能就是，无论是否有影响的动机，权力主体都会影响到权力客体（如箭头③所示）。这就可以很好地解释了我们经常见到溜须拍马的现象。例如，人们往往与有着潜在奖赏权的主体合作，目的是期待以后获得奖赏；人们对于那些有着高职位权力的人表现出的行为是非常不同的，那是因为他们意识到该人会影响他们的事业和发展；人们不太可能批评或者对抗一个权力主体，因为他们不愿意冒险去引起主体的不悦。

追随者也有影响力

最后我们仍然要注意，以上关于权力、影响力和影响策略的概念都是从领导者的角度考虑的。我们应该牢记，追随者也拥有权力。他们不仅可以使用影响策略去影响领导者，并且常常可以使用比领导者更多的影响策略来改变其他人的态度和行为。尤其是当一个讲求平等和相互尊重的组织中引入一名新的领导者时，下属可能会施展个人魅力、情感魅力甚至是威胁，来改变领导的态度或者行为。并且在一些情境下，与领导者相比，一些特定的追随者可以对群体中的其他成员施加相对更大的影响力。

思考：

1．权力、影响力和影响策略有着怎样的联系与区别？
2．有人认为影响策略意味着下流和见不得人的手腕和手段，对此你怎么看？

2.3.2 影响力过程

当权力不再停留在所拥有的能力上，而要在现实中表现出来的时候，权力就要转化为影响力了。在这个过程中，一方面权力主体有着充分的权力动机，企图将权力充分施展出来并施加于权力客体，这时的权力不再潜伏；另一方面，权力施加之后，客体要能够感知到主体权力的存在并形成对于权力的态度，进而对权力做出反应。

权 力 动 机

根据温特（David G. Winter）的研究，权力动机的目标是进入和保持拥有权力的状态。他写道："我认为权力动机是（倾向）由某种目标或诱因所激发的。拥有权力动机或追求权力的人想要感觉到拥有'权力'或'更有权力'。权力是他们的目标，这些人倾向于用'权力'来解释世界、分析人们的行为。不仅如此，他们还想让自己变成最有权力的人。"

每个人对于权力并不一定只是渴望，有时候可能对权力是一种充满怀疑的矛盾心态。温特认为有两个方面的权力动机：对权力的渴望（Hope of Power）和对权力的恐惧（Fear of Power）。对权力的渴望与权力主体的权力动机呈正相关，与害怕权力呈负相关。对权力的恐惧是对权力既有兴趣又有担心，尤其当一个人担心是权力主体的权力威胁或胁迫牺牲者的时候。温特认为，权力主体应该特别注意这种对权力的恐惧心理，尤其是这种心理对组织结构等方面造成的负面影响。例如，特定的计划、指定的工作、演讲和客观的考试都是从外部产生对行为的束缚。但是由于动机是无法直接观测到的，我们只能通过某种行为来推测。关于权力动机，温特找到了两种典型的权力行为。

（1）选择朋友。令人吃惊的是，高权力动机的人倾向于比较喜欢不是受欢迎或知名的朋友！温特解释道："对于高权力动机的人来说，这样的朋友较有吸引力，因为他们不争夺权力和声望，所以没有威胁性。由于较不出名，这样的朋友也更容易形成深厚的友情、尊重和更支持具有高权力动机的领导者。"高权力动机者最令人注目的一项特质就是他们聚集一群慷慨大方并相互了解的追随者。与此同时，他们也表现出了对圈外人的排斥。

（2）呈现自己。除此之外，温特问中产阶级商业主管与大学生最喜欢哪一种汽车，他发现高权力动机的人不喜欢最贵的车子，他们选择驾驭最好的车子。这些人对人、事物和状况的控制，显然是其权力动机驱使下最关心的事。这种控制可经由武力、名牌或美化一个人的产品而获得。温特在一项关于心理课程提交报告的调查中发现，那些用彩色塑胶夹或彩色纸夹装订的十三位学生比其他五十位提交普通报告的学生有着显著较高的权力希望。

权 力 感 知

权力客体用心念来诠释、解读和破译自己器官所接收到的权力信号或权力线索，并在内心产生各种的感觉，这就是权力感知的过程。因此，只有经过感知到的权力才能对权力客体产生影响力。权力感知非常关键，它是链接权力和影响力的中介。在这个过程中，无论是领导者还是被领导者，其提供的权力信号或权力线索就显得尤为重要了。权力线索是指人们判断权力所依赖的各种信息，通过它们才能预测人们的思维和行为。除了以视觉形式和听觉形式直接刺激人们对权力的感知外，权力线索还可利用人们对其在空间和数字上的心理表征，间接影响人们对权力的判断。下面就是一些人类权力以非语言的方式表达的常见途径：

（1）注视：地位低的人直视上级是很不礼貌的，但是上级并没有这样的限制。对于两性的权力关系有着一个有趣的评论，女人更倾向于将他们的视线从男人那里转移开。

（2）指指点点：人们很少指点对方，不仅仅因为礼仪，还因为指着对方这个行为似乎用于对于地位高的人物或者那些尝试实施支配的人是可以接受的。

（3）触摸：未经允许就通过接触侵犯他人的空间，这样的行为对于更高地位的人是可以接受的。

（4）打断：权力高或者地位高的人打断，而权力低或者地位低的人被打断。

一些看似非常微不足道的事情，如办公室家具的安排，都会影响对于权力的感知。坐在方桌末端的人常常动用更多的权力，然而圆形桌子便利了交流并将地位差异最小化。属于同一个小团体的人们会常常彼此挨着坐。通过坐在对方的旁边，同一团队的成员作为群体比分散开可以施加更多的影响。同样，有一个私人的或者更加开放式的办公室也许不仅仅反映也影响了人们之间的权力差异。有着私人办公室的个体更方便发号施令，打开还是关闭办公室的门可以显示出个体是否愿意与他人互动。

甚至服装的选择也可以影响一个人的权力和影响力。制服和其他专门化的服装早就和权威以及地位相关联，包括军队、警察、医护工作、办事员等。同样一些细微的东西，如文身，也会影响群体中权力使用的数量。

最后一个可以影响一个人潜能的情境性因素就是危机的出现和缺失。领导者经常在危机时期比在相对平稳的时期可以更好地施加权力，也许这是因为危机中领导希望利用他们平时放弃的权力。例如，一个同追随者建立起密切人际关系的领导者一般使用参照性权力来影响他们。但是在危机或者紧急时刻，领导者更可能使用合法性权力和强制性权力来影响下属。

权 力 态 度

在对权力主体施加的影响力进行感知和解释之后，客体还要联系主体的行动以及互动发生的背景，最终形成权力态度。凯尔曼（H. C. Kelman）认为态度的形成和转变的过程包括三个阶段，即工具性服从（Compliance）、认同（Identification）和内化（Internalization）。态度形成的三个阶段是一个复杂的过程，并不是所有的人对所有事物的态度都要经历这三个阶段，有的可能是仅仅达到了服从阶段，而有的可能只停留在认同阶段，还有的可能已经达到了内化阶段，有时原来形成的态度可能还会有多次的反复。

（1）工具性服从。这是指个人为了获得奖酬或避免惩罚，而按照社会要求、群体的规范或别人的意志而采取的观点、行为。由于态度受外部压力的影响，或外力的强制、诱惑，因而这时的态度只是表面上的，而内心并不愿意。行动的动机纯粹是工具性的，服从行为并不一定是个人真心愿意的、往往也是一时的。诸如是为了获得某种物质或精神的报酬，或为了避免批评、惩罚才服从的，因而这时一旦取消外界的制约力量，服从行为就可能消失。所以，处于服从阶段的态度并没有真正的形成。但是这个阶段如果通过被迫服从，逐渐养成习惯，就可能转化为自觉服从，即态度的服从阶段又是形成一定态度的必经阶段。例如，尊重社会等级制度习惯的养成，开始可能就是在一定的外界压力条件下，如社会压力、文化影响等，最后慢慢养成对待周围人和事的习惯。

（2）认同。这是指个体努力地支持和执行主体的提议，因为他们似乎内在地期待并且根据目标价值观、信念和自我形象进行改变。他人的提议最终变得与个体本身的价值观和信仰根深蒂固。无论是否预示着任何实际的收益，也不论目标是否符合他们自己的观点，认同都会实现。个人自愿接受他人的观点、信念，并使自己的态度与他人的要求相接近或相一致的过程。显然，认同不同于服从，这个阶段的态度是个人出于自愿的。认同的原因是对方有吸引力，自己愿意把对方作为自己的学习榜样。

（3）内化。这是指个体模仿他人的行动或者采取同样的态度来取悦他人，并变得和他人一样。这样做的目的可能是因为个体归属、认同和社交的需要。同有吸引力的人保持密切的关系可能会有助于满足个体从他人那里获得自尊的需求，并且帮助个体维持了一个更加受欢迎的自我形象。此时，个体真正从内心深处相信并接受他人的观点，彻底转变自己的态度。内化以认同为基础，这就意味着个体把外部的观点归于自己的思想体系之中，使之成为自己态度体系的组成部分。内化阶段是人的态度真正形成和彻底转变的阶段，也是态度和行为最稳定和较为一致的阶段。例如：一个真正的革命者是不会屈服于几次的失败而气馁，其对改革的信念、对事业的态度可以说已达到了内化的程度，而有的人对改革的态度只停留在服从或同化阶段。

权 力 结 果

领导被看作一个有意施加影响的过程。在客体感知到权力之后，按照主体可以达到所想目标的程度，可以区分为三种结果：抵抗、服从、承诺。抵抗可能以假装、推迟、借口或者公然拒绝执行要求的形式表现。服从则可能只以同意的形式出现，但是后续的努力不一定大。所以同样是顺从，最终的结果可能非常不同。承诺不仅仅意味着个体赞同对他们施加影响的个人或者群体，还意味着个体对这些人有了一种内部认同。这个可能源自他们个人价值观、信念和利益的组合。那么无论有多大的困难或者个人牺牲，他们不仅服从要求，并且在情感上也致力于达成结果。

但这三种权力结果并不是相互排斥的，它们可能同时并存。由于影响力过程同时涉及权力主体、权力客体以及权力实施的情境等各种客观和主观的因素，因此，权力类型与权力结果之间是一种复杂的、不精确的相关关系。表 2-4 就针对前面佛兰奇和瑞文的五种权力类型大致列出了可能出现的权力结果。

表 2-4 权力类型及权力结果

权力类型	可能的权力结果		
	承诺	服从	抵抗
参照性权力	很可能 如果要求被认为对于权力主体很重要	可能 如果要求对于权力主体不重要	可能 如果要求可能有损于权力主体
专家性权力	很可能 如果要求有说服力并且客体认同主体的任务和目标	可能 如果要求有说服力但是不要求客体关心主体的任务和目标	可能 如果权力主体伤害到客体或者客体反对任务和目标
合法性权力	可能 如果要求适宜，并且有礼貌地提出	很可能 如果要求或命令被认为合法	可能 如果要求不适当，且态度傲慢
奖赏权	可能 如果以微妙、个人的方式行使	很可能 如果以机械的、非个人的方式行使	可能 如果以无礼貌的态度、操纵的方式行使
强迫权	极不可能	可能 如果以有益的、非惩罚的方式行使	很可能 如果以无礼貌的态度、操纵的方式行使

思考：

1．影响力过程都包括哪些环节？
2．如何判断一个人是否具有高权力动机？
3．从哪些方面我们可以感知到权力的存在？在学过本章内容之后，你有没有更多地感觉到了权力实际无处不在？空间的设计和安排、举手投足间的不经意如何让你感觉到了权力？
4．对待权力有哪几种态度？
5．五种权力类型分别对应怎样的权力结果？

2.3.3 影响策略与政治

组织中的政治

权力的运用不仅仅是一个影响力过程，更是一个政治过程。一般认为"政治"主要是指政府的活动、国家的行为、管理众人之事。牛津百科词典将"政治"解释为：统治的艺术和科学；它涉及公共事物的权威和统治；与权威或统治权运作有关的活动；影响权威和地位等的过程和原则。许多学者采取上述相同的看法，认为政治是众人事物的权力或权威，涉及权力的获得和运用，是组织与组织之间、人与人之间的影响过程，这一种看法可以说是中性的，没有好坏的价值判断。

但也有另一些学者采取另一种角度。他们认为，政治是组织内成员从事与团体目标相违背的自利行为。这种看法与一般人的看法相类似，认为政治是权力的游戏、权势的争夺和权谋的运用，政治行为会导致追求个人利益而影响他人或组织的目标。然而以这种方式来形容，几乎所有行为都可以被当做政治，并且意味着政治行为是不道德的、不正当的、无益于生产的，政治中的人们通常被认为是以自我为中心和有偏见的。

无论对政治的看法如何、无论对它如何定性，权力、影响力以及影响力策略涉及的一切活动都涵盖在组织中的政治活动中。组织中的政治可以被定义为那些不被官方允许的行为，它们一般由组织去施加给他人，通过影响他人来实现个人的目标。组织中政治行为发生的原因可以从组织情况和个体特征两个角度来进行考察。组织情况包括组织环境、组织文化、组织结构、政治管理等方面，而个体特征往往和个体差异、权力需求、控制地位、冒险倾向等因素相联系。

政治行为在哪里？

权力往往发生在组织之中，组织可以大至国家、社会或政府，或小至家庭。譬如，在家庭中，丈夫计划利用假期去欧洲旅行，妻子却因为预算有限主张留在家中。此外，儿女都已有各自的度假计划，也持反对意见。丈夫、妻子和子女如何达成共识或妥协？这是一个非常普通的"家庭政治"（Family Politics）。又如，在企业组织内，人们常常面临其他部门人员的排斥和不合作，或者碰到一些背景雄厚、来头不小的难缠人物，或者遭遇不可理喻的上司。政治行为则一般追随着权力，可能出现在下列情况中：不确定性存在的地方，即没有如何行动的确切的明晰的规则；需要做出涉及大量稀缺资源的重要决定的时候；组织内部的群体之间有着利益冲突，并且没有通过公开的方式达成一致的解决办法；组织内的群体之间权力平等的时候。这乍一看很奇怪，事实上，权力本质就要求不均衡的发展。

有的学者认为,个体在以下活动中会采用政治策略,见表 2-5:

表 2-5 常见的政治策略

活　动	采用的政治策略
接受劝告	个体更加谨慎地听取或者接受建议
机动性	个体保持灵活性并且从来不完全将自己局限于一个职位或计划
沟通	个体从来不说出自己知道的所有事情。相反,他隐瞒信息或者精心地选择说出来的时间
妥协	个体仅仅将妥协作为一个暂时的计策并继续坚持自己的计划
信心	个体一旦做出了决定,他必须给他人他知道自己正在做什么的印象,即使他并不知道时也是如此
总是像个领导	社交友谊式的气氛制约了管理者的权力,所以管理者总是与他的下属保持距离感

(资料来源: Buchanan, D. and Banham, R. Power, Politics, and Organizational Change. London: Sage, 1999.p 193.)

引起政治行为的组织原因

陈国海在《组织行为学》一书中指出,政治行为与雇员之间的竞争以及组织环境的复杂性和不确定性有关(如图 2-3 所示)。雇员之间的竞争越是激烈则政治行为发生的可能性越大,反之则越小;组织环境的复杂性和不确定性越高,则政治行为发生的可能性越大,反之则越小。

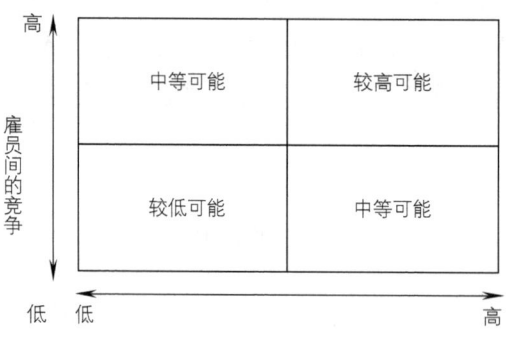

图 2-3 组织环境的复杂性和不确定性

资料来源:(陈国海.(2009).组织行为学.清华大学出版社:北京.p244.)

麦克肯娜(Eugene F. McKenna)在《商业心理和组织行为》(Bussiness Psychology and Organisational Behaviour)一书中列出了九项引起政治行为的组织因素:模糊的目标、组织结构的变化、稀缺的资源、技术和商业环境的变化、太多没有程序的决策、低信任度、模糊的角色、不清晰的行为评估、零和计算的组织态度。

明兹伯格(Henry Mintzberg)列出了许多在这种环境下可能出现的政治游戏,见表 2-6。当然称这些为游戏可能会产生误解,政治过程不是游戏。它们是用于建立工作关系网络、进行协商和确立影响力的、严肃而重要的活动。

表 2-6　明兹伯格对政治游戏的分类

游戏 （Games）	典型主要层次 （Typical major levels）	目的 （Purpose）
抵抗正式权威的游戏 （Authority games）： 动乱游戏 （Insurgency games） 反倒戈游戏 （Counterinsurgency games）	低层管理者 高层管理者	抵抗正式权威 镇压对正式权威的抵抗
建立权力基础的游戏 （Power base games）： 扶持游戏 （Sponsorship games） 建立联盟游戏 （alliance-building games） 建立王国游戏 （empire-building games）	任何下属 直线管理者 直线管理者	与上级一起巩固权力基础 与同级同事一起巩固权力基础 与下属一起巩固权力基础
击败对手的游戏 （Rivalry games）： 基层员工游戏 （Line versus staff games） 对手阵营游戏 （Rival and camps games）	直线管理者 下属员工 任何在同一层次上的团体	彼此之间争夺权力 彼此之间争夺权力
改变对手的游戏 （Change games）： 鸣警笛游戏 （Whistle blowing）	低层次管理者	控制整个组织

引起政治行为的个体原因

（1）人格与政治行为。一些个体比其他人更可能产生政治行为，特别是几种人格特质与运用权力倾向和产生政治行为有关。

（2）对权力的需求。对权力的需求是一种想影响和领导他人以及控制某人自己的环境的动机或基本愿望。作为其结果，有着较高权力需求的个体更可能参与组织中的政治行为。

（3）马基雅维利主义。马基雅维利是 16 世纪意大利哲学家和政治家，马基雅维利主义者是指那些为了他们自己的目的而观察和操纵他人的人。作为一种对他人的个人行为风格，马基雅维利主义意味着在人际关系中使用诡计和欺骗、对他人的本质持一种玩世不恭的观点、对传统道德不太在意。马基雅维利主义者更像是操纵他人，他们通常能够影响他人，尤其是在面对面的接触中，并且趋向于发起和控制社会交往，其结果是：马基雅维利主义趋向于与政治行为相联系，它是在被研究的变量中与政治行为最为相关的变量。

（4）控制点。控制点是指个体相信他能够控制影响他人的事件的程度。有较高控制点的个体认为事件的结果主要是他们自己行为的结果，而那些有着较高外控制点的人则认为是有权力的他人、命运或机遇主要决定了影响他们生活的事件。内控比外控倾向于表现出更多的政治行为并且更可能试图去影响其他人。而且他们更倾向于认为自己的行动会更成功。

（5）冒险倾向。个体愿意冒险的程度或者说冒险倾向各不相同。一些人是风险规避者，而另外一些则可以被描述为风险爱好者。冒险者在一些情景中更愿意参与政治行动，而规避风险者则由于政治行为可能的消极结果而倾向于避免冒险。

常用的影响策略

最常见的影响力是法定性权力提出的"简单要求"。权力客体可能会顺从一个明显法定的、与工作相关的以及目标者知道如何做的"简单要求"。尽管如此，如果被要求的行为是令人不快的、不适宜的、不方便的、不相关的或者很难完成的，那么客体就会拒绝。除非在特别赞同的情况下，否则客体就很难对"简单的要求"做出承诺。这时，权力主体可以直接影响客体，其运用的策略称为社会影响策略（Social Influence Tactic）或人际影响策略（Interpersonal Influence Tactic）。这里做了如下的总结，见表2-7：

表2-7 影响策略的名称及其定义和描述

策略名称	定义及描述
理性说服	主体提供逻辑论证、原因、细节或者事实依据来说服目标者；主体使用逻辑论证和事实证据来展示一个可行的、与获得重要任务目标相关的建议或者要求
商议/咨询	主体询问目标者对于问题或者提议的意见；主体鼓励对象对于建议提出改进意见、帮助策划活动、改变对象人的支持和帮助
讨好/友谊	主体在对目标者提出要求之前使用表扬、奉承、友善的或者帮助性的行为，微弱的、不引人注意的影响力策略，如表现谦卑和让他人感到重要
激励	主体尝试着激起目标者对于建议的热情，鼓舞人心的吸引力；主体利用价值观和理念的吸引力来激发对象人的情感，以获得对于要求或者建议的承诺
结盟/联合	主体与支持建议的人们建立起的联盟，或者说服目标者应该支持建议因为其他人都支持了该建议；主体寻求他人的帮助来说服目标者做某些事情或者使用他人的支持作为赢得目标者同意的原因
互利/交易	主体指出想要同目标者互换认同的意愿，或者在晚些的时候进行报答，交换积极的收益，如提供交换和进行个人牺牲；主体提供一个刺激来交换好感或者知名互惠的愿望，如果对象愿意满足主体要求的话
断言/执意/压力	主体要求目标者顺从要求或者不断地提醒目标者主体的愿望、要求、命令和设定最后期限；主体使用要求、威胁、频繁的检查或者不断地提醒来影响目标者
个人吸引/魅力	主体依靠目标者的忠诚和友谊来遵从建议；主体要求客体出于友情去实现要求或支持建议，或者要求在说是什么之前寻求个人的赞同
上诉	主体依靠上级帮助来获得服从，祈求组织中上层的影响力的庇护，如对上级做出正式的诉求和获得上级正式的支持
合法化	主体寻求建立要求的合法性或者合法化权威，使得权威可以与规则、正式的政策或者官方文件相一致；主体尝试着通过组织政策建立合法的决策权威或者决策一致性
威胁/批准/阻碍	主体威胁进行中止曾经承诺给目标者的有价值的事物来获得服从，或者试着通过各种阻碍策略，去阻止目标去实施某些行动
欺骗	主体欺骗或者操纵目标者获得服从
寻找替罪羊	主体为某种过失或者不满寻找替代者

第 2 章 领导与权力

以上的社会影响策略又可以分为软策略和硬策略。软策略包括以身作则、友善、讨好、谄媚、以理说服、利益交换、透过第三方说服等；硬策略包括命令、威胁、利诱、通过上级运用权威等。

除了直接影响客体外，主体还可以用间接的方式影响，其技巧称为结构影响策略（Structural Influence Tactic）。这些影响策略常常用于客体已经顺从了要求或者没能遵守规则和规定的时候，间接地使客体内化组织目标的要求。此时权力主体主要通过为权力客体提供指导或者便利来影响其行为，而不是直接作用于客体。这样的结构性影响策略包括：策略的规划、组织结构和工作的设计、权限的规范、奖惩制度的设定、员工的培训、组织文化、提供完成任务的资源等。一般而言，主体在组织内的权力越大，其控制结构影响技巧的能力越大，反之则越小。此外，直接影响技巧的使用又受到主客体间的关系所制约。例如，在双方高度信任的关系下，主体运用的技巧自然不同于双方低信任关系下运用的技巧。

哪种策略最有效呢？

对于表 2-7 中列出的影响策略，经过相关的研究调查发现，理性是对于所有的目标都最常使用的策略，哪种是最不常使用的策略目前尚不清楚。但是总体来说，理性和软策略比硬策略更容易获得成功。理性说服、激励和协商在多种情境中都是最有效的；最无效的策略是压力、联盟和合法化。然而，如果我们因此就认为特定的策略总会奏效而其他的策略一定会失败，这无疑是不可取的。例如，一个人拥有强制权，他的需求比专家的更容易满足，因为强制力比提出理性论点或证据支持来得更快更容易；同样，一个没有职权的人则不能依赖奖赏权，而必须运用不同的个人能力去提升个人的权力。每一种策略的有效性取决于所适用的情境，所以人们不能总是使用那三项成功概率最高的政治策略。到目前为止，对政治行为的研究范围只涵盖北美地区，故而在美国文化背景下，对影响策略的研究结论在不同的文化背景下，很可能失去其效用甚至造成羞辱（更多关于文化的内容可以查看 8.1.1）。

除此之外，政治性的策略也因个人目标的不同而有所差异。为了使他人信服于某项计划，人们倾向于诉诸理由。为了获得他人的好感，人们也会使用更多以友谊、亲切为主的政治策略。而且政治行为通常包括一种或是多种的影响策略。不同的策略组合使用与单独使用的有效性也不同。这一过程是复杂的，而且要充分理解不同影响策略的有效性就需要对可获得的权力来源、试图影响的方向（即向上、向下或横向）以及想要达成的目标都了解清楚。

思考：

1. 什么是组织中的政治行为？它们常常发生在哪些地方？
2. 组织中没有政治行为可不可以？为什么会出现政治行为？
3. 常用的影响策略包括哪些？影响策略与权力是什么关系？
4. 哪些影响策略的效果较好？我们应该如何看待影响策略？

2.3.4 授权

为什么要授权？

"三顾频烦天下计，两朝开济老臣心。出师未捷身先死，长使英雄泪满襟。"一首《蜀相》，道出了三国时期一代英才诸葛孔明辞世时心里有多么的不甘。火烧新野、鏖战赤壁、三气周瑜、智取西川、七擒孟获、六出祁山……诸葛亮被后世誉为聪明和智慧的化身，但是"政事无巨细，咸决于亮"。对手司马懿曾预料到他"食少事烦，岂能长久？"后人在推崇其"鞠躬尽瘁，死而后已"的忘我精神时也不免对其事必躬亲的作风不胜惋惜。在知识经济的今天，信息量剧增更是导致领导者工作量倍增。领导者的大包大揽容易顾此而失彼，使组织陷入危机之中无法自拔。领导者想要从烦琐的事务性工作中解脱出来，用更多时间和精力去考虑、解决带有全局性的重大问题，就必须采用科学授权的方式。

权力的授予意味着决策被下放到下级，这就使得决策的做出与决策的实施更加接近。不仅如此，授权可以轻易地减少对于领导者来说占据很多时间的琐事，并且为下属提供了学习的机会和增大了执行的成果，同时它也增加了下属的回旋余地和自由度。领导的授权还意味着一种来自上级的信任，减少对下属的微观控制可以激励下属，领导者对下属的信任可以建立他们或她们的信心、提高其道德水平和办事效率。大权独揽、事必躬亲的领导竭心尽力、任劳任怨，到头来却难免落得吃力不讨好的下场，同时其所作所为对组织、对下属的发展也有害无利。

如何有效授权？

领导者不能做事必躬亲的"管家婆"，必须学会授权，并要恰当地授权。作为一名领导者，假如你把任务交给下属，而不明确阐述其该做的工作内容、可以行使的职权范围、应该达到的绩效水平、完成任务的时限等，你可能会因为下属的"不得力"而招来麻烦。那么，到底要如何才能合理授权呢？

（1）制订授权计划。授权首先意味着有计划有组织地分担责任，需要安排哪些人物、哪些需要授权、哪些需要保留，然后建立一个包括授权、控制、支持、奖励在内的机制，并制定相应的总体计划。关于决定授权什么，领导者要明确地界定全部授权的工作内容，并且列出想要指派给他人的责任。在确保被授权者完全理解任务的基础上，领导者还要强调对最终期限及评估成果的期望，提前决定如何感激和犒劳那些在你授权下顺利完成工作的下属。如果不能界定出全部的工作内容，也要将任务的目标解释清楚，要确定被授权的下属清晰地知道任务的总体思路和目的。此外，如果可能的话，领导者应尽量将下属组成团队来设计授权，因为当成为大计划中的一分子的时候下属会更加有效。

（2）将指派任务对应到人。将每项任务与最适合的下属的长处匹配起来，这需要领导者对追随者有着非常坚实和全面的了解。然后为每个人分配你认为他们乐意完成的任务，让追随者热情地接受和承担授权任务。为了消除追随者的不安全感和不信任感，领导者在指派任务的同时还要给下属充分的自由和权力去完成任务，并为他们或她们提供必要的支持和帮助。

（3）跟进。成功的授权并不是任务分配完就结束了。领导者还需要时不时地检查个体的进展程度，一方面监控工作的进展，以确保被授权者朝着目标前进。确保下属准确地明白你希望他们做什么。在任务进程的关键节点和关键日期上多问几个问题、多观察下工作或者从下属那里获得一些反馈来确保你的指示被准确无误地理解了。开诚布公和有效的沟通是成功授权所必需的。另一方面看看是否他们还需要其他的帮助或指导。领导者必须牢记，自己只是帮助扫清个人道路上的障碍，必须相信追随者能够完成所指派的任务。

（4）感谢和赞赏。领导者知道如何感谢别人出色地完成了任务，这同为每个人选择正确的任务一样重要。领导者需要根据早期建立的机制和计划中的标准来测量成果，并判断该项目是否被顺利完成。评估工作表现不仅仅只是在事后，而应该贯穿整个监控的过程，以确保能够及时提供必要的激励、支持和防微杜渐。领导者的奖励和赞赏也应该注意，有时一个真诚的"谢谢"说不定就可以长久地激励那个人。

为什么不授权？

根据一项调查（涉及在 8 种情形下给下属授权的 118 位经理）显示，一些管理者无论任何情况下都会授权，而另外一些管理者怎么都不想给下属授权，主要是出于以下三种考虑中的一种：因为他们对下属的能力没有信心；因为他们认为任务太重要了所以不能留给下属去做；因为任务中的技术困难。总的来说，能否做到授权还是主要取决于领导者。影响授权的领导者因素包括领导者对待权力的态度以及他或她自身的能力，具体总结为表2-8：

表 2-8　影响授权的领导者因素分析

影响授权的领导者因素	
态度特征	能力特征
自我意识	团队中的自我管理
关注质量	概念复杂性
乐观主义	评估他人的能力
诚实	对他人的信任
关注通过支持性、合作性关系	清晰描述工作和划定范围的能力
关注指导性领导和生产力	
关于亲密度和惩罚	
团队互动属性	

思考：

1．什么是授权？
2．授权的好处众所周知，但是现实中却无法授权的原因是什么？
3．如何进行有效授权？

第 3 章 目 录

Content

3.1 领导特质是什么

3.1.1 伟人理论

3.1.2 特质与素质

3.2 领导特质理论

3.2.1 特质理论

3.2.2 人格特质模型

3.2.3 评价

3.3 领导智商与情商

3.3.1 智商与智慧

3.3.2 情商与情绪管理

3.3.3 印象管理

第3章 领导特质

> "积行成习,积习成性,积性成命。"
>
> ——荀子

恐怕没有哪个话题比领导素质和性格更容易引起争议了。在过去的一个世纪里,领导科学的研究者们尝试着回答这样一个问题:是否有一些领导者的特质或者性格特点促进或者阻碍了领导活动。换句话说,是否像体力、身高、个性、智商以及创造性这样的因素帮助领导者建立了团队、赢得结果或者影响团体呢?这些领导者是否以不同于追随者的方式在行动?这些行为上的不同是由于他们智力不同还是个性或创造力不同?如果是特质的话,那么这些特点是否可以用于区分成功的领导者与失败的领导者?是否可以用于区分一线领导者和高层领导者?要想解开以上这些疑问,我们就需要掌握一种新的领导理论——领导特质理论。

3.1 领导特质是什么

3.1.1 伟人理论

领导生而伟大?

"领导是天生的",这种信念在19世纪末至20世纪上半叶占主导地位。这也是领导特质理论的出发点和基本前提。特质理论起源于苏格兰哲学家托马斯·卡莱尔(Thomas Carlyle)的"伟人理论"。卡莱尔认为一些人生下来就是领导,这是遗传的、特殊的、内在的特质和性格特点,这使得这些人不同于那些追随者。领导素质是先天继承而来的,尤其是上层社会的人更是如此。伟人是与生俱来的,而不是后天培养的。这种特定的领导才能和品质意味着,不管在什么情况下,具有这些特质的人最终将被推向领导者的位置。抱着对人格素质和先天品质的信念,人们把研究的重点集中在领导品质的研究上,形成了一些理论观点和假设。

伟人理论的不足与发展

在20世纪早期,伟人理论演变成了素质理论。素质理论并不关心领导素质是继承而来的还是后天获得的，它们只是强调领导者的个性与非领导者的性格特点是不同的。某些禀赋是先天的，与前面提到的伟人理论的特质有很大的相似之处，如身高、体重和体型，性格因素如外向等，与教育和能力相关的特点如口才等。但是另外一些则依赖于经验和学习，如行业方面的知识。从伟人理论发展到特质理论，其内容不断扩展，包括遗传的以及后天获得的特质。因此，领导就在人们之中，并且似乎只有在拥有这些性格特点的人成为领导的时候，领导才是有效的。领导者与一般人是不一样的。领导者并不一定是绝顶聪明或全能先知的伟人，但他们需要具备极好的素质，这种素质并不是每个人都具有的。领导可能是一个普通人，只不过是在适当的时机出现在适当的位置上罢了。或许所处的地位起了很大的作用，但是这也需要某种特别的人来把握机会带来的挑战和机遇。

今天，伟人理论已经成为众所周知的败笔。为了使新模型更加为人们接受，除了积极的素质外，"伟人"们也被加上了负面性格。斯莱特（Slater）和本尼斯（Bennis）认为，伟人已经落伍了，成了组织灵活性与成长性的"死亡之手"，在新的民主模式下，个人的作用只占很小的一部分。

20世纪70年代以来，研究者在总结过去的研究成果时候，基本否认了"伟人论"的观点，但都认为有效领导必须具备一定的素质。这些素质可以分为两大类：一般人格特质和与任务有关的特质。前者包括自信、诚实和可靠，后者包括激情和勇气。豪斯（R. J. House）在归因理论以及对领导和人类动机的研究基础上提出了魅力型领导理论（Charismatic Leadership Theory）（1977）。魅力型领导理论虽然属于特质领导理论的范畴，但已经突破了早期的特质领导理论的局限。

思考：

1. "东方红，太阳升。中国出了个毛泽东。"这句歌词是如何渲染伟人的？
2. 你认为伟人和我们平常人是否不同？如果有的话，这些差异来自于哪里？

3.1.2 特质与素质

概　念

"特质"是一个心理学概念，它是研究人类人格的一个主要方法。人格常常用于表明个体的一些持久而稳定的特点，所以人格特质也被引入领导科学中用于研究领导者人格特点与其行为活动之间的联系，特别是与行动效率之间的联系。

"素质"则最早是一个生理学概念，它是人的先天生理解剖的特点。各门学科对素质的解释不同，但是基本上都认为素质是以其自然属性为基本前提的，即个体在生理和心理上的成熟度不同决定了个体素质的差异。但另一方面，这种先天的能力会受到后天的环境所影响，特别是教育的培养可以激发个体从事某种活动的基本品质和条件。但在现实中，其实往往是难以仔细区分的。下面来看一段关于默克尔的介绍：

安格拉·多罗特娅·默克尔，德国政治家，有铁娘子之称，是欧洲继撒切尔夫人后，最具影响力的女性领导人。默克尔成长于东德一个城市社区里，在很小的时候就展示了对于数学和科学的天资，她获得了物理学的博士学位，研究领域是量子化学。在20世纪70和80年代，她把大量的时间和精力放在了化学研究上。直到1989年柏林墙倒塌，她才涉足了政坛。在20世纪90年代，赫尔穆特·科尔政府任命了她许多管理职位。在科尔的指导下，通过快速的学习，她认识到了国内政治和国外政治的复杂，并且利用这些知识成功地参加并赢得了2005年德国大选。默克尔领导着一个联合党派，同时代表德国政治的左派和右派。她允许雇员将劳动时间从35小时增加到40小时和在经济萧条时解雇雇员来使得德国的经济自由化。她反对土耳其变成欧盟成员国。虽然公众反对，但是她支持美国出兵伊拉克，并且将德国的士兵送往阿富汗。此外，她还起草了全球坏境立法，并为希腊、葡萄牙和其他欧盟国家提供贷款。

看了以上的介绍，你关注的是默克尔的名誉、个性、价值观还是她的聪慧？你更看重的是她的特质还是她的素质呢？恐怕很难说得清楚。

早期的领导研究在寻找对于所有领导者都适用的特质。他们通过对比领导者和非领导者、有效的领导者和非有效的领导者之间的特质来进行研究。研究者们关注每一个他们认为可能必然与好的领导相关联的特质，这不仅包括他们的生理特点，如身高、吸引力，还包括个性特征和知识成就。研究结果显示，诸如身高、体重、体格等身体特征对领导的成功与否并无影响。但同时，下属的确会在某些方面对领导表示钦佩。例如，一项对3400多名管理者的研究显示，被绝大多数人所尊敬的领导者被认为诚实、称职、有远见、有感召力和有信誉。这样的积极品质可能会提升领导者的有效性，尤其是富有远见卓识和授权上。不同的学者各有侧重，有的学者认为，导致成功的领导的重要个人特质有以下几点：有冲劲、领导意愿、积极性、诚实和正直、自信心、智慧、学识渊博和良好的适应性。在领导特质的一长串列表中，这里我们总结出较为核心的特质，包括智力、自信、果断、正直和社交性。

（1）智力。智力或智力能力与领导有积极的联系。具有较强的口头表达能力、感知觉能力和推理能力显然使人成为更优秀的领导者。虽然能够成为聪明的人是一件好事，但是研究也表明，一个领导者的智力不能与他/她的下属差别太大。其意是，一个人要想成功，是一定要受过教育的。这里的智力，并不代表学历，也不代表在学校里面受过的教育，而是一种做事的能力。我们从来没有见过从未受过一点教育的人成为伟人的，至少要自学过一点东西。

（2）自信。自信是另一个能够帮助一个人成为领导的特质。自信是指确信自己的能力和技能的能力。它包括自尊、自信感，以及自己能成就大事的信念。领导包括影响他人，而自信使领导者能够确信自己施加影响的努力是正确的和恰当的。一个人做事要是没有信心，那么任何事情都是做不好的。在第二次世界大战期间，蒙哥马利在北非战场与号称"沙漠之狐"的隆美尔展开了一场坦克大决战，在双方力量对比上，德国占有一定的优势。但是，蒙哥马利不愧是将军，战前他满怀信心，按时睡觉，按时起床，做任何事情都是不慌不忙的。这次战役的结果是英国胜，这也是一场有名的世纪之战。设想要是当初蒙哥马利没有自信，做事畏首畏尾，那么胜负可能会另当别论。可以这么说，自信是做好一切事情的基础。

（3）果断。许多领导者都表现出果断这一特质。果断是指使工作得以完成的意愿，包括主动性、坚定、统领和驱动力等个性。具有果断特质的个体愿意坚持自己的主张、积极主动，并且面对阻碍保持坚定。果断这一特质也包括在某些情境下，当追随者需要给予指导时表现出统御力。俗话说："当断不断，反受其乱。"没有一个伟人是做事情犹犹豫豫的，该做决断时一定要当机立断。

（4）正直。正直是指诚实和值得信任的品质。做事坚持原则并承担责任的人，往往表露出正直这一特质。具有正直特质的领导者会激发他人的信任，因为别人可以信任他们能够做到他们所承诺的事情。他们是忠诚可靠的，不会欺骗别人。总之，正直这一特质使领导者成为可信的人，并值得我们去信赖。

（5）社交性。社交性是指领导者寻求良好的社会关系的倾向。表现出社交性的领导者是友好开朗的，待人礼貌、得体，并且善于社交。他们对别人的需求很敏感，并且总是表现出对别人的关怀。社会领导者拥有很高的社交技能，并且能够与他们的追随者营造合作的人际关系。

难以区分有效性

通过从 1904 年到 1970 年两次对领导研究进行集中的回顾，斯托格第尔（R. M. Stogdill）得出结论，成为领导者的一个基本内容就是帮助组织建立它的目标。早期的研究发现，与领导相关的一些特质包括智商、信任、知道如何完成任务、不惧困难、自信和想要拥有权力和控制。尽管斯托格第尔的研究回顾了非常多的特质，但是他总结出：根本就不存在必然有效的领导特质。个人特质是否对于领导起到作用取决于情境，没有在所有的情况下都有效的领导特质。

最近，创意领导中心（Center for Creative Leadership, CCL）对比了成功的管理者与那些失败的领导者。就像斯托格第尔一样，这些研究者也没有发现必然导致成功或者失败的特质，但是他们却有一个非常有趣的意外发现，那就是，成功的管理者和失败的管理者事实上有着相同的一些特质：他们都野心勃勃、拥有技术技能并且快速升迁。另一方面，研究者总结出一些可以预测管理成败的特质，包括：情绪稳定——失败的管理者更容易感觉到压力；防御——失败的管理者更容易躲避失败；正直——失败的管理者更容易同其他人竞争，并且在发展自己事业的时候更多地以牺牲他人为代价；人际技巧——失败的管理者常常在人际技巧上比成功的管理者差很多；认知技巧——失败的管理者有着更高水平的技术技巧，这导致了他们的过于自信和傲慢。

尽管如此，这些特质到底对于领导和领导能力能有多大的影响，对于这个问题还没有能够得出一致结论。在分析了20世纪40年代进行的20项研究之后，学者找到了79个独特的特质，但是其中65个特质尽在一项研究中出现，并且只有4个特质（它们是外向、幽默、聪慧和积极主动）出现在了5个以上的研究之中。

卓越领导和管理中心（Centre for Excellence in Management and Leadership）的回顾总结了1000个特质，浓缩出了83个多少有点典型的特性。虽然拥有一些、许多或者所有的这些特质并不能保证领导就会成功，但是有证据表明有效的领导在一些关键方面的确不同于其他人。当前对特质理论的重述说明了领导者的确有一些不同于追随者的个性。在这些研究的基础上，这些特质包括成就导向、诚实正直、敏捷、幽默、有抱负、主动积极、运动能力、认知能力、聪慧、洞察力、合作、判断、批判性思维、具有领导动机、情绪稳定、精力充沛、激励、合群、首创精神、执着、进行社会性判断、知名、地位、问题解决技巧、顽强、自信、责任感、灵活运用语言。

难 以 分 类

学者想要将这些特质进行归类，以便于帮助理解和预测领导能力，但即便是在研究者们达成一致的特质上，将这些特质进行分类也是非常难的。

有的学者通过对大量的成功的领导者的分析研究，收集了关于他们的各种详细资料，包括人口统计学和个人品质特征方面的资料，并对数以百计乃至千计的领导品质进行了测量，包括年龄、体质、智力、动机、主动性和自信心等各种参数，试图发现领导者所特有而被领导者所缺乏的才能和品质，在此基础上确定出领导者的标准，以此作为选拔领导者的依据。最终，领导者的特质被分为五大类：①生理特质，如领导者的身高、体重、体质、音容笑貌和仪态举止等；②个性特质，如自信、热情、外向、开朗、幽默、正直、负责、勇敢、独立性和内控性等；③智力特质，如领导者的记忆力、判断力、逻辑能力以及反应能力等；④工作特质，包括责任感、事业心、首创性等；⑤社会特质，包括沟通能力、激励能力、协调能力、控制能力、人际交往能力等。

另一种分类将领导有关的要素分为了六大类：①能力（聪慧、敏捷、语言能力、创新和判断）；②成就（学者、知识和运动成就）；③责任（可信、积极主动、坚持、进取精神、自信、想要超越）；④参与（活跃、合群、合作、适应性和幽默）；⑤地位（社会经济地位和知名度）；⑥情境（地位、技巧、追随者的需要和兴趣、要实现的目标）。

也有人将领导者与非领导者区分开的素质归为六类：①动力（动机、雄心、精力、坚韧性和主动性）；②领导动机；③诚实和正直；④自信；⑤认知能力；⑥商业知识。

还有的学者将上述这些特质分为了三大类：①人际因素；②认知因素；③管理

因素。

> **思考：**
> 1．什么是特质？领导特质都是正面的吗？
> 2．除了上面给出的一些核心特质，有没有你认为非常重要的领导特质呢？具体是什么？为什么你会认为这种特质非常重要？
> 3．拥有某一种特质就一定可以保证领导者取得成功吗？

3.2 领导特质理论

3.2.1 特质理论

早期领导特质理论

在伟人理论的影响下，领导特质理论（Trait Theories of Leadership）诞生了。与伟人理论相似，特质理论认为领导依赖于领导者的个人素质，但不同的是，特质理论并不认为领导只在少数英雄人物的掌握之中。领导者的高效只是源于其所具有的特质，所以如果位于管理职位的人具有所期望的领导特质，那么组织就能够运行得更好。例如，现在很多的组织通常会利用人格测验工具去发现适当的人选。领导特质理论就是通过对大量领导者的考察、分析和研究，从性格、生理、智力及社会因素等方面寻找领导者特有的素质或应有的品质的理论，因此也称作素质理论。

领导特质理论很长时期一直是解释领导现象的理论来源。早期的领导特质理论为领导者原本复杂的人格构成提供了简单的解释。除此之外，特质理论也被用于个人自我意识开发和个人开发。领导者也可以通过分析自己拥有的特质，来了解他们的优势和缺陷，而且他们还可以了解组织中其他人对他们的看法。特质评估可以帮助管理者确定自己是否拥有晋升或调任到组织的其他职位上所需要的品质。

如果你问一问走在大街上的普通人，在他们心目中领导是什么样的，你可能会得到一系列的品质特征，如智慧、领袖魅力、决策力、热情、实力、勇气、正直和自信等。对于那些被公认为领导者的个体，如马丁·路德·金、圣女贞德、泰德·特纳、纳尔逊·曼德拉、玛格丽特·撒切尔、圣雄甘地等人，我们能够从他们身上得出一个或几个非领导者所不具备的特质吗？我们承认这些人符合领导者的定义，但他们各自表现出全然不同的特点。如果特质概念站得住脚，就需要找到所有领导者都具备的具体特点。但是经过40多年的努力，众多想要区分领导者和追随者、得到领导者独特特质的研究均以失败告终。研究者仍未能找到有效的领导者所应该具有的区别于被领导者的才智、个性、身体等方面的特质，几乎也没有证据表明，领导者是天生的。只是更多的数据表明，一般而言，领导者比其他人更好交往，更具主动性，更为活泼。除此之外，领导者通常好像具有一点创新性，较受欢迎，而且具有一点幽默感。但所有这些都不能确保一个人成为领导者，更不用说成为一个有效的领导者。人们没有找到一些特质因素总能对领导者与下属、有效领导者与无效管理者进行区分。

虽然这一时期领导特质理论的研究没有取得预期的成果，具有很多局限性，但也有一定的成就。正如美国著名管理学家斯蒂芬·罗宾斯认为，大多数人相信对于所有成功的领导者来说，都具备一系列一致而独特的个性特点。考察与领导高度相关的特质的研究得到了令人瞩目的结果。研究发现，进取心、领导意愿、正直与诚实、自信、智慧和具备与工作相关的知识对领导者尤为重要。

此外，研究结果还提醒我们，具备某些特质确实能提高领导者成功的可能性，但没有一种特质是成功的保证。具备恰当的特质只能使个体更有可能成为有效的领导人，但他还需要采取正确的活动。仅仅凭借特质理论并不能帮助我们充分地理解领导，在一种情境下起作用的领导特质在另一种情境下却未必有效。也正是因为如此，20 世纪 60 年代开始，领导科学领域掀起了行为主义研究的热潮（更多关于领导行为理论的内容详见 4.3.2）。

现代领导特质理论

20 世纪 70 年代以来，由于社会环境发生了巨大的变化，知识经济对领导者提出了新的挑战，人们对领导者特质理论的研究又迅速升温。虽然原来的领导特质理论研究结果基本上否认了"伟人论"的观点，但人们始终都认为有效领导者必须具备一定的素质。

世界著名的管理学大师德鲁克（Peter Deruck）认为，一个有效的领导者必须具有以下五项主要学习习惯：善于利用时间；注重贡献，确定自己的努力方向；善于发现和用人之所长；分清主次，集中精力；作有效的决策。

美国学者詹姆士·库塞基（Jim Kouzes）和贝瑞·波斯纳（Barry Posner）是著名的领导学专家，他们认为领导是每个人的任务，领导是人类组织中不可或缺的重要事务。他们从 1980 年开始调查近千家企业及政府行政部门，而后又在 1987 年和 1995 年进行了两次调查。他们发现排在前四位的领导特质是诚实、有远见、懂得鼓舞人心、能力卓越。

1959 年，曼恩（R. D. Mann）进行了一项类似的研究，对 1400 多项关于人格和小群体领导的研究发现进行了检验，但是他对情境因素如何影响领导的重视程度较低。虽然曼恩的结论是试探性的，但是他指出人格特质可以将领导者从非领导者中区分出来。他的结论鉴别出了如下几个领导者特质：智力、果敢的判断、统御、外向、恒心。

除此之外，还有许多的研究者都提出了他们的观点。其研究表明，领导者至少在某些领域确实有天赋和才能，成功的领导者存在某些特质上的共性，但特质仅仅是领导者应当具备的必要条件，仅有这些天赋和才能是不够的，个人的经验、正确的抉择以及对环境的正确判断也是使这些因素得以充分发挥的关键因素。这里特别需要指出的就是斯托格第尔（R. M. Stogdill）的两个重要调查。斯托格第尔的第一个调查鉴别出了一系列重要的领导特质，这些特质涉及个人如何在各种群体中成为领导者。他的结果表明，通常扮演领导角色的个体与一般的群体成员在如下几方面存在差异：①智力；②机敏；③洞察力；④责任；⑤主动性；⑥坚定；⑦自信；⑧善于社交。在 1974 年发表的第二个调查中他分析了 163 个新的研究，并且将这些研究的发现与他在第一个调查中所报告的发现进行了比较。第二个调查在描述特质和领导的角色时更为平衡。第一个调查表明领导主要是由情境因素决定的，而不是由人格因素决定的，但是第二个调查更为恰当地指出，人格和情境因素都决定着领导。他在对有关文献进行深入研究后指出：一个人并不是因为拥有了某些素质而成为领导者的。没有哪一种素质普遍地与有效的领导有关，并且环境因素是起着影响作用的。例如，一位军事领导者和商业领导者所拥有的素质是不相同的。领导者是天生的而非后天培养的这种理念不再被不受批判地接受了。而且，只有一部分特质可以保证领导能力这一观点也被抛弃了。20 世纪 40 年代开始的特质理论经过发展，最终得到结论：一个人并不是因为拥有了一些特质而成为领导者的，此外还包括非常重要的情境因素。因此，20 世纪 80 年代重新复兴起来的领导特质研究声称，并不存在一种特质能够在任何情况下都保证个体成为成功的领导者，只有一定情境下的领导行为才可以。

总之，领导特质理论只能说明具有哪些素质会有较大的机会成为领导者，但能否真正成为领导者，成为有效的领导者，其制约的因素还很多。领导者的特质只为其成功提供了某种可能，重要的还是后天的学习和实践锻炼。但不论如何，领导特质理论毕竟为培养、培训和选拔领导者提供了一定的标准和依据。

结论与未来的发展

到了 20 世纪 80 年代，特别是知识经济时代的来临，学术界对于用特质理论解释特质如何影响领导的兴趣有所复苏。例如，通过对许多以前的特质研究进行新的分析后，洛德（R. G. Lord）、邱威德（C. L. DeVader）和亚利格（G. M. Alliger）发现，智力、果敢和统御与个人对领导者的知觉有显著的相关。克可巴（S. A. Kirkpatrick）和洛克（E. A. Locke）宣称，有效的领导者在几个关键方面明显地有别于其他类型的人。简而言之，特质理论仍然存在，并且发展得很好。领导者在 6 个特质上有别于非领导者：驱动力、领导的动机、诚实正直、自信、认知能力和业务知识。根据他们的观点，这些特质可以是个人天生的，也可以是习得的，或者是两者都包括。它开始的时候强调鉴别伟人的品质；后来，它又包容了情境对领导的影响；现在它又回来重新强调特质在有效领导中的重要角色。

最近有关素质的研究发现，成功的领导者与其他人是不相同的，有证据表明，对于企业领导者的成功来说，某些特殊的素质确实起到了关键作用。但是，对于成功的领导者来说，只有某种素质还是不够的——它们仅仅是成功的前提。拥有某些必要的禀赋的领导者还必须采取正确的行动（如制定远景规划、树立典型角色、设定目标）才能获得成功。拥有良好的素质，仅仅能使采取正确行动和获取成功成为可能。有关领导的个性素质的研究提供的结果并不一致，而且常常令人失望。大多数文献综述都得出了一个结论，那就是素质方法在领导学研究者那里已经失宠了。一般认为，最早对素质方法提出质疑的是斯托格第尔，他的观点产生了深远的影响。虽然斯托格第尔也发现了某些一致的关系，但是他断言，"研究表明，领导并不是一种被动的状态，或者仅仅拥有某些素质的组合"。在此基础上，巴斯进一步指出，事实上环境分析占据了整个领域。豪斯（R. J. House）和阿迪蒂亚（R. N. Aditya）认为，看起来很少有与有效的领导相关的通用素质。因此，领导学研究者基本达成一个共识，寻找放之四海而皆准的领导素质是徒劳无功的。

思考：

1．早期的领导特质理论与现代领导特质理论有怎样的不同？
2．是否存在四海而皆准的领导素质？为什么？
3．学习领导特质理论对我们有怎样的益处？

3.2.2 人格特质模型

虽然人格特质最早由心理学提出，但是语言学的研究方法是人格特质结构模型研究所采用的最主要的方法。自20世纪30年代开始，用语言学的方法从自然语言中研究人格结构模型至今已取得了令人瞩目的成就。人格特质五因素和七因素的发现和确证，使心理学家们为之震撼。

从自然语言中研究人格结构模型，它起源于这样的基本设想，即每种文化下的自然语言包括了所有能描述人格的维度，有什么样的人格表现，就有什么样的词来描述它。正如阿尔波特（C. W. Allport）所说："在某一社会中，长期说写所用的语言应能包括这一文化中描述任何一个人所需的概念和构念。换言之，大多数的人格特质都会被编码到自然语言中去。"这就是语言（词汇）学因素分析研究方法的理论基础。通过这些描述性的词语来研究人格特质已再次成为心理学家、管理学家和领导学家感兴趣的热点领域。

大 五 因 素 模 型

大五因素模型理论的主要做法是：首先把某一语系所有描写人的词汇挑选出来，然后进行筛选、比较和匹配，根据语义将词纳入不同的范畴组，制成词表，用这个词表让被试者对自我或他人进行描述，最后对各个范畴求出相关关系，形成相关矩阵，再作因素分析。结果得到几个因素，取前几个载荷量大的因子作为人格的基本因素。

心理学家们已经开发出一批理论用于证实大五因素模型。初始模型的提出者是雷蒙德·卡特尔（R. B. Cattell），但未能达到学术的高度。1949年，著名的人格心理学家、社会学家费斯克（Donald W. Fiske）从卡特尔的词单中抽出22个词用于描述128名临床心理培训生。描述的办法有3种：①自我描述；②教师的评定；③相互描述。而后，分别对3种评定作因素分析，结果得出5个人格因素。1961年图普斯（E. C. Tupes）和克罗斯特尔（R. E. Christal）运用卡特尔的35个成对词对8个不同的群体进行测评，有军人、大学生等，评定者包括同伴、指导者、教师及有经验的临床医生。所有因素分析的结果，均出现了5个相对稳定的因素。之后诺曼（W. T. Norman）又根据图普斯和克罗斯特尔的五因素结构，从卡特尔的词表中选取了最具代表性的20对双极形容词，根据大学生被试者的评定结果，得到了同样的5个因素。伯格塔（E. F. Borgatta）根据卡特尔的35个变量进行了研究，结果也重复得到了5个因素。虽然以上的研究得到的5个要素有着不同的名称和定义，但是所有研究的总体因素是基本一致的。经过近50年的研究，学术界认为卡特尔的35个变量可以用5个因素进行概括，学者们对大五因素模型的5个维度的认识逐步趋向一致。1990年，大五人格特征被认为是具有心理学量表基本结构的个性特征。这5种因素提供了丰富的概念架构，且整合了所有的研究成果和人格心理学理论。这些因素后来被哥德堡（L. R. Goldberg）称为大五因素。

大五因素包括严谨性、外向性、开放性、宜人性与神经质人格特质，一般记忆为海洋（OCEAN）或独木舟（NEOAC）。其中，O代表开放性或智力（Openness to experience），C代表严谨性（Conscientiousness），E代表外向性（Extraversion），A代表宜人性（Agreeableness），N代表神经质或情绪不稳定极点（Neuroticism）。每一个因素和人类的相关特质相关联。例如，外向性等相关的素质为寻求群聚（gregariousness）、主动、热情和积极的情感。大五因素各维度的描述性特质具体内容为：

（1）外向性表示人际互动的数量和密度、对刺激的需要以及获得愉悦的能力。这个维度将健谈的、主动的、活泼的、趋于好运和乐观的个体与沉默的、严肃的、腼腆的、安静的人作对比。这个方面可由两个品质加以衡量：人际的参与水平和活力水平。前者评估个体喜欢他人陪伴的程度，后者反映了个体个人的节奏和活力水平。外倾性正面表现为健谈，面部表情丰富，并喜欢做出各种姿势。他们果断、好交友、活泼、富有幽默感、易激动、好刺激、趋向于好动、乐观，负面表现为沉默寡言、呆滞。

（2）宜人性考察个体对其他人所持的态度，这些态度既包括善于为别人着想、富有同情心、信任他人、宽大、心软、直率，也包括充满敌对情绪、愤世嫉俗的、爱摆布人的、缺乏同情心。

（3）严谨性强调责任意识，并评估个体在目标导向行为上的组织、坚持和动机。这个子维度把可靠的、讲究的、有能力的个体和懒散的、行为不规范的个体作比较。同时反映个体自我控制的程度以及推迟需求满足的能力。正面表现为行为规范、可靠、有能力、有责任心。负面表现为行为不规范、粗心、做事效率低、不可靠。

（4）情绪性评估的是情感的调节和情绪的不稳定性。情绪性高分的个体倾向于有心理压力、不现实的想法、过多的要求和难以控制冲动以及不适应的应对反应。虽然这个方面的高分并不预示着存在临床上的障碍,但患有临床综合症的个体往往会在这个量表上得高分。正面表现为情绪理性化、冷静、脾气温和、满足感、与别人相处愉快。负面表现为自我防卫、担忧、担心个体是否适应,往往容易情绪波动并易产生负面情绪如生气、自罪和厌恶感,还易于产生非理性的想法,比常人更难以应对压力。

（5）开放性侧重对经验本身的积极寻求和欣赏以及对不熟悉情境的容忍和探索。这个维度将那些好奇的、对新鲜物感兴趣的、新颖的、非传统的以及富有创造性的个体与那些循规蹈矩的、无分析能力的、不善于创造性思考的个体做比较。正面表现为对新鲜事物感兴趣,尤其是对知识、各种艺术形式和非传统观念的赞赏。人们常常认为他们勤于思考、好幻想、知识丰富、富于创造性。负面表现为自我封闭、循规蹈矩、喜欢固定的生活和工作程式、不善于创造性的思考。

"大五"模型的内容是广泛而全面,但它对实际行为的预测和解释还有所欠缺。许多研究已经证实,在预测实际行为特征的时候职业性格测试（Myer Briggs Type Indicator, MBTI）要有效得多。"大五"人格测试的个人的得分反馈为百分位数得分。例如,严谨性评分较高则显示其有较强的责任心,而外向性评分百分点高则显示测试者需要保持孤独和安静。虽然这些特质群可能存在例外情况,但平均来看,开放性得分高的话,其求知欲强、有开放的情感、有艺术兴趣、愿意尝试新事物。而有些人可能会有一个全面开放的高得分,他有兴趣学习和探索新的文化,但没有艺术兴趣。

现状与成就

在近十多年中,人格心理学界非常流行的"大五"模型为人格描述与解释提供了基础的、广泛的框架,被称为人格领域中的一场静悄悄的革命。"大五"模型是当代人格心理学的新型特质理论。经过几代人的发展与完善,其理论和研究模式已经由初具规模趋向成熟。这一框架为人们描述个体差异以及交流各自的发现提供了共同的参照体系。反映了人格结构的研究从过去长期所处的一种歧见颇多的状态走向了某种程度的整合,同时也大大地推进了人格研究的进展。它的出现在一定程度上改变了人格心理学长期以来概念和构想过多所造成的混乱局面。

西方的"大五"模型是在"词汇学假设"基础上建立起来的对人格结构的描述维度,已经日益在心理学界得到广泛的关注,并且自 1990 年以来大量的跨文化研究都支持"大五"模型,"大五"已经在德国、荷兰、波兰、西班牙、匈牙利、菲律宾等国获得了验证。我国一些学者也参与了这方面的研究。

局限与缺陷

"大五"模型提出以后,像任何新生理论一样都遭到了毁誉参半的待遇。其最根本的缺陷是,大五人格没有一个明确的理论假设,大五因素主要来自于因素分析,是在没有理论前提的情况下从技术角度得出的。对于人格过程没有任何贡献，而只是对于这些过程的结果提供了一些标签。"大五"的选词不能代表自然语言中人格特质的所有方面，尽管几乎任何人格建构都可以由大五因素得到反映，但却不能从大五中分离出每一个人格构想。由于因素分析前的选词标准主观随意性大，大五因素模型到底是什么，这个模型究竟是个什么东西莫衷一是，造成仅仅依靠大五因素并不能理解人格。

还有一些人格心理学家，尤其是中国专家认为，"大五"模型仅仅是西方文化的产物，在其他文化中的应用取决于该文化与西方文化的相似性。人格心理学家得出如下结论：西方的"大五"人格结构模型主要反映西方文化的特点，不具有"跨文化的一致性"；人格结构模型的跨文化比较策略会影响到比较的结果和结论；"衍生的一致性"策略是跨文化比较的最佳策略，也是本土心理学的理论基础；中国人的人格结构明显不同于西方的"大五"结构，它由七个维度构成。

特勒根（Auke. Tellegen）和沃勒（Niels G. Waller）将评价维度引入人格结构，提出了"大七"人格模型。它是在"大五"因素模型的基础上发展起来的。在"大七"中，正价（PVAE）和负价（NVAL）是两个新的人格维度，其余五个维度：正情绪性（PEM）、负情绪性（NEM）、可靠性（DEP）、适意（AGR）和因袭性（CONV），分别与"大五"的外倾性、情绪性、责任感、宜人性和开放性有大致的对应关系。

思考：
1．什么是人格特质？人格特质一般通过什么表现出来？
2．"大五"模型与"大七"模型有着怎样的联系与区别？

3.2.3 评价

特质指的是可以影响我们行为方式的性情，但是我们不能直接看到它们，而只能通过领导持续的行为方式来进行推断。例如，一种检验领导者对于特质的理解就是看他们一生中取得的成就。有着高水平成就动机的领导者倾向于设定高个人目标，并在面对人生一次又一次的挫败时拥有永不放弃、坚持到底的坚韧。请猜猜下面这段人生奋斗史指的是谁吧。

他出生在寂静的荒野上的一座简陋的小屋。

7岁，全家被赶出居住地。

9岁，年仅34岁的母亲不幸去世。

18岁，自己制作了一艘摆渡船。

22岁，经商失败。

23岁，竞选众议员，但落选了，想进法学院学法律，但进不去。

24岁，向朋友借钱经商，年底破产；接下来花了16年，才把这笔钱还清。

25岁，再次竞选州议员，当选。

26 岁，订婚后即将结婚时，未婚妻病逝。

27 岁，精神完全崩溃，卧病在床 6 个月。

29 岁，努力争取成为州议员的发言人，没有成功。

31 岁，争取成为被选举人，落选了。

34 岁，参加国会大选，又落选了。

37 岁，再次参加国会大选，这次当选了。

39 岁，寻求国会议员连任，失败了。

40 岁，想在自己州内担任土地局长，被拒绝了。

46 岁，竞选参议员，落选了。

47 岁，在共和党的全国代表大会上争取副总统的提名得票不到 100 张。

49 岁，再度参选参议员，再度落选。

51 岁，当选美国总统。

55 岁，连任美国总统，北方军取得胜利。

56 岁，内战结束被枪杀在福特剧场。

他就是亚伯拉罕·林肯，美国第 16 任总统。由于正直、仁慈和坚强的个性，他一直是美国历史上最受人景仰的总统之一。可以看出，从 20 世纪早期的伟人理论开始直到特质理论，人们普遍认为领导者同追随者从本质上是不同的，认为领导者在社会中是那些优异的、超乎常人的个体。在经过一个多世纪的发展之后，随着心理学研究的深入使得这种领导理论研究也达到了其他理论未有的深度和广度。尤其在概念层次上，它突出了领导过程中领导者的能力，为领导者的转变和改进提供了一些基准。

但是特质理论也有自己的死穴，以至于 20 世纪 60 和 70 年代对行为主义研究的兴起，导致了许多人认为个人特质并不能用于预测未来领导者的成功，并且将研究的重点转移到了其他的领导现象。这些缺点包括：

（1）到底是哪些特质综合区分了领导者这个问题一直没有达成共识，特质理论没有界定出一个权威性的领导特质群。虽然在过去的 100 年间进行了大量的研究，但是这些研究的发现有时仍旧是模糊的、不确定的。而且由于特质一般不易改变，因此即便我们能够确定权威性的特质，但是在教授和培养新特质方面也不是一件易事。特质理论不能很好地应用于领导者的培训和塑造。

（2）该理论没有能够最终明确领导者应该具有的特质，更没有将特质与领导成果联系在一起。在研究中特质理论仅仅注重特质的鉴别，没有指出领导特质是如何影响群体成员及其工作的。特质只是像角色塑造、形成判断和设定目标这些行为的前提或者前兆。拥有一些特质仅仅是使得一个人更可能成为领导者或者被赋予领导者的权威，这些特质根本就没有直接推动领导的产生。该理论在进行归因时在方法论上也倍受质疑，即将领导者成功的原因简单而肤浅地归结为领导者所具有的某些特质。

（3）单独的特质是很难解释和塑造成功领导的，特质理论忽视了情境因素。那些拥有能够使其在某种情境下成为领导者的特质的人，可能在另一个情境下可能就不能成为领导者。而且追随者必须接受和认同那些有效领导者所必备的领导特质，否则领导者仍然很难说服他们来服从。1986年一项关注领导者个性和结果的关联性的研究发现，对领导特质的评估将造成对他人领导特质的感知。因此，潜在领导的特质需要和那些追随者的特质相互关联。

除了上面为人熟知的批评，有人批评说研究多数都仅仅针对男性领导者，还有人指出最近出现的魅力、创造性和灵活性这些重要的概念都不包含在特质理论中，然而它们是后来领导理论的焦点。

思考：
1．领导特质理论有怎样的优点？
2．领导特质理论又有哪些不足？我们该如何看待这些不足之处？

3.3 领导智商与情商

3.3.1 智商与智慧

智商与专业

智力商数（Intelligence Quotient），简称智商，不仅与遗传因素有关，还与生活环境有关。因此它既可以表示人的智力高低，也可以表现为一个人对知识的掌握程度，反映人的观察力、记忆力、思维力、想象力、创造力以及分析问题和解决问题的能力。因此，领导者的智商就是领导者的知识结构、教育程度、理论水平、专业技能等智力性因素的综合体现，它反映的是领导者的智力水平，与个人的先天因素、受教育程度等有着密切关系。

目前，学历、职称、专业技能等都属于智商的范畴。其中，专业指的是对于某一特殊领域或者情况深入的理解和知识。专业来自于经验，有丰富经验的人就更可能成为那个领域的专家。领导者必须成为他所服务的组织中的专家。研究者发现专业同领导者团队的表现之间有着密切的关系。成为特殊工作领域的专家非常重要。首先，领导者必须很好地理解工作才能设计工作活动、分配资源。其次，如果在工作领域不能成为高水平的专家，那么下属很难信任领导。最后，没有必要的专业知识，领导就不能给下属指明方向、不能给他们提供反馈。

智　　慧

相信没有领导者敢夸口自己聪明过人，但他们不仅仅希望自己智商过人，他们更是智慧（wisdom）的追求者。这可能是由于智商强调是获得、存储和应用知识的能力，更多地来自于先天的基因继承，而智慧强调成功地使用智商、创造力和经验，这给领导者留下了更大的发挥空间。所以，即便是高智商领导者，他们要获得成功还需要拥有其他必要的、所谓"充满智慧的"特质和技巧。

自古以来，智慧的概念一直在哲学和宗教文献中占据了显赫的地位，近代哲学的这种重要性有增无减。作为"万科之源"的哲学已经成为高等教育中一门基础课程，尤其在许多有关领导与管理的预备课程中都包含哲学课程以及相关的训练。例如，牛津的PPE课程（哲学、政治和经济）、法国行政管理学院和日本松下行政与管理学校都有开设相关课程。哲学训练占据着相当重要的地位，它要求每位学员都能掌握"智慧之学"，将理论上、大脑中的智慧成功地转化为实践的智慧或智慧的管理。领导者必须记住大量的信息、理解组织的复杂性和组织的过程，快速、有效地使用和处理信息以应对极其复杂的任务。

那么到底什么是智慧？它如何构成？它在一个人的生活中发挥了怎样的作用？大多数心理学家都认同，智慧是指在挑战面前仍可以保持积极健康和慈悲的心态。智慧包含3个关键的组成部分：认知（Cognition）、反思（Reflection）和悲悯（Compassion）。纽约的神经科学家、《智慧悖论》（The Wisdom Paradox）一书作者艾克纳恩·戈德堡（Elkhonon Goldberg）指出，在模式识别的基础上，人们头脑中建立起"认知模板"，这将为明智的行为和决策奠定基础。除此之外，要成为一名智者，一个人必须花费时间从认知性知识中提取出深层次的见解和观点（反思构面），然后再使用它们来理解和帮助他人（悲悯构面）。佛罗里达大学的社会学副教授莫妮卡·阿尔德特（Monika Ardelt）设计了一份由39个问题组成的量表，以期衡量智慧的三重构面。在这张量表中，可以读到诸如此类的陈述："如果我觉得某个问题根本没办法解决，那么它对我就没什么吸引力"，"我跟形形色色的人都相处得很好"，或者"我很容易被跟我争论的人激怒"等。结果阿尔德特教授发现，在测试中显示出大智慧的人也拥有更高明的处事技巧。譬如一般来说，他们在应对困难时心态往往更为主动积极。"智者能够接受现实本来的面目，并泰然处之"，阿尔德特教授说，"如果现实已经够糟糕了，保持明智就更加重要。"

"柏林智慧项目"（Berlin Wisdom Project）是一项于20世纪80年代启动的研究，该项目通过研读古代和现代的文献，将智慧定义为："关于生活基本实用领域的专业知识体系。"该项目的创始人之一，厄休拉 M.斯托丁格（Ursula M. Staudinger）还进一步将其区分为一般智慧和个人智慧，前者指从观察者（如从一个提供建议的外人）的角度来认识生命，后者指深入洞察自己的人生。《专注力》（Focus）和《情商》（Emotional Intelligence）的作者丹尼尔·戈尔曼（Daniel Goleman）认为，"智慧的特征之一是拥有宽广的见识，且并不以自己甚至自己所在的团体或组织为中心"。智慧的现代定义往往更强调慈悲，它的显著特点在于"减少自我中心"。智者会尝试从多个角度而不仅从他们自己的立场来了解情况，因此表现得更加宽容。

成功的、智慧的领导者意识到，在任何情形下都会有着多重的目标，他们/她们致力于在他们的计划和行动中去平衡这些目标和利益。领导者们没有成功，常常是因为他们忽略了那些应该考虑的利益。关于智慧与成功领导之间的关系的研究还是有限的，但是许多研究者找到了证据，发现智慧与对成功的领导者是重要的。一个著名的发现表明，组织中的领导者比那些没有处于领导位置的人展示了更多的智慧。同样，那些智慧的人倾向于同那些成功的领导者一样有着相同的性格特点。

思考：

1．智商与哪些要素有关？智商与专业有怎样的关系？结合第2章关于权力的内容，你如何看待领导权力和专家权？

2．什么是智慧？智慧就是指智商高吗？智慧包含的几个关键词是什么？你认为什么样的特质才符合"智慧"？

3.3.2 情商与情绪管理

情商还是智商？

学术界首次明确提出"情商"之后的5年时间里，"情商"并没有引起多少人的关注。在1995年，兼任《纽约时报》专栏作家的美国哈佛大学的丹尼尔·戈尔曼（Daniel Goleman）戏剧性地使"情商"在全世界"爆发"，"情商"顿时成为人们交谈中的主流词汇。在《情商：它为什么比智商更重要》一书中，丹尼尔·戈尔曼区分了智商（IQ）和情商（EQ）的概念，并认为，情商是人的一种重要生存能力，是挖掘人的情感潜能，运用情感能力影响人们生活、工作和未来人生的关键性因素，情商更被认为是领导成功的重要因素。丹尼尔·戈尔曼指出，在人的成功要素中，智商很重要，体现了知识时代的基本要求，但是在创造业绩方面，情商可能比技术和认知技能更重要。他还认为，一个人的成功=80%的EQ+20%的IQ，并且领导位置越高，情商的作用就越大，对于高层领导者，其情商的作用更是高达85%以上。情商体现了一个人良好的自制力、坚韧的毅力、自我驱动力等方面的素质。可以说，情商最重要的作用就是缔造领导人的影响力。一个具有高情商的领导者，一定会拥有下属的高度认同感，如同蜡烛一样，善于"点燃自己，照亮别人"。

情商不是领导能力的一个可有可无或"锦上添花"的要素，而是一个必须具备的品质。在领导素质中，智商是基础，情商是升华。情商高的人大多都有一个相对较高的智商基础，但智商高的人未必都有一个高水平的情商。一个高情绪智力的领导者会运用个人的洞察力和敏感性来洞察员工的情绪，并做出反应。另外，情商可以培养意味着人们可以在领导过程中有意识地去获得和使用这些关于情商的技巧，由此每个人都能够提升自身的领导力。

什么是情商？

情绪智力（Emotional Intelligence，简称 EI），又称情商，一般指的是理解自己和他人的情绪并能够利用这种理解力去引导人们的行为。

戈尔曼把情商概括为 5 个方面的能力，如图 3-1 所示：

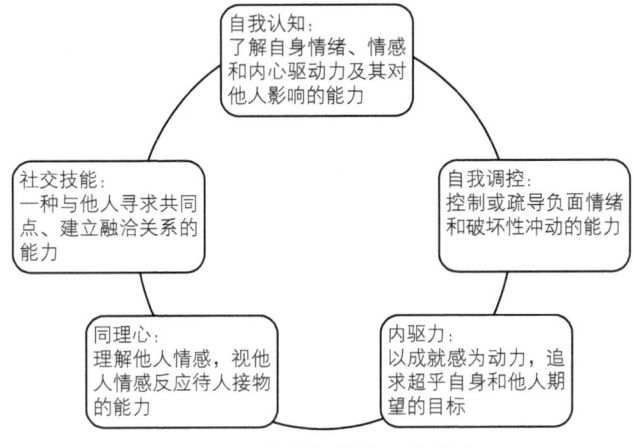

图 3-1　情商包括的 5 种能力

（1）自我认知，即认识自身情绪的能力。情感智商的核心就是监控情绪的变化，这是自我理解与心理领悟力的基础。当出现负面情绪的时候，能够接受并主动处理控制自己的情绪，而不是听凭情绪的摆布，失去理智。

（2）自我调控，即妥善管理自我情绪的能力。调控自我的情绪，使之适时适地适度。这种能力建立在自我知觉的基础上，强调有效地摆脱焦虑、沮丧、烦恼等因失败而产生的负面情绪的侵袭。这一能力低下则个体往往陷入痛苦情绪的漩涡之中；反之，这一能力高者则可以快速地从人生的挫败和失败中迅速跳出，重整旗鼓，迎头赶上。

（3）内驱力，即自我激励的能力。要集中注意力、自我激励、自我把握、发挥创造性，领导者必须培养服从于某目标而调动、指挥情绪的能力。任何方面的成功都必须要有情绪的自我控制——延迟满足、压抑冲动。能够自我激励，积极热情地投入，才能保证取得杰出的成就。具备这种能力的人，无论从事什么行业都更有效率，更富于成效。

（4）同理心，即认识他人情绪的能力。移情是在情感的自我知觉的基础上发展起来的又一种能力，是最基本的人际关系能力。具有移情能力的人能通过细微的社会信号，敏锐地感受到他人的需求与欲望。

（5）社交技能，即处理人际关系的能力。大体而言，人际关系强调的是调控与他人的情绪反应的技巧。人际关系能力可以强化个体的受社会欢迎程度、领导权威、人际互动的技能等。擅长处理人际关系者，凭借与他人的和谐关系即可事事顺利，他们就是所谓的社会明星。

这5个部分说明情商是个体对自己的认知能力，情商高的人对与他人相处感兴趣，能够有技巧地、良好地控制自己的情绪。

情绪管理

从哲学的角度来讲，人们期望领导者具有一种价值洞察力的态度。这种价值洞察力的态度赋予领导者一种独立超然、不偏不倚的身份，但是领导者也是人，也具有普通人的弱点，包括情感冲动和起伏。我们都知道诸葛亮，但诸葛亮手里的鹅毛扇是谁送给他的？扇子是做什么用的呢？那把扇子是他老婆送给他的，上面除了画着帮助他排兵布阵的八卦图以外，更多的是为了让他遮挡脸用的，因为诸葛亮在出山之前也是喜怒形于色的人。对情境刺激物的自发的情感反应包括从惊慌失措到麻木不仁，个体由于要排除原始情感背后的焦虑和紧张而采取行动。作为一个真正的领导者，倒不是说要掩盖自己或戴着面具，而是要能够把握和控制自己的情绪，做到"不以物喜，不以自己悲"。因为，控制不住情感的突然冲突可能使得人们忘却了那些最完善的分析，可能会使组织中的行动者遭受难以预料的不幸。甚至简单的、企图一劳永逸的愿望在软弱无力的时候却可能导致自我毁灭。

领导者在行动领域内会形成自己的利益层次。在较低的层次上，这意味着领导者必须把他人的利益置于自己之上、把群体的利益置于个人之上、把组织的利益置于组织内的各个部分之上。在较高的层次上，领导者可能被置于困难的境地：他要考虑其他的组织优先于考虑他自己的组织的利益和要求，甚至要考虑到高于较低层次部分的环境或宏观整体的利益，所有这些都需要领导者进行情感控制和自我控制。

此外，领导者不可能在同一时间内处理许多事情，一旦决定了要处理什么事情之后，他应该不顾感情上的纠缠和压力，不让毫不相干的问题进入他的注意范围。拿破仑能在喧闹激烈的战斗中睡上一觉，重振精神。据说希特勒也能在午饭铃响时突然中断暴风骤雨的演说，饭后再继续演讲。这种处于情绪控制核心的东西是一种能力，它集中注意力并随即把这种注意力转移到意志的命令上。它能在意识的领域里建立和维持分隔距离并支持它们以防止感情洪水的泛滥。完全被情绪左右对于领导者来说是极端危险的。

情绪可能与人的先天的脾气性格有很大关系，但是情商更大程度上来自于后天，特别是在社会化过程中个体对情绪的把握和控制。实际上，情商是个体的一种习惯性反应。因此借助反复强化，通过模拟和锻炼心态、思维方式、行为修养等方法，领导者可以培养并改善良好的为人处世的习惯，即培养出高情商。

思考：

1. 什么是情商？它和智商有什么不同？为什么领导者有了智商还不行，还需要有高的情商？
2. 除了上面介绍到了情商的 5 种能力，你认为情商还应该包含哪些重要的能力？
3. 情绪的调节是可以学习和训练的吗？还是我们天生的性格和人格特质就已经决定了我们处理情绪的能力呢？

3.3.3 印象管理

一见倾心，再见倾情

个体给他人留下的印象非常重要，第一印象的好坏直接影响到他人后来对你的看法。印象是个体对自己的外部包装。在之后的人际交往中，个体之间还要对彼此的印象不断地进行修改和调整。印象管理是领导者们应该掌握的一项关键技能，因为人们对大人物的判断从来都不是客观的。试想，不计其数的明星运动员都使用兴奋剂或精神刺激药物，泰格·伍兹（Tiger Woods）连环出轨；麦克·泰森（Mike Tyson）在和伊万德·霍利菲尔德（Evander Holyfield）比赛时变身成"吃人医生汉尼拔·莱克特"（Hannibal Lecter）。勒布朗·詹姆斯可谓一清二白，可为什么罪犯得到原谅而詹姆斯却受到抨击呢？答案是那些违法的明星会操控他们的公众形象，而勒布朗从不刻意去和粉丝"博弈"，也就是说，从不控制他们对他的反应。

学会控制他人对自己的印象，我们就可以为自己的表现进行辩护。2008 年 1 月，有人问奥巴马如果他当选，他将带哪本书去白宫，他的选择是《政敌团队》（Team of Rivals）。这本书的作者是历史学家多丽丝，是有关林肯总统的领导力的书。从中可以看出，奥巴马有意将自己打扮为另一个林肯。除此之外，他也有意无意将自己设想为富兰克林·罗斯福的"新政"遗产的继承者。他立誓会致力于改善医疗保险和社会保障。这成为他的使命，也是人民给他的任务。这样，奥巴马通过"形象设计"，让普通民众将自己看作林肯和罗斯福的继承者，去完成他们未竟的事业。

"形象是易碎品"，经过精心塑造和推出之后，领导者的形象还需要不断地维护和创新。领导形象一旦被"打碎"，人们往往会把领导者表现不当的举动看作领导者的本来面目，而不会把领导者精心设计的形象当做真实、真正的领导者。所以，领导者要特别注意维护自己的形象，进行印象管理。

什么是印象管理？

印象管理（Impression Management）也称为印象修饰或者自我呈现（Self Presentation）。印象管理的理论探索可以追溯到美国著名社会学家戈夫曼（Erving Goffman）的研究，他在

《日常生活中的自我表现》一书中提出，印象管理指的是人们试图管理和控制他人对自己所形成的印象的过程。通常，人们总是倾向于以一种与当前的社会情境或人际背景相吻合的形象来展示自己，以确保他人对自己做出积极评价。"印象管理就像戏剧"，互动中一方的兴趣在于控制别人的行为，使对方通过对自己行为的理解，做出符合自己计划中的行为反应。

在戈夫曼的基础上，后来的学者则把自我表现扩大到包含企图控制他人对自己的个人特征的印象。这种思想引起了心理学家对印象管理的兴趣，改变了印象管理一直属于社会学范畴的地位，使得这时的印象管理研究得到了稳定的发展。到了20世纪80年代后，学者对印象管理的概念进行了重新剖析，认识到印象管理与维持一种身份有关。鲍迈斯特（Roy F. Baumeister）认为，印象管理是利用行为去沟通关于自己和他人间的一些信息，旨在建立、维持或精炼个体在他人心目中的形象。与此类似，泰特洛克（Philip E. Tetlock）等人认为印象管理是人们使用了造成受赞许的社会形象或社会认同的策略。利瑞（Mark R. Leary）和科瓦尔斯基（Robin M. Kowalski）认为，印象管理是指人们试图控制他人对自己形成印象的过程，包括印象监控、印象动机和印象建构3个环节。印象监控是指个体有意识地想给他人留下某种印象，并留意他人对自己的印象；印象动机反映的是个体控制他人对自己形成的知觉和印象的愿望；印象建构是指人们如何"改变自己的行为以影响他人对自己的印象"，是用来产生具体印象的策略。

如何塑造并保持良好的形象？

印象构建是指个体有意识地选择要传达的印象类型并决定如何去做的过程。要传达的印象类型不仅包括个体的个人特质，还包括态度、兴趣、价值观或者物理特征等。研究发现，有5个因素影响到我们选择试图要传达的印象类型：自我概念；期望或不期望的同一性形象；角色限制；目标价值；现有社会形象。

罗森费尔（Paul Rosenfeld）将印象管理策略概括为两大类：

① 获得性印象管理策略，当个体试图使自己对某一积极事件的责任最大化，或者想让自己看起来比实际更出色的时候，会使用这种策略。这些策略包括迎合、自我宣传、争取名分、威慑、例证、请求帮助、间接印象管理和非语言印象管理。

② 保护性印象管理策略，当个体试图使自己为某消极事件承担最小责任或者想摆脱麻烦时，就可以使用这种策略。这种策略包括恢复名誉、合理化、借口与辩解、道歉、事先声明、置之身外、自我设障等。

波兹曼（D. P. Bozeman）和卡莫（K. M. Kacmar）根据功能把印象管理策略分为3类：

① 增强，指提升或发展个体在目标人眼中印象的策略和行为。

② 保护，指保护个体在目标人眼中的印象避免受损或受伤害的策略和行为。

③ 调整，指解决个体当前印象与期望印象之间的差距。

最后，总结起来根据这些印象管理策略是指向个体自己还是指向目标人，我们可以得到 6 类策略，具体见表 3-1：

表 3-1 策略性印象功能和相应的行为策略

印象管理策略的功能	自我导向（行为人）	关系导向（目标人）
印象增强	自我拔高 标签 增强 榜样化	模仿 讨好 他人增强 观点服从
印象保护	虚伪的谦虚 自我呈现 不承诺 自设障碍 说明 辩解 合理化	施好 亲社会行为 道歉 赔偿 奉承 观点一致
印象调整	自我贬低 相反形象 策略性失败 自设障碍	不服从 相反形象 恳求

思考：

1. 什么是印象？什么是印象管理？为什么我们需要印象管理？
2. 印象管理一般包括怎样的策略？这些策略与第 2 章中的权力策略是怎样的关系呢？

第二部分

关注追随者

第 4 章 目 录

Content

4.1 追随者

4.1.1 追随者及其类型

4.1.2 领导者与追随者的关系

4.1.3 LMX 理论

4.2 追随力

4.2.1 Potter & Rosenbach 追随力模型

4.2.2 Curphy-Roellig 追随力模型

4.3 关注追随者的领导者

4.3.1 责任与信任

4.3.2 领导行为理论（领导风格理论）

4.3.3 追随力与领导力的整合

4.3.4 交易型领导与变革型领导

第 4 章 追随者与追随力

> "愿意的人，命运领着走；不愿意的人，命运拖着走。"
>
> ——塞涅卡

本书前面部分讲到的内容都强调领导者是领导关系中最重要的因素，但从这一部分开始要特别提醒大家：对于群体或者组织的成功，尽管一位好的领导者的重要性是不容否认的，但是追随者也扮演着同样重要的角色，并且追随者的重要性往往被忽视了。早期多数的研究往往关注的是领导力，但是没有追随者就没有领导者，没有追随者的领导无异于唐·吉诃德。如果追随者不给予配合、协作，领导的意图难以贯彻、决策难以实施、职能难以发挥，领导也就不成其为领导了。因此，越来越多的领导研究将重点放在追随者和追随力之上。

事实上，每个人在他的生活中都在某种程度上扮演着追随者的角色。更重要的是，那些占据权威职位的领导者有时也扮演着追随者的角色。由于同一个人同时扮演着领导者与追随者，因此，价值观、权力基础、个人特质、智力能力和行为等，这些被用来解释有效的领导者的因素也被用来描述有效的追随者。

有时，情境还要求个体从追随者角色向领导者角色的转变。例如，战争中如果上尉受伤则一名下士需要接过他的职责；一位拥有独特项目技术的软件工程师可能被要求领导整个项目，并对团队目标、工作权力、会议安排等做出相应的决策。当机会出现的时候，被认为最有效的追随者更可能接替领导工作。所以理解是什么构成了有效的追随关系和追随行为可以改进一个人的提升机会。

4.1 追随者

4.1.1 追随者及其类型

追随者的重要性

借助追随者来理解领导是十分必要的，这有助于在更宽广的角度上将领导看作一种影响力的关系。想象一下,如果一位领导者环顾四周,发现没有追随者,那么他真的在领导吗?他的影响力到底在哪里?

加德纳(Howard Gardner)认为领导者的影响力可能是直接的,通过与追随者交往来影响他们的思想和行动;也可能是不直接的,通过传播某种思想或者展示成果,好比学者或者艺术家。在这个基础上,加德纳识别出了有效领导的4个关键因素,其中的每个因素都唤起了识别和发展领导关系中追随者的重要性。更早一些的学者菲德勒(F. E. Fiedler)注意到,领导与领导者、追随者和情境有关,领导是一个关于这三者的、高度情境化的概念。彭斯(J. M. Burns)提出转变型领导者的概念,强调了领导者和追随者构成一个完整的关系系统并在这个系统的内部彼此互动。1988年,凯利(Robert Kelley)在《哈佛商业评论》上发表了"赞美追随者"(In Praise of Followers)一文,指出追随者在组织成功中起着积极的作用。康吉(J. A. Conger)识别出了领导者同下属之间相互说服以及影响的关系,强调群体内的交流,如谈判和学习。此后越来越多的学者将领导看作一个影响力关系,所以试图改进和改善对于追随者的理解和同追随者的关系就不足为奇了,领导被看作一种取决于追随的关系。追随者和追随者关系逐渐被看作理解领导的核心。

已经有越来越多的人认同追随者和领导者是彼此相互影响的、共同努力实现目标的合作者。牢记这一点,我们或许可以将追随者定义为:那些通过同领导者或者领导者的想法进行交互,来完成领导者追逐的目标的个体或者群体。

追随者类型

那么追随者都包含哪些类型呢?早在20世纪60年代,哈佛商学院著名教授亚伯拉罕·扎莱兹尼克(Abraham Zaleznik)就已经做过开创性的研究。他从控制和行动水平两个维度将组织内的追随者分成了冲动型(Impulsive)、强迫型(Compulsive)、受虐型(Masochistic)和抽身退让型(Withdrawn)4种类型。

凯利(Robert Kelley)在扎莱兹尼克的基础之上提出,可以从"独立性(Independent)""批判性思维(Critical Thinking)"向"依赖性(Dependent)""非批判性思维(Uncritical Thinking)"的变迁中研究"追随"。最好的追随者应该是把建设性批评意见视为己任的人,最不好的追随者是那些毫无创见和无所适从的人,在这两端之间的是那些自我行事但对领导者或群体没有任何威胁的人。追随者在这两个维度之间的转变实际上也就是在从"积极"向"消极"的转化。按照这两个维度,追随者可以分为以下5种类型,如图4-1所示:

(1)异端型追随者(Alienated Followers)。异端

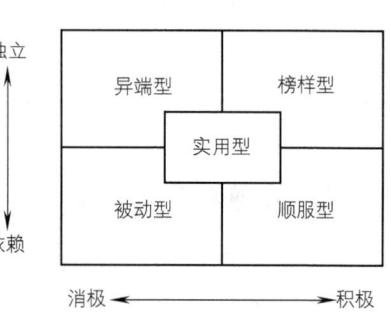

图4-1 追随者类型

型追随者是指那些喜欢揭伤疤的人，他们往往会成为敢于指出组织目标、决策与程序上不恰当之处的斗士。异端型追随者被认为是有能力但是却有点愤世嫉俗。

（2）顺服型追随者（Conformist Followers）。顺服型追随者是指那些习惯于服从命令的人，他们不带有任何怨言，积极地去执行命令。由于顺服型追随者过于积极，一旦他们执行的命令与组织行为和政策所奉行的规范相抵触，将会变得很危险。由于缺乏对上司质疑和对于执行的命令不做任何批评性的评论，顺服型追随者往往与战争中的恐怖事件联系在一起。

（3）实用型追随者（Pragmatist Followers）。实用型追随者是指那些对组织目标负责但不喜欢兴风作浪的人。他们不喜欢出风头，倾向于做二流人物并把自己拴在组织的命脉之中。他们与权力中心保持一定的距离，因此很难将他们的立场与观点辨认清楚，他们留给别人的印象是在肯定与否定之间模棱两可。

（4）被动型追随者（Passive Followers）。被动型追随者看领导者的脸色行事，如果没有鼓动他们是不会主动去完成某项任务的。由于缺乏积极性和责任感，所以他们倾向于从领导者那里获得持续不断的指导，而绝不会主动承担额外的任务。领导者认为这类的追随者是其性格所致，在领导者的眼中，被动型追随者是懒惰、缺乏能力、缺乏主动性或者是愚蠢。被动型追随者喜欢随大流，缺乏团队成员那种积极向上的朝气。

（5）榜样型追随者（Exemplary Followers）。他们是典型的与他人保持密切联系的自我领导者和合作者。在下属看来，他们是值得依赖的合作者，在领导者看来，他们不仅具有独立、革新、创造的品格，而且还能够经得起考验。

夏勒夫（Chaleff）认为，领导者与追随者是不可分割的，因此根据追随者支持领导者的程度，追随者可以被分成4种类型：①执行者（Implementers），这类追随者遵从组织命令，关注于完成自己的任务；②合伙人（Partners），这类追随者认为领导者和追随者之间的地位是平等的，两者只是分工不同，他们尊重领导者的职位，并能够为其提供智力支持；③个人主义者（Individualists），这类追随者以自己的利益为中心，随心所欲并且不顾及他人；④盲从者（Resources），这类追随者则是对领导者的命令完全地服从。

与之前的研究者不同的是，芭芭拉·凯勒曼（Barbara Kellerman）的研究相对更为"中立"，但也因此更为直击要害。她的分类标准只有一个：追随者对其所属企业、组织或者机构事务的参与程度。按照这种标准，她将追随者分为5类：孤立者（Isolates）、旁观者（Bystanders）、参与者（Participants）、积极分子（Activists）和顽固分子（Diehards）。

有效的追随者

如同有效的领导者能够很好地达成目标一样，哪些是有效的追随者呢？他们在性格、特质上有着怎样的特点呢？由于追随者是在领导者的引导下去达成目标，因此有效的追随者应该是那些富有创新精神，对自身评估准确、积极参与、有主动性，还要能够超越工作

进行积极思维的人,他们具有以下的特征:

(1)具有自我领导与自我管理能力。有效的追随者能够自我思考、独立工作,不需要领导者时刻的指导,即有效追随者的成熟度高。

(2)具有较强的目标承诺感。有效的追随者除了思考自己的生活之外,还会对一些事情做出承诺,大多数人都喜欢和除了体力投入之外还有情感投入的同事合作。

(3)充分凭借自身的能力去追逐目标。有效的追随者尽力发展自身的技能,并为了达到最佳效果而努力。

(4)具有诚实、勇敢和值得信赖的道德品质。有效的追随者是独立而批判性的思考者,他们有很高的道德标准、信誉良好、敢于对自己的错误承担责任。

思考:

1. 追随者重要吗?追随者能起到怎样的作用?与领导者相比,追随者的作用在于哪里?
2. 追随者可以怎样分类?你的观点是什么?追随者类型的划分与领导者类型的划分有什么区别和联系?
3. 追随者的有效性体现在哪些方面?它的有效性与领导者的有效性有着怎样的区别?这种有效性的区别是否就暗示了将追随者放在了次要的地位呢?你如何理解?
4. 有效的追随者具有怎样的特点?

4.1.2 领导者与追随者的关系

为什么是追随者?

尽管提出"为什么有人想要成为领导者"是一个有意思的问题,但是提出"为什么有人想要成为追随者"也许是一个更有趣的问题。成为一位领导者具有许多的优势,但是为什么有人选择成为其他人的下属?为什么你会成为一名追随者?进化心理学提出,追随是因为人们这样做的收益大于成本。几千年以前,多数人都活动在小的、游牧的群体中,这些群体为个体提供了更多的保护,获得食物的资源和交配的机会。有着最好的领导者和最好的下属的群体更可能存活下来,而那些不能很好地进行领导或者由差劲的下属组成的群体则会挨饿。通过对成员身份的收益和成本进行分析之后,那些满意的追随者会留在群体中,那些不满意的追随者则要么离开去加入其他的群体中,要么为了更高的地位而斗争。

关系分析

领导者与追随者之间的关系可以通过两个基本的角度进行审视:在群体水平上,领导者与追随者在群体过程中如何进行互动;在个体人际互动角度,领导者和追随者作为群体中的个体如何影响和说服对方。

在群体层面上分析领导者与追随者之间的关系，包括群体如何影响个体的行为，以及群体决策过程是什么样的。一种备受关注的小群体现象就是社会惰息，它指的是当个体聚合在一起工作的时候，激励逐渐丧失和减少。领导者与追随者之间的人际交互在社会惰息过程中起到非常重要的作用。当人们同他们的领导有着高质量交换的时候，那么他们很少惰息。同流行的看法相反，使用头脑风暴的群体常常遭受社会惰息之苦，使得他们比一般个体更难凝结聚合起来。另外，大量的群体过程会削弱领导进行有效群体决策的能力。例如，由于对群体成员之间的合作有着强烈的需要，所以群体成员倾向于关注共享的信息，忽视了只有少数成员所知道的重要信息，最终群体成员思维极端，群体极端化导致灾难性的群体决策。

领导者与追随者的关系还表现为人际之间的影响和说服。一般来说，影响是作用于其他人行为或想法的能力。成功的领导者常常是运用影响策略的大师，他们可以成功地影响追随者去完成群体目标（关于影响力和影响策略详见第 2 章）。一种分析社会影响的途径就是社会影响理论，它将社会影响概念化为一种力量、一个关于影响力即时性和数量的函数。例如，与收到一封来自直接领导的来信相比，在董事会成员会议上与董事会成员面对面的雇员更可能被影响，并且被影响的程度可能更大。

如何形成关系？

一方面，领导者对追随者施加影响力才能构成领导者—追随者关系，这样造成的影响或结果可以有 3 种形式：服从、认同、内化（详见第 2 章 2.3.2 影响力过程中关于权力态度部分的内容）。服从的追随者仅仅服从领导者的命令，内心并没有接受领导者，因而这种影响的类别常常不被看作一种领导，而仅仅是一种对于权力暂时的屈服。认同的追随者想要被有吸引力的领导者所喜欢或者期待与之建立关系，内化的追随者已经将领导者的价值观内化为他或她的价值系统中。有效的领导者必须思考是什么导致了被追随者态度的改变，不仅包括自身的权力还应考虑到权力的符号和线索要素（详见第 2 章 2.3.2 影响力过程中关于权力感知部分的内容），如环境、形象、情绪和信息的传递（激励人心或者容易记忆）等。

另一方面，对于形成领导者—追随者关系，追随者对领导者的感知对于形成领导者与追随者之间关系是非常重要的（详见 2.3.2）。近期的理论家认为领导源于认知和归因过程，这些过程导致人们将某些人当作了领导者。追随者对于领导者所应该具有的特质和行为有着一定的信念和预期，这在内隐领导理论中得到了很好的归纳。内隐领导理论是一种探明人们内心中关于领导概念结构的理论，它着重探讨个体用于区分领导者与非领导者类别的"标签"问题。本质上，内隐领导理论是以存在于追随者头脑中的领导原型，或者说是以追随者心目中理想化的领导者为基础的认知分类模型。该理论认为人们对现实领导行为特征的感知、描述和评价都受到内隐的领导原型的影响。例如，如果一个人认为智慧是领导者一个非常重要的特质，那么他就倾向于一位聪慧的群体成员来领导他所在的群体，并且乐意将领导行动看作一种智慧展示。另一种分析领导者与追随者之间感知到的关系的是领导的社会认同理论，它强调：领导是和群体成员之间建立正式联系的结果。根据这种理论，群体成员越是强烈地对他们的群体进行区分和认同，就越是根据领导者如何独特、如何具有代表性来感知和评估领导者。因此，在一个群体中，越多的群体成员认识到自己群体的特殊，他们越多地感知到领导者的野心。

思考：

1. 请给追随者下一个你认为合适的定义。你突出和强调的是什么？
2. 如何分析领导者与追随者之间存在的关系？领导者个体与追随者群体是怎样的关系？领导者个体与追随者个体之间又是怎样的关系？
3. 领导者与追随者之间的关系是如何建立和形成的？

4.1.3 LMX 理论

交换关系

除了刚刚提到的内隐领导理论和社会认同理论，领导者与追随者的关系是许多领导理论不可缺少的部分，特别是领导者与追随者之间心理上以及物质上的交换。领导者与追随者交换理论强调，随着领导者给群体带来好处、展示出能力并服从群体规范，他们被认为有了来自追随者的"特质信用"。当违背群体规范或者进行创新以及冒险时候，领导者可以使用这些信用。如果他们的"出格"赢得了成功，那么领导者就会获得更多的信用。这种领导交换的模型声称，除了简单的、可见的交换，在领导者和追随者之间还进行了许多心理交换。例如，领导者满足追随者的需要，包括给他们提供方向性的指导、保护、成就、归属的感觉和自尊。反过来，追随者给予领导者以关注、感激、承诺、牺牲、尊敬和合法性。

领导者—下属交换理论（Leader-Member Exchange，LMX）

在领导者—下属交换（LMX）理论之前，研究者将领导关系看作领导者要求所有下属去做事情。这里隐含的假设是领导者以一种集体的方式来对待追随者，也就是领导者对于追随者这个群体采用的是普遍的、等同的领导风格。而 LMX 理论对此提出了挑战，将研究者的注意力转向了领导者与每一个追随者身上可能建立的不同关系。

领导者—下属交换理论将领导关系理解为一个关注领导者和追随者之间交换的过程，并在领导者和追随者之间建立起一种垂直二元的关系。自从 1975 年丹瑟洛（F. G. Dansereau）、葛伦（George Graen）和哈加（W. J. Haga）最早对于交换理论的研究之后，LMX 理论经历了多次的修改，并一直吸引着那些研究领导过程的研究者们。

交换理论的早期研究被称作垂直二元理论，它关注的是领导同每一个下属建立的垂直联系的性质（图 4-2）。领导者同下属构成的工作单元是由一系列的垂直二元关系所构成的，通过评估这些垂直二元关系的特点，研究者发现了领导者对待下属的方式是有差别的，他们之间存在着两种典型的联系或者关系：基于扩展、商议而得出的角色职责的圈内人和基于正式雇佣合同的圈外人。

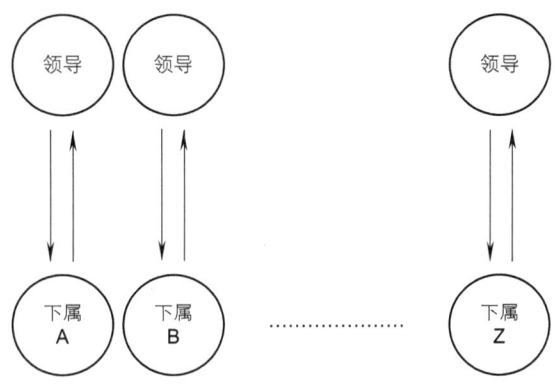

图 4-2　垂直二元理论

（注释：领导者同所有下属构成了特殊的关系，每一种关系都是不同的，并且有着它自己独特的特点）

在一个组织的工作团队中，下属成为圈外人还是圈内人，要看他们与领导一起工作的程度。这个过程中与个性以及其他的人格特质等有关，另外，一个组织中的成员身份依据的是下属如何同他们的领导一起扩展他们的角色职责。那些热衷于同领导商议的下属会变成圈内人。商议的内容包括下属要做一些超出他正规的工作描述之外的事情，领导者反过来，也会为这些下属做更多的事情。如果下属对新的工作职责不感兴趣，那么他们就变成了圈外人。

圈内的下属会获得更多的信息、影响力、自信和来自领导的关心，而且他们更值得信赖，做事更加积极，并更善谈。然而圈内的成员为领导者做更多的事情，领导者也一样，为圈内人做更多的事情。圈外人却仅仅是与领导者一起共事，常常只是来了工作、下班回家。

领导关系的三个阶段

葛伦（George Graen）和拜仁（Mary Uhl-Bien）认为领导关系经历了 3 个阶段的发展：①陌生人阶段；②熟人阶段；③成熟伙伴关系阶段（见表 4-1）。

表 4-1　LMX 理论的领导关系三阶段

	第一阶段 陌生人	第二阶段 熟人	第三阶段 伙伴
角色	书面的	考验过的	商议的
影响	单方	混合	双方
交换	低质量	中等质量	高质量
利益	自我	自我和他人	群体

（1）陌生人阶段，领导与下属的二元互动一般局限在规则范围内，主要依赖于合同关系。领导和下属只是在组织规定的角色范围内互动。他们之间交换的质量较低，类似于前面讲到的圈外人。这个阶段的下属直接关注的是自己的利益，而非组织的利益。在对于领导成员关系发展的早期阶段的研究中，亚庄（J. D. Nahrang）、摩根生（F. P. Morgeson）和伊利斯（R. Ilies）发现领导者寻找的是那种展示出热情、参与、合群和外向的下属。相比之下，下属寻找的是那种亲切的、值得信赖的、交往起来愉快的领导者。领导者外向并不会影响对于下属关系的质量，与下属交往愉快并不会影响对于领导者关系的质量。预测领导者和下属关系的一个关键指标就是行为和表现。

（2）熟人阶段，始于领导者或者下属改进以事业和工作为中心的社会交换的意图，其中可能涉及分享更多的资源、与个人或者工作相关的信息。这对于领导者和下属都是一个测试时期，用来评估下属是否对于承担更多的角色和责任感兴趣，以及评估领导者是否乐意为下属提供新的挑战。在这段时间里，二元关系从被工作描述和定义的角色所限制的互动转变到了新的联系方式。正如 LMX 理论测量出的，可以说他们交换的质量有了提升，达到了中等水平。在熟人阶段中，成功的二元关系开始发展出彼此之间更多的信任和尊敬。他们也倾向于更少地关注自己的利益，而是更多地关注群体的意图和目标。

（3）成熟伙伴阶段，意味着领导成员之间高质量的交换。进入到这个阶段的人们在他们的关系中对于彼此有着高度的信任、尊敬和责任。他们已经检验过他们的关系，并且发现他们可以彼此依赖。在成熟伙伴关系中，领导者和下属之间存在着高度互惠的关系：每个结果都会影响到对方。

LMX 理论的发展、结论及评价

之后，LMX 理论的焦点发生了转移。尽管这个理论的初始研究关注的是圈内人和圈外人性质的不同，但是后续的研究解决了 LMX 理论与组织效率的关系。特别是那些关于领导成员交换的质量如何与领导者、下属、群体和组织相关的研究。研究者发现高质量的领导成员交换的组织中下属的离职率更低、更多地被提升，并拥有更大的组织信任、更多的工作、更好的工作态度、更多来自领导的关注和支持、更多的参与和更快的职业发展，并推进了组织的发展。

根据回顾自从 2002 年以来对 LMX 进行的 130 项研究结果，阿南德（Smriti Anand）、胡佳(Jia Hu)、莱登（Robert C. Liden）和维德亚迪（Prajya R. Vidyarthi）发现研究领导成员交换理论的热情仍然没有消失。越来越多的研究是关于领导成员交换的情境，从个体或者群体的角度来分析领导成员之间的交换并且在美国之外的情境下研究两者之间的关系。

此外，研究者还发现 LMX 理论和授权之间的关系。哈里斯（K. J. Harris）、惠勒（A. R. Wheeler）和卡默（K. M. Kacmar）发现授权可以缓和领导成员交换对于工作造成的影响，授权与领导成员交换的质量对于工作结果有着微弱的协同作用，高质量的领导成员交换似乎可以弥补授权的缺陷。

LMX 理论的研究也开始关注领导者与下属的交换如何用于领导塑造上。领导的塑造强调领导者应该同所有的而非一部分的下属建立起高质量的交换关系，尝试着使得每一位下属都感到是圈内人，避免圈外人带来的不公平和消极含义。一般来说，领导塑造促成了领导者同工作单位中所有下属建立有效的二元伙伴关系。而且，领导者可以在组织之外建立伙伴关系网，使得组织和领导者自己的职业发展受益。

当然，LMX 理论也有一些不足，领导成员交换在它早期的垂直二元联系理论中与基本的公平价值相违背。我们从很小就被教育，对待别人要一视同仁。但是 LMX 理论将工作单位中的人分成了两个群体，其中一个群体获得了特别的关注，这造成了对圈外人的歧视。第二个对它的批评就是这个理论的基本理念并没有得到完全地发展，如这个理论不能够很好地解释高质量的领导成员交换是如何建立的。同样，该理论强烈地要求在领导下属关系中建立信任、尊敬和责任，但是并没有给出方法来。第三点批评在于研究者并不能很好地解释那些可能会影响 LMX 关系的情境因素，如工作规范、组织文化等其他可能影响领导成员交换的变量。最后，就是对于领导成员关系的测量还有许多问题。例如，目前没有对于 LMX 过程中二元的测量进行实证的研究，而且许多测量的有效性和范围都受到人们的质疑。

思考：

1．什么是交换关系？你是否认同人际间这种经济性关系？
2．在交换关系中，人们交换的是什么？所有的东西都是可以用来交换的吗？为什么？
3．什么是垂直二元关系？该如何理解其中圈内人和圈外人的区别？
4．领导关系的发展经历了怎样的 3 个阶段？关系发展的核心是什么？交换的内容和受益者发生了怎样的变化？
5．随着 LMX 理论的发展，它有哪些结论？又有怎样的不足？

4.2　追随力

追随力强调的是组织、团队或者群体中的个体所扮演的角色，特别是个体积极地追随领导者的能力。如同本章开篇讲到的，"追随力"强调的是追随者的重要作用，没有追随者就没有领导者，要更好地理解领导力就必须研究追随力。一个群体、组织和团队要想成功不仅仅取决于领导者的领导，还依赖于追随者如何追随。在过去的 40 年的时间里，许多的学者，如扎莱兹尼克（A.Zaleznick）、凯利（Robert Kelley）、夏勒夫（Ira Chaleff）、霍兰德（E Hollander）、凯勒曼（Barbara Kellerman）、波特（Earl Potter）和罗什巴赫（William Rosenbach）、柯菲（Gordon J. Curphy）都发展出了不同的描述追随者类型的模型。这些模型都为考察激励追随者的因素，以及如何改进个体和团队表现提供了深入的见解。这些研究者创建的框架相似点多于不同点，这里主要介绍两种模型：Potter & Rosenbach 追随力模型和 Curphy-Roellig 追随力模型。

4.2.1 Potter & Rosenbach 追随力模型

什么是 Potter & Rosenbach 追随力模型

波特（Earl Potter）和罗什巴赫（William Rosenbach）认为，追随者的能力对于团队的表现是至关重要的。因为追随者实施具体的行动，并且常常对于问题有着最好的解决办法。这个模型依据两个独立的维度：追随者的行为水平和领导者—追随者间关系的强度来展开分析。行为为先的维度衡量的是个别追随者同团队中其他成员完成工作、高效地工作、迎接改变和将自己看作团队行动重要资产的程度。在这个方面得高分的追随者，他们一般能力强，同他人相处融洽，支持领导者进行变化，并照顾他们自己；而那些得分低的人则缺少工作所需的技巧，不能很好地与他人交往，不能主动地应对变化。关系为先的维度衡量的是追随者改进与其领导之间关系的程度。在该项得分高的追随者是忠诚的，并且同领导者对未来的愿景相一致，但是在需要的时候他们会提出否定以及不同的观点；那些得分低的追随者是不忠诚的，即便提出反对意见可能会有好处，他们也不会这样做，并且即便他们同领导的日程安排并不冲突他们也只是关注自己的工作。

四种追随者类型

根据行为和人际关系这两个彼此独立的维度，追随者通过垂直和水平两个象限被划分出 4 种不同的类型。如图 4-3 所示，追随者的类型包括下属、贡献者、政治家和合作者。

下属（Subordinate）是那些传统观点下的追随者，他们做着被要求做的事情，遵守规则，低于中度行为者，并且同他们的领导并没有特别好的关系。这些个体经常存在于一些更加官僚化的

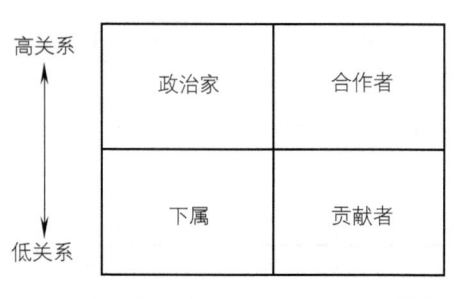

图 4-3 Potter & Rosenbach 模型中的追随者类型

等级组织中。他们想要与组织保持一种长期关系、避免麻烦并且不制造波动。

贡献者（Contributor）是努力的工作者，常常是他们所在组织中某个领域的专家。尽管这些个体是优秀的研究者、特殊的技术专家，但是他们对于人际间的动力、对于同领导者建立稳固的关系等并不感兴趣。他们很少关心他们领导者的观点，一般只是等待指导，而且在独处的情况下工作完成得最好。

政治家（Politician）是一个非常有趣的群体：这些个体更强调与他们的上级相处，而不是完成事务。他们是忠诚的并且对于人际交往很敏感，他们可以分为两类。一种是热衷于耍手段并适合于那些经常要与他人交往的职位，他们常常将活动和生产力相混淆，常常被管理层所挑战，常常从事销售或者公共关系行业，因为他们擅长与他人交谈和交易。另一种政治家类型倾向于操控，他们是自私的，并且对于受到他人关注有着一种特殊的需要。这类人耍手段、制造流言蜚语，不做事却将别人的成果占为己有，耍花招来使得自己看起来对于他们的领导是必不可少的。若领导者被这类政治家所影响，那么整个团队的道德水平和行为水平都将降低。

合作者（Partner）是指那些有着高行为水平并同领导者建立了良好关系的个体。合作者型的追随者花时间来理解领导的意图，并且将他们自己的愿景纳入到团队中，合作者同他们的领导者一起亲密地工作来识别问题并找出解决办法。不同于政治家，合作者会提出令人不舒服的问题，并且让领导对决策负责。

评　价

Potter & Rosenbach 追随力模型对于理解追随力有以下优势：

① 该模型考虑到情境在决定追随方式时候的重要作用，如一些个体可能在一个软件公司中是伙伴型追随者，但在另一个公司可能是下属型追随者，或者在为一个新老板工作的时候追随者就从贡献型变成了下属型。组织文化、职位的需要、掌控的资源、其他的组织成员和领导者，这些因素都影响着下属的类型。

② 尽管领导者很自然地认为伙伴型是最好的追随者，但是 Potter 和 Rosenbach 强调四种类型的下属都在组织中扮演着宝贵的角色。尽管如此，如果领导者想要让他们身边围绕着伙伴型下属，那么他们需要营造出激发有效追随的组织氛围。要想这样做，领导者必须清晰地说出对于追随者行为和关系的期待。领导者也需要在机会允许的时候为他们的下属提供伙伴行为的典范，让下属关注于问题和决策，对有效的追随力和信任做出总结。

③ Potter & Rosenbach 模型有助于领导者理解他们自己的追随类型、他们真正拥有的下属的类型以及他们能做什么来形成有效的追随力。正如图 4-3 中表现出的，领导者对群体成员追随力的认识可以帮助他们思考如何激励和领导他们所在团队中的成员。

尽管如此，这个模型有两个潜在的弊病。

① 这个模型大量地关注了追随者的有效追随，即由追随者来识别他们的领导者、吸纳他们领导者的观点、提出不同意见、在高水平活动上。但是如果没有领导者对于未来的具有吸引力的愿景、没有领导者给出激励性和建设性的反馈、没有领导者为追随者在高水平活动上提供资源的话，追随者实际上很难去采取那些有效追随的行动。这里可以看到，领导者和追随者在有效的追随力中起着同等重要的作用。

② 在现实中有一个常见的现象，多数占据权威职位的人无法通过他人或者团队达成目标。如果领导者是无能的、不道德的甚至邪恶的，那么追随力会怎样呢？Potter & Rosenbach 模型声称，在有效的追随力中情境扮演着重要的角色，但是没有考虑在追随力中无效的领导关系所起到的作用。但在下一个模型——Curphy-Roellig 模型中就考虑到了无能的领导关系。

思考：

1. Potter & Rosenbach 追随力模型建立的依据是什么？这种划分类型与领导行为（领导风格）的划分有怎样的联系和区别？
2. Potter & Rosenbach 追随力模型划分出了怎样的四类追随者类型？
3. Potter & Rosenbach 追随力模型有着怎样的优势与不足？

4.2.2 Curphy-Roellig 追随力模型

什么是 Curphy-Roellig 追随力模型

Curphy-Roellig 追随力模型建立在早期凯利（R. E. Kelly）、霍兰德（E. Hollandry）和凯勒曼（Barbara Kellerman）对追随力研究的基础上。同 Potter & Rosenbach 追随力模型相似，该模型也由两个独立的维度和四种类型所构成。Curphy-Roellig 模型的两个维度是批判性思维和参与程度。批判性思维强调的是追随者挑战现状、提出好的问题、发现问题和找到解决办法的能力。批判性思维上得分高的下属持续地找寻和发现改进生产率和效率、提高销售量、降低成本的途径，那些得分低的则认为发现和解决问题是管理层的职责。参与程度指的是在工作中人们投入努力的程度。得分高的人是乐观、勤奋的，他们花大量的时间，热衷于成为团队的一员，并且想要实现目标；得分低的则是懒惰的、不积极参与的，他们宁愿什么都不做也不愿意完成手头的工作。如同 Potter & Rosenbach 追随力模型一样，Curphy-Roellig 追随力模型可以用作评估当前的追随者类型。

追随者类型及领导力路线图

（1）主动型追随者（Self-starters）。他们是那些对团队充满热情，并且想要通过大量努力获得成功的个体。在面对问题和寻找解决办法的时候，他们在不断思考改进团队绩效的方法并热切地实施变革。当遇到问题的时候，主动型追随者往往会解决问题并将自己的行动告知领导，而并不是被动地等待领导的指示。这种追随者也改进了领导者的绩效，因为他们将意见放在了行动之前，并且提供了决策后的反馈。

主动型追随者是高绩效团队中重要的组成部分，并且是目前最有效的追随者类型。要想使追随者变成这种类型，必须牢记由于主动型追随者不愿与笨人打交道并期待他们的领导者能够迅速地清理障碍和提供所需的资源，领导者应了解他们这种特点和心理诉求，为他们提出清晰的愿景和目标，这种类型的追随者在乎的是领导的谅解而不是许可。如果主动型追随者不知道团队正在做什么，他们可能会自己做出低效的决策和采取相反的行动。被多次否决决策的主动型追随者将不再会积极参与到团队中，并变成了挑剔型追随者或者懒鬼型追随者。除此之外，领导者还需要为他们提供必需的资源、有趣和具有挑战性的工作、大量的和常规的绩效反馈、识别出突出表现和升职机会。

（2）拍马屁型追随者（Brown-nosers）。他们有着强烈的工作道德，但缺少主动型追随者那样批判性思考的能力。拍马屁型追随者是诚挚的、尽责的和忠诚的员工，他们可以做任何事情去取悦于领导者，在乎的是领导的许可而非谅解。许多的领导者都被拍马屁型的追随者所围绕着，这些追随者不断地奉承讨好，宣称为这样的领导工作他们多么的幸运，但是他们并不想被抓住错误，并且缺乏自信去提出反对意见或者做出决策。因此，领导者需要让这类追随者去提升自信而非技术专长。无论拍马屁型追随者遇到何种问题，领导者要让他们自己思考应该如何解决问题、给予解决问题所需的支持，不进行干涉，并常规性地询问他们通过实施自己的解决方案他们学到些什么。这样，当拍马屁型的追随者可以公开指出解决方案的优势和劣势的时候，他们可能会转变为主动型追随者。

（3）懒鬼型追随者（Slackers）。他们并不努力工作，认为自己只需要在工作中出现一下，解决问题是管理层的工作。懒鬼型追随者聪明地逃避工作，常常在工作最后消失几个小时，看似忙碌实际什么也没做，并乐此不疲地将时间花在上网、网购、聊天、休息上。懒鬼型追随者想要逃避领导者的视野范围，这样他们就可以避免麻烦。

要将懒鬼型追随者转变为主动型追随者很难，这需要领导者教给他们参与和批判性思考的技巧。许多人错误地认为懒鬼型追随者没有工作动机，但是事实证明，懒鬼型追随者有着很强的动机，只可惜是对于活动而非工作，他们花大量的时间去玩游戏、骑摩托车、钓鱼、副业或者其他的爱好上。他们工作是为了活着，而非活着为了工作，工作只是追求他们真正所爱的一种手段，因此领导者需要引导他们将更多的关注和努力放在工作活动中。一种提高工作动机的方法就是将工作和这些人的爱好结合起来，另外就是改变工作安排，因为许多情况是由于将员工安排到了错误的工作或者错误的职位。

（4）挑剔型追随者（Criticizers）。他们不关心工作，但却非常有批判性思维。他们并不提出和解决直接与工作有关的问题，而是不断找领导者和组织的麻烦和问题。挑剔型追随者不断地告诉同事：领导者做错了什么、领导的努力终将失败、所在的团队有多么差劲、管理层如何否决建议。他们是四种类型中最危险的，他们认为自己的任务就是培养"异教徒"，他们常第一个去欢迎新的雇员，告诉他们"这里到底是什么情况"。由于惺惺相惜，他们常常成群结队，成为领导者最难面对的挑战，他们就像癌症一般很难治愈。领导者需要找到挑剔型追随者潜在的主要心理动机，也许他们没有得到应得的奖励、组织重构削弱了他们的威严和职权，或者领导者让他们感觉受到了威胁。

启　示

同 Potter & Rosenbach 追随力模型一样，Curphy-Roellig 追随力模型也有许多方面值得特别解释一下。

（1）这个模型可以帮助领导者评估追随者的类型，并决定采取的激励方法。

（2）领导者所理解的追随者类型并不是静态的，它们随着情境不断地变化。图 4-4 描述出了个体的追随者类型是如何随着转换工作、受命于不同的领导者、被赋予不同的职责等等而不断变化的。图中的个体在职业生涯开始时是一个"马屁精"，接着他变成了一个主动做事的个体，并慢慢变成了一个批评者，后来则变成了一个"懒鬼"。那么为什么追随者类型会随着时间而不断变化呢？大多数的人会认为，这主要是由于他们的直接领导变化了。因此，领导者在有效的追随者关系中发挥着直接作用。

（3）追随者开始其职业或者新工作的时候常常是以马屁精的形式开始的。在能够提出改进意见之前，新的雇员需要时间来了解工作内容。对于领导者来说，问题在于如何采取行动将追随者的类型从马屁精转变为主动者。

（4）那些有着良好选择程序的组织更倾向于雇用马屁精和主动者这两种类型的下属。有研究表明，人们在组织中待的时间越长，他们越可能成为批评家。那些由批评家和懒惰者组成的组织要仔细地审视一下自己的领导方式了。批评者和懒惰者的追随者类型可能是由于下属对待无能领导者的方式造成的。

（5）由于拥有权威的个体也同样扮演着追随者，所以他们需要反思一下，他们自己的追随者类型如何影响了领导的方式。例如，自我主动追随者类型的领导者就可能会设定高标准，而那些马屁精式的领导者则可能会压制下属的需求和反对，他们只希望下属"听话"。那些属于懒惰追随者类型的领导者则是放任型领导者，他们不关心工作，对下属的要求不关心并且没有什么工作成果。那些批评者追随者类型的领导者则不仅埋怨组织，而且还埋怨下属，到处挑下属的毛病。

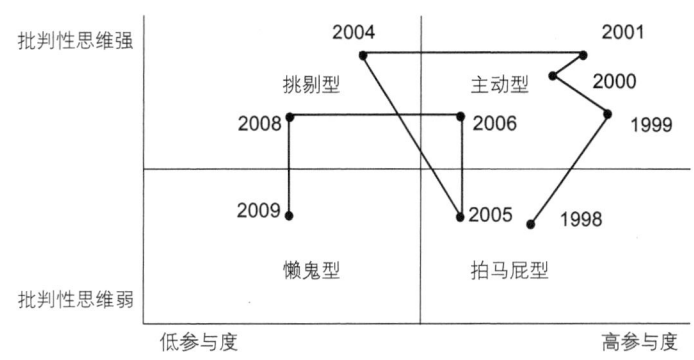

图 4-4　Curphy-Roellig 追随者类型及领导力路线图

思考：

1．Curphy-Roellig 追随力模型与 Potter & Rosenbach 追随力模型有着怎样的联系与区别？

2．Curphy-Roellig 追随力模型建立的依据是什么？划分出了哪四种追随者类型？领导力路线图表达了怎样的意思？它具有怎样的作用？

3．Curphy-Roellig 追随力模型给了我们怎样的启示？追随力模型与领导行为（领导风格）的划分有怎样的联系和区别？

4.3　关注追随者的领导者

追随者在社会交换和组织绩效中扮演关键性的角色。领导者应该将追随者看作组织所拥有的重要资产，他们负责组织中几乎全部的具体活动：制造产品、执行命令、提供服务。研究不断地发现，越是投入的雇员就越是愉悦、越有生产力、越想要留在组织中。而且，道德水平高的追随者可以帮助领导者避免做出糟糕的决策，有效的追随者常常还可以激励领导者提高绩效。最好的战士组成的军队常常赢得战争，最好的运动员组成的团队常常赢得比赛，最好的雇员组成的公司常常胜过他们的竞争者，所以领导者应该更好地关注追随者。

4.3.1　责任与信任

责任及其判断

领导者与追随者需要在情境中相互赋予意义，因此要特别考虑到领导者同追随者关系中双方之间对于责任的安排。责任的概念在领导研究中有着两个常见的意义，第一个意义相对更常见，是指行为要符合道德或者伦理。也就是说，领导者或者追随者在这个意义上他们做着在道德上或者伦理上正确的行动，他们是负责任的。这种概念也被用于探讨企业的社会责任。但是责任还有第二个意义，负责任指的是领导者或者追随者对自己的行为负责，无论行为的对与错。不同的只是对待行为的结果，即在道德或者伦理上正确的行为引起的责任意味着值得赞扬，而对于不道德或者不符合伦理的行为引起的责任则意味着需要责备，这里集中关注的是责任的第二个意义。

判断责任主要有两个依据：第一，行为人的行为必须在他的控制之内，哲学家将这种前提称作控制前提。如果一个人是高压政治的牺牲品或者他的行为是挣扎的结果，那么当他做错事的时候就没有必要责备他。第二，负责任的行为不会来自于错误的想法，我们将这种前提称为辨别前提。如果一个人认为他正做着正确的事情而事实上该事情是错误的，那么这个人对于他的行为也找到了一个借口。

关于责任的争论

但是对于行为责任的归因存在着很大的争论。心理学发现，行为观察者常常犯一种叫做基本归因的错误，即认为行为的发生原因在于个体的个性特征，忽视了行为发生中重要的情境特点。米尔格拉姆（Milgram）实验的研究结果就表明，情境而不是特质，解释了行为。因此，在考虑行为责任的时候应该顾及行为发生背景的情境因素。可是领导的情境特点提出了这样一个难题：领导情境中控制前提是否满足，即领导者或追随者能否控制自己的行为。弗兰奇（J. R. P. Jr. French）和瑞文（B. H. Raven）发现了一种领导者可以任意支配的权力——强权。之后人们就怀疑，在这种强权之下追随者是否只能服从领导者的指令，一旦不服从就可能导致雇佣关系的结束，或者在一些情境下导致生命受到威胁。

尽管如此，服从命令却不能成为错误行径的借口。从事实上来看，所谓的很难做出正确的行为实际上并不是不可能的，或者没有那么的困难。这个结论同对纽伦堡（Nuremberg）审判和纳粹战犯阿道夫·艾希曼（Adolf Eichmann）的审判决策相一致。在这些审判中，纳粹集团的代表们没有能够成功地证明他们只是简单地遵从命令。

然而，更多的争论针对的是责任的辨别前提，哲学家苏珊·沃尔夫（Susan Wolf）提出，无法区分善恶的领导者是不合格的。领导者声称道德上的错误是无过失的，这只是他们行动的借口。道德辨别上的缺陷不能作为解释的理由，所有成年人都应该具有辨别是非的能力。

信　任

为了更好地理解人们对行动的选择，芝加哥大学的行为学家、经济学家塞勒（Richard Thaler）于1980年提出了"心理账户"（Psychi Accounting）的概念，即在面对选择的时候，人们实际上在对多种选择结果进行评估。同样对于领导者与追随者关系，人们也是进行了成本—收益分析之后，最终选择了扮演追随者的角色。其中，领导者的识别和信任是这些成本收益分析中最常见的因素。

现代社会的快速变化带来的是更多的不确定性，这越来越凸显了信任的重要。但是人们对于信任的理解是各有侧重的，巴恰塔亚（R. Bhattacharya）等人将信任总结为一个多角度的综合概念，因此要理解一个人内心的信任程度就必须与环境、他人的行动、结果的性质和结果造成的影响相联系。信任不但是人的特质或行为，它还是行动的后果。对于"信任"现象的研究也可以分为四个主要领域：信任是一种个人特质；信任是一种行为；信任是一种情境；信任是一种制度的安排。

如何建立信任

信任会被建立，同样也会被打破。领导者应该注意，追随者对于领导者的信任一旦打破则很难重建，丧失信任往往导致低参与、离开，甚至寻求报复。许多组织中糟糕的表现，如顾客投诉、组织过错和工作场所的暴力都直接归因于怨声载道的下属，以及客观环境给领导者和追随者之间的信任造成的压力。因此，在组织和团体中信任如此的重要，领导者需要尽一切可能同下属维持一种强烈的信任关系。

只有信任了对方，才能将任务和责任同时赋予对方，但是信任是慢慢建立、逐步加强的过程。那么怎么样信任一个人呢？这就需要彼此之间的观察和考验。例如，你把5元钱从我这里骗走了，我很高兴，因为我觉得很庆幸，你只骗走了我5元钱，我只花了5元钱就了解到了你这个人，这个学费是非常低的。但如果你没有骗走我的5元钱，那么5元钱之内的我都闭着眼相信你。观察之后，我发现5元钱之内你都打理得很有条理，那么慢慢地我加到100元。如果100元也有条理那么我就加到5000元。这样，慢慢地额度越来越高，这也是银行贷款的一个原则。银行先贷给你2万元，如果你信用好，那么银行就提高到10万元，甚至最后100万元，这就叫做授信额度。信任不是一下子建立的，要经过考验和挑战，最终从小信到大信。

要想取得追随者的信任，领导者必须是能力、关系和品格的典范。研究表明下列方法有助于领导者建立信任关系：①公开。要保持组织内的信息畅通、决策透明化，对问题要坦诚，充分披露相关信息。②公平。在作决策和采取行动之前，要客观公正地从他人的角度考虑，特别是在绩效评估时要做到客观、不偏不倚。③说出你的感受。同下属分享感受，让别人感到你很真实、有人情味儿。④讲真话。真话是诚实的固有部分。人们一般更能忍受得知他们"不想听到"的事情，而不能忍受向他们撒谎。⑤行为一致性。人们希望事物具有可预测性。通过核心价值观和信仰来指导行动，使得人们能够知道未来将会发生的事情，建立起彼此之间的信任。⑥兑现承诺：信守诺言，让人们相信你是可靠的。⑦保密。

人们信任那些言行谨慎的人，以确保自己的秘密不会泄露。

思考：

1．什么是责任？责任对于领导者具有怎样的意义？你如何看待关于责任的争辩？是否领导者不负责任就是一种不道德？对此，你怎么看？

2．什么是信任？信任来自于什么？领导者如何培养下属的信任？

4.3.2 领导行为理论（领导风格理论）

在第1章中我们已经知道，在20世纪中期，领导理论的研究重点从试图识别领导的个性特点转变为了观察领导者的行为特点，即人们开始思考有效领导者的行为是否有什么独特之处（详见第1章1.3.2）。比如，有效的领导者是应该倾向于更民主还是更专制；领导者的行为与追随者有着怎样的联系。

勒温的领导风格理论（Average Leadership Style, ALS）

关于领导行为方式的研究最早是由著名社会心理学家勒温（Kurt. Lewin）和利普特（R. M. Lippit）等人进行的，他们通过对影响下属群体行为的因素进行试验之后总结了3种领导风格：专制方式（Authoritarian Leadership/Autocratic）、放任方式（Laissez-Faire Leadership/Delegative）和民主方式（Participative Leadership/Democratic）。

独断的领导者是那些自己单独制定决策的人，他们通过严格的管理来实现工作目标，但却导致群体成员没有责任感、情绪低落、逆来顺受、消极被动。放任式的领导者既不为下属提供明确的方向，也不参与他们的决策制定。这种领导风格效率最低，只达到社交目标，不能有效地完成工作任务。由于几乎缺少必要的指导和评价，往往会导致引起群体的失望和混乱，最终导致工作的低质、低效。在制定决策时，民主的领导者注重与下属商讨并允许下属参与决策。在民主领导风格下的团队不但能够完成工作目标，而且群体成员关系融洽，有凝聚力，工作主动性强，并有创造性。

由于每一种领导风格对下属都有不同的效果，因此我们不能简单地认为民主方式就是最有效的领导风格。领导者应该采取哪一种领导风格还需要根据环境进行具体分析。

利克特领导风格划分（Style Theory）

经过长期的研究，利克特（Rensis Likert）于1961年在他的《管理新模式》（New Patterns of Management）一书中将企业管理的领导风格归结为4种类型。

（1）专权独裁式领导（Expoitative Authoritative），即权力集中在最高一级，下属无任何发言权。管理者对其下属不信任。决策与组织的目标设置基本上由管理阶层做出，然后下达一系列命令，必要时以威胁及强制方式令其执行，上下级之间极少的交往也是在互不信任的气氛下进行，下级被恐惧和不信任所笼罩，其生理上、安全上的低层需要不能得到满足。机构中若有非正式群体，则对于正式组织的目标通常持反对态度。

（2）温和独裁式领导（Benevolent Authoritative），即权力控制在最高一级，但授予中下层部分权力。管理者对其下属持一种比较谦和的态度，两者之间有一种类似主仆之间的信任。一般决策是由高层管理人员所制定，但下级也可以做出一定限度的决策。下级还有恐惧警戒心理，交往是在上级屈就和下级畏缩的气氛下进行。机构中的非正式群体可能反对也可能不反对正式组织的目标。

（3）协商式领导（Consultative），即重要问题的决定权在最高一级，中下层在次要问题上拥有决定权。管理者对下属有相当程度的（但不是完全的）信任。上下级之间具有双向的信息沟通，大致能互相信任。采用奖惩进行激励，也实行一定程度的参与制订计划。机构中的非正式群体，有时对于正式组织的目标表示支持，有时也会做出轻微的对抗。

（4）参与式领导（Participative），即管理者对下属有完全的信任，上下级双方能民主协商、讨论，决策是以各部门广泛参加的形式，由最高领导做出最后决策。领导者可以根据组织目标的要求，向下级提出具体目标，但不过多地干涉下级如何实现目标的方法，而是给予实现目标的支持。上下级之间不仅有充分的沟通，而且建立了一定的感情联系。在激励方面，让下属直接参与制定经济报酬，设置目标，改进方法和评估目标的工作。利克特的研究为我们推行民主管理提供了心理依据，他所提出的领导系统模式说明，领导功效的关键在于领导者的思想。领导者只有在充分信任被领导者的基础上，给予被领导者一定的管理权、决策权，尊重被领导者的心理需求并给予最大程度的满足，建立起感情的联系，才能更好地调动起被领导者的积极性，从而为实现组织的总目标做出贡献。

俄亥俄州立大学的研究（Two Dimension Theory）

几乎所有的领导风格的理论，都源于俄亥俄州立大学的研究。这项研究特别强调了，在领导过程中不可少的部分就是与下属维持一种积极的关系。1945年开始的该项研究工作是在斯托格迪尔（Stogdill）教授的指导下所进行的，研究的目标是确定领导行为在实现群体和组织目标过程中的重要性。借助问卷调查并通过让下属来描述领导者的行为，研究者们收集了大量的有关对领导行为描述的数据资料，开始时列出了1800个因素，后来逐步筛选、归并到150个，最终将这些要素归纳为两个独立的维度：结构维度和关怀维度。

结构维度（Initiating Structure Behavior）指的是为了达成组织目标，领导者界定和建构自己与下属的角色差异的程度。领导者的主要工作就是抓组织，即为下属提供组织结构方面的条件使之做出令人满意的成绩，包括进行工作设计、规定工作关系和目标行为、制订计划和程序、明确职责和关系、建立信息通道、安排并确定工作日程、强调工作的最后期限等。高结构维度的领导者忙于向组织成员分配具体任务,要求员工保持一定的绩效标准,并强调工作的最后期限。

关怀维度(Consideration Behavior)指的是领导者信任和尊重下属的观点与情感的程度。高关怀的领导者更愿意同下属建立相互信任的工作关系,其工作主要以人际关系为中心,关心人,尊重下属意见,注重下属需要。因此,他们帮助下属解决个人问题,友善且平易近人,公平对待每一个下属,关心下属的生活、健康、地位和满意度等问题。

按照这两个维度的内容,研究者们设计了领导行为描述问卷(Leader Behavior Description Question,LBDQ),要求下属说出他们对组织、环境、团体的特点、团体工作成绩的衡量、各种情况下有效的领导行为等问题的看法。最后,他们把领导行为分为4种类型(见图4-5):高关怀,低结构;高关怀,高结构;低关怀,低结构;低关怀,高结构。

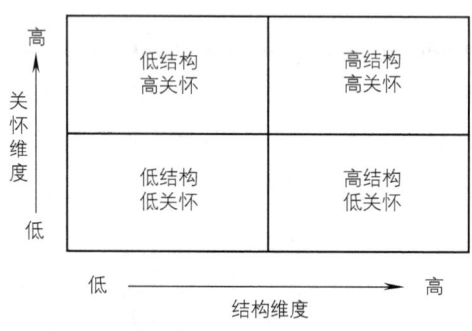

图4-5 领导行为四分图

俄亥俄州立大学的研究结果表明,不同的领导风格对工作效率和职工情绪有直接的影响。一个在结构和关怀维度均高的领导者常常比其他3种类型的领导者更能使下属达到高绩效和高满意度。特别是"高结构—低关怀"的领导风格容易导致领导和下属的对立情绪,造成下属的满意度低、缺勤率高且流动性大、工作效率较低。

但其他研究还发现,当下属从事常规任务时,尽管领导的关怀度高,但是高结构为特点的领导行为仍然导致了高抱怨率、高缺勤率和高离职率,工作的满意度水平也很低。另外,直接上级主管对领导者进行的绩效评估等级与高关怀性成负相关关系。总之,一般来说高—高型风格能够产生积极效果,但同时也发现了足够多的特例表明这一理论还需加入对情境因素的考虑。

毋庸置疑,俄亥俄州立大学的这项研究工作具有重要的意义。它给出了考察领导行为的两个最基本的维度,其中所提出的4种领导风格也为以后的许多类似研究奠定了基础。后来许多的领导理论如利克特(Rensis Likert)的领导系统模式理论、布莱克(Robert R. Blake)和默顿(Jane S. Mouton)的管理方格理论、坦南鲍姆(R. Tannenbaum)和施密特(Warren

第 4 章 追随者与追随力

H. Schmidt）提出的领导连续统一体理论、PM（Performance-Maintain）领导模型等，都是以此为基础而发展起来的。其中，领导方格理论（早期称作管理方格理论）是另一个更加具有实践意义的研究发现，这项研究由密歇根大学和俄亥俄州立大学共同完成。

领导方格理论（Managerial Grid Theory）

与俄亥俄州立大学的研究同时期，在密歇根大学的学者们也进行着相似性质的研究。最有趣的结果是发现了 3 种有效的领导行为：①有效的领导者是以任务为中心的，这同俄亥俄州立大学的结构维度相类似。②有效的领导者关注的是计划、协调和支持他们的下属来设定具有挑战性的目标。③有效的领导也常常在以关系为中心的行为上有着较高的得分，这同俄亥俄州立大学的关怀维度相类似。他们对于下属的支持是建立在信任、赏识的基础之上的。在 1964 年，布莱克和默顿（R. R. Blake & J. S. Mouton）二人发展了领导风格的关怀与结构二维观点，将俄亥俄州立大学的研究、利克特的领导系统模式理论以及密歇根大学研究的结果相结合，最终从"关心人"和"关心生产"的两种态度角度上提出了管理方格理论。

其中，关心人的领导被描述为重视人际关系，他们总会考虑到下属的需要，并承认人与人之间的不同。相反，关心生产的领导者倾向于强调工作的技术或任务事项，主要关心的是群体工作表现和任务的完成情况，并把群体成员视为达到目标的工具。具体的领导行为根据两个维度——关心人和关心生产，在 1 到 9 的程度之间发生变化，从而形成了 81 种不同的领导类型（如图 4-6 所示）。尽管在管理方格中存在 81 种类型，但多数领导者的行为都落在了 5 种主要的领导风格中。

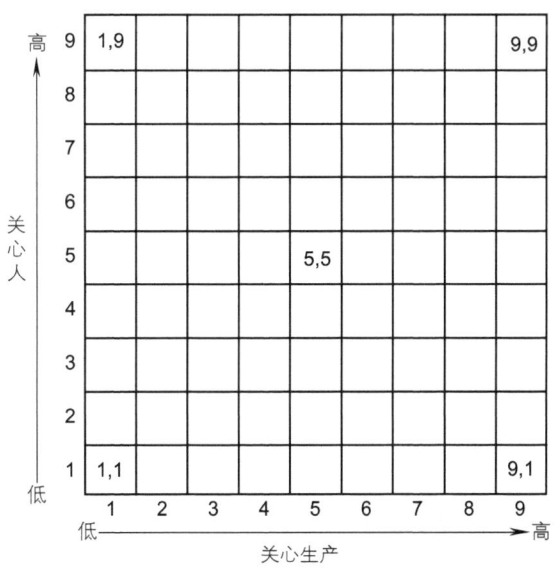

图 4-6　管理方格图

（1）"1，1型领导"——虚弱型管理（the Impoverished Management Style）。这种类型领导者最大的特征是身在其位，不谋其事，对下属和工作都漠不关心，放任自流。这是最低能的领导风格，也是很少见的极端情况。但这种领导者能够胜任日常单调、重复而没有挑战性的工作，在激烈的竞争环境中，这样的领导风格必然导致失败。

（2）"1，9型领导"——乡村俱乐部型管理（the Country-club Management Style）。这种类型的领导者最大的特征是重视下属的态度和情感，对下属关心备至，一味迁就，做老好人，不关心工作，认为只要下属精神愉快，生产成效自然好，把对下属的关心放在第一位。这种领导的结果可能很脆弱，一旦和谐的人际关系遭到破坏，生产成效就会随之下降。

（3）"5，5型领导"——中庸型管理（the Middle-of-the-road Management Style）。这种类型的领导者对人的关心与对生产的关心程度基本保持平衡，既不过分偏重人的因素，也不过分偏重任务，努力保持两者的和谐统一，以免顾此失彼。他们喜欢显示民主作风，不喜欢冲突，希望维持现状，只图维持一般的工作效率和士气，不能促使下属发挥创新精神，因此从长远来看，这种类型的领导者难以在激烈的竞争中立足。

（4）"9，1型领导"——任务型管理（the Authority-compliance Management Style）。这种类型的领导者的最大特征是好强和有力量，控制他人的欲望特别强烈，只注重任务的完成，强调生产和效率，不注重人的因素，把职工看成是机器。对他们来说，任务是第一位的，成功是最重要的。他们常常独断专行，喜欢监督别人，喜欢使用能力强的人，常常发怒，尤其在失败的时候。这种领导风格把人的因素的影响降到最低，在竞争激烈的有限时间内，可能效果显著，但长期下去这种领导者就会疏远下属，并造成生产效率的下降。

（5）"9，9型领导"——团队型管理（the Team Management Style）。这种类型的领导者对人的关心与对工作的关心都达到了最高点。领导者诚心诚意地关心下属，把对人的关心与工作任务的完成和谐地统一起来，使组织的目标和个人的需要最完美、最有效地结合起来，使下属了解组织目标，关心工作成果，进而形成休戚与共、士气旺盛的团队，并能出色地完成任务。这种领导风格既可以增加组织的竞争能力，改善各单位、各部门之间的关系，也可以增进下属间的相互理解与合作，促进职工的创造力，发扬团队精神，增强下属的责任感。

"9，9型领导"方式是一种最理想的领导风格，这种方式可以在激烈的竞争中获得成功。布莱克和莫顿还进一步提出，这种方式是可以学习的，只要认清自己的风格，客观地分析各种情况，通过一系列步骤，领导者可以转变自己的领导风格，使之成为团队型领导风格，以取得成功。

管理方格理论在理论方面和实践方面都取得了相当的成功，许多组织都采用领导方格理论来培训领导者。但是方格理论的发展并没有停止。经过20世纪70年代和80年代的发展，1991年布莱克（R. R. Blake）和麦坎斯（A. A. McCanse）在领导方格的理论的基础上又增加了其他两种类型的领导行为方式，如图4-7所示。

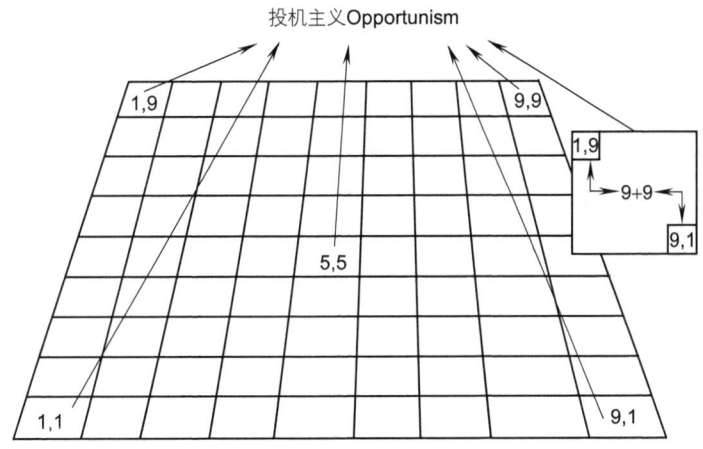

图4-7 布莱克和麦坎斯对领导方格理论的发展

家长式管理与溺爱（the Paternalistic Management Style）（9+9）：一些领导似乎同时使用了乡村俱乐部管理和服从权威管理，但并未将两者合二为一，那些看似仁慈的行为实际上只是为了更多地完成目标和工作。本质上来说，家长式的领导风格并不认为人们与工作有关，常常像父亲或者母亲一样对待他们的追随者，并将组织看作一个大家庭。

投机主义（the Opportunistic Management Style）：既不是为了追求工作表现也不是为了与他人建立关系，只是为了追求个人的提升而进行领导风格的组合。一个投机主义的领导者利用领导风格来获得优势，是将个人利益放在了最前面。领导者的表现和努力都是为了获得个人利益。可以用"无情的""奸诈的"这样的词来形容这种领导风格，但是有人认为这类领导风格也是可取的和战略性的。

根据领导方格理论，多数的领导者都有着一个明显的主导性的领导风格，但是他们在压力大的情境下，当所偏好的领导类型不那么有效的时候也会做出第二种选择。一般来说，领导风格取决于个人的成长过程、个人的信仰和价值观、机会以及组织的性质。

总 结

领导行为理论引入了两个非常有用的概念到领导理论发展和领导培训的实践中：关心工作和关心人。虽然各种风格理论对于为什么领导者有不同风格有着不同的解释，但总体来说，领导风格理论认为，行为风格的不同是因为个体对于完成工作和顾及关系这两个方面有着不同的态度。除了划分领导行为的类型，领导风格理论还为这些行为类型对效率的影响进行了分析和解释。领导活动被放入与领导有关的行为和活动中来研究追随者的满意度、追随者对组织的承诺和追随者的工作表现，以及组织的绩效。领导行为理论试图找到一种最有效的领导风格。如果能够找到这种最优的风格,那么就可以用这种风格来训练领导者,让他们熟悉并熟练应用以达到最好的效果。

关于领导行为的研究结果初步表明,以人为本的领导者比以任务为导向的领导者有更高的效率和满意程度。但在研究领导风格绩效方面还有一些其他尝试,它们都与俄亥俄和密歇根的研究者一样遇到了同样的问题:很难在领导行为类型与成功的绩效之间建立起令人信服的因果关系,环境似乎是领导者们更应该考虑的因素。可以想象一下,如果在本世纪初,特里萨修女(Mother Teresa)是否还会成为被压迫者的杰出领袖?如果瑞尔弗·奈德(Ralph Nader)出生于1834年而非1934年,或出生于哥斯达黎加而非美国,他还会成为消费者活动团体的领导人物吗?这些似乎都不可能。

在过去的40多年里,布莱克和莫顿坚持认为,存在着一种最好的领导风格,并且认为这种领导风格应该被普遍推广。但费·德勒认为领导行为必须要适应情境才能提高组织效率。越来越多的研究表明,管理行为对于组织效率的影响可能是微弱的,并且在不同的组织中是各不相同的。环境的不同可能决定了多大程度上领导的行为可以影响效率(更多关于情境理论的内容详见第7章)。如果设定在某个特定的组织环境下,许多研究表明,有着高关系和高工作度的领导行为类型的确对于效率有影响。优秀的团队领导者的风格是与下属共同决策,鼓励参与意识并支持团队协作,这些都可以促使高标准地完成任务。尤其是当领导者在进行影响、控制、建议的时候,又对他人有着高度责任感的时候。

另外更令人苦恼的是,"有效的领导视情境而定"这个论题也至今没有很好地得到证实。在35年多对于情境领导者的研究中,研究者们没有得到确凿的、始终如一的结论,不能就此认为行为风格或领导风格在某些情境下有效。在过去的20年,越来越多的理论想要得出一种在任何情境下都适用的普遍性结论,如变革型领导优于交易型领导,但始终没有结果。

思考:
1. 勒温与利克特的领导风格理论有着怎样的联系与区别?
2. 俄亥俄州立大学的研究与密歇根大学的研究有着怎样的联系与区别?
3. 如何评价领导行为理论?你如何看待领导行为理论的发展与情境理论的发展?
4. 是否存在一种最好的领导风格?是否存在一种一定情况下最好的领导风格?为什么?

4.3.3 追随力与领导力的整合

领导者与追随者之间的相互推力

追随者的情绪、特质、认知和态度都会影响其对领导的感知和偏好。不仅如此,他们对领导者的期望还能够影响领导的行为,这种对领导者的期待被罗森诺(James N.

Rosenau)称为领导原型。追随者会根据对领导者的感知调整自己的行为,追随者也会通过对领导者的期望来限制领导行为。内隐领导理论指出,原型不会随着时间而变化,因此对现任领导形成的原型会影响追随者对一任领导的看法。

追随力一方面影响着领导力,但另一方面也不可避免会受到领导行为与风格的影响,即领导者的领导风格又会影响追随者的追随行为。米勒(M. Miller)等人从追随者的视角对费德勒的权变模型进行了实证研究,结果表明,在环境适中和环境有利的条件下,高关系导向可以提高追随者的产出,而在环境不利的条件下,高任务导向可以提高追随者的产出。因此,魅力型领导会在组织内建立一种英雄角色,这种领导风格不会激励追随者的绩效提升,但是变革型领导者鼓励全员参与,通过授权和共享的目标开发追随者的潜能。

整合追随力与领导力

追随力与领导有效性之间是相互促进的,没有一种绝对有效的领导风格,也没有一种绝对有效的追随者模式,只有二者的有机整合才能促进领导有效性的提升。提升追随力要靠领导者领导风格的改进,而追随力的提高必然能够带来领导有效性的不断提高,提升员工的追随力无疑是提升领导有效性的一个比较有效的途径。当前,很多研究者已得出了一些值得借鉴的成果。例如,霍兰德(E. P. Hollander)倡导改变官僚式的领导者—追随者关系,建立更开放、动态、双向的上下级关系。巴格斯泰德(Kent B. Bjugstad)将凯利(RobertKelly)的追随者类型与赫塞(Paul Hersey)和布兰查德(Kenneth Blanchard)的情境领导理论(更多关于情境领导理论的内容请见7.2.2)进行了整合,提倡对不同追随者类型采取不同的领导风格(图4-8)。

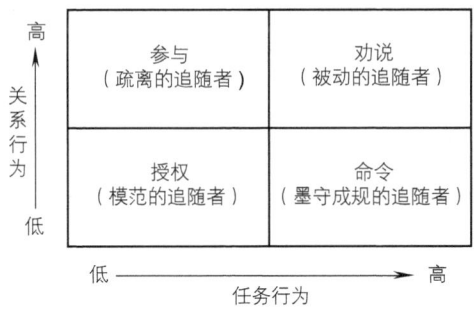

图4-8 追随者类型与领导风格类型的整合

在参与方式中,领导者分享他们的想法,并且将决策过程简单化,这似乎吸引了那些疏离的追随者。这种方式的意图在于让那些追随者承担更加积极的角色,以便于让他们感到组织的存在与他们息息相关。被疏离的追随者是有能力的,但是需要彼此之间建立相互信任和尊重来消除之间的隔阂与猜疑。劝说方式适合于那些消极的追随者,他们需要指导和引导,在领导者的帮助下,消极的追随者可以提高他们的生产率并获得鼓励。墨守成规的追随者由于抱着一种"叫我做我才做"的态度，因此领导风格应该侧重命令的方式去给他们提供特殊的指导并严密地监督他们的行为。模范的追随者适合于授权的领导风格，领导者负责决策和执行，而模范领导者负责挑战和尽可能地将组织利益最大化。

将领导风格和追随者方式相结合，组织可以将领导与追随者的关系中的优点最大化、缺点最小化。表4-2展示出了新模型下对于每种类型领队者和追随者的推荐行为。

表4-2 领导力与追随力的整合及对应的行为

领 导 力	推荐的领导行为	推荐的追随者行为	追 随 力
参与	让下属参与决策，使得疏离的下属拥有主人翁意识	通过加入更多参与改变思维方式	疏离的
劝说	解释决策并期待被动追随者的加入	做那些被要求做的事情	被动的
命令	细节要求、监督行为	让他们知道结果很重要	墨守成规的
授权	交出决策权和执行权	通过不断增加的责任来说明结果	模范的

思考：

1. 领导力与追随力之间是相互作用的？
2. 如何整合追随者类型与领导风格类型？在整合的过程中，推荐的领导者行为和追随者行为有哪些？你如何理解这些推荐的行为，它们具有怎样的特点？

4.3.4 交易型领导与变革型领导

交易型领导

交易型领导（Transactional Leadership）强调交换，常常被解释为领导者同追随者之间的一种成本—收益的交换。交易型领导基于这样的假设：在清晰的命令链下，下属和系统会工作得更加顺利。交易或者相互交换的是一些领导所占有的或者控制的有价值的东西，以及下属想要领导者回报他们的东西。这种领导者与追随者关系的建立与维持取决于追随者对于层级差别的接受程度以及通过这种交换模式进行工作的能力。这种领导者坚信，追随者是可以通过奖励和惩罚去激励的，并且人际关系可以用彼此之间的理性交换来表示。领导者能够使追随者相信贡献和报酬是公平合理的，追随者对领导者的顺从与忠诚也是建立在交换互惠的基础之上的，这种由于交易的公平性所产生的领导权力，并非完全是物质、金钱或利益上的交换，还包括精神情感的交流。

伯恩斯（James MacGregor Burns）将交易型领导定义为领导者与追随者之间的第一种互动形式，它发生在当一方为了交换有价值的东西而与另一方联系的时候。多数领导者和下属的关系都是交易型的，如工作换选票。这种交换本质上是经济的、政治的或者心理的，在这个讨价还价的过程中，领导者与追随者的关系循环往复。这也是这种领导方式的局限性,即这种交易关系一旦形成,便很难跳出这种交易、交换和合同关系。

尽管大量的领导研究都强调这种交易型领导的局限性,但是它仍然在管理者之间非常流行。在领导与管理连续带上,很明显这种领导方法更接近管理手段而非领导手段。

变革型领导

变革型领导(Transformational Leadership)强调改变,它是交易型领导与魅力型领导的结合。在政治社会学家伯恩斯的经典著作《领导力》(Leadership)一书中,伯恩斯将变革型领导定义为领导者通过让员工意识到所承担任务的重要意义和责任,激发下属的高层次需要或扩展下属的需要和愿望,使下属为团队、组织和更大的政治利益超越个人利益,建立对组织目标的共识与承诺。变革型领导者对于目标有着非常明晰的认识,他们同下属一起合作来明确目标、相互沟通来组织任务和活动,这样确保了更广泛的组织目标也能够被下属清晰地知晓,然后激励他们超越自己并实现目标。

变革型领导是一种规范性的领导概念,即它不仅指出了领导者的行为实际上是什么样,而且指出了领导者应该如何作为。伯恩斯声称,领导者应该不仅仅是去满足人们的欲望,而应该超越这些欲望。交易型领导的道德依据主要是选择的权力以及市场和现代政治中体现出的个人主义,这种形式的领导有两个道德弱点。首先,交易型领导仅仅是出于人们的需求和欲望。其次,交易型领导难以与他人建立和维持纯粹的关系。用伯恩斯的话说,交易型领导只关注手段的价值,而忽视了目的的价值。而好的领导意味着对于人们需求和欲望的一种道德责任,它可以诱导出人类关系的最高形式。那么变革型领导是如何做到这一点的呢?考虑到动机,伯恩斯直接引用了马斯洛的需求层次理论,变革型领导将基本的生理需求和安全需求转换为更高层的归属和自尊的需求,他们关注的是领导者同追随者之间的关系,这种领导者有着非常强烈的自我意识,并且使用很多的软技巧来获得他人的承诺。

伯纳德·巴斯(Burnard M. Bass)将伯恩斯的理论进一步深化,他认为变革型领导的主要特征包括4个"I"。

(1)理想化的影响(Idealized Influence):领导者具有令下属心悦诚服的特质或行为,因而成为被下属崇拜学习的理想对象,下属心甘情愿遵照其指令完成任务。变革型领导以伦理和道德为准则,与下属共同分担风险,考虑下属的需求胜过自己的需求。他们还向下属提供思想观念,解释任务的意义,引发自豪感,由此获得下属的钦佩、尊重与信任。下属对领导怀有强烈的认同,领导者与追随者之间存在深厚的情感关系。

(2)心理的鼓舞(Inspirational Motivation):变革型领导善于激发员工的工作动机。通过为下属提供有意义且富于挑战性的工作、明确告诉对下属的工作期望、展示对企业总体目标的承诺、采取积极和乐观的工作态度等方式,变革型领导充分调动员工的工作积极性,使员工在乐观与希望中展望未来的发展,并因之产生强烈的向心力和团队精神。领导者善于用简单方式表达重要含义，包括使用一些强有力的象征以增加说服力。

（3）才智的启发（Intellectual Stimulation）：不断用新观念、新手段和新方法对下属进行挑战。变革型领导认为员工能力的发挥是组织发展的关键，所以他们鼓励下属采用全新的思想和革新性的方法解决问题。他们提出新主意，从下属那里得到创造性的回应，通过问题假设和挑战自我使员工的创造力获得积累。

（4）个性化的关怀（Individualized Considerations）：给下属以个别的关心，区别性地对待每一个下属，提供培训和指导，赋予他们责任，使其觉得深受重视而更加努力。变革型领导注意听取下属的心声，尤其关注下属的成就和成长需求。针对员工的能力、个性等个别差异，领导者充当教练角色，促进员工的思想与行为的改变。

总之，变革型领导制定明确的愿景，与下属有效沟通使愿景深入人心，引导他们为了达成组织的目标而超越自身利益，激发下属更高阶层的需求。有证据表明，与交易型领导的下属相比，变革型领导的下属工作绩效更好、对工作的满意度更高、角色冲突更少。巴斯在《领导行为手册》一书中写道：许多经验性的研究都集中于交易型领导行为的研究，这是非常遗憾的，其实真正的原动力和撼动者是变革型领导。

交易型还是变革型？

巴斯在伯恩斯的研究基础上指出，交易型领导和变革型领导并不是完全相反的而是两个相互独立的概念。变革型领导的理论强调领导者应该培育对追随者的重要激励。早期韦伯对于魅力的定义为一种某些特殊个体拥有的超级特殊的领导个性，它由追随者的集体的感知所构建。更新的对于魅力的定义关注的是魅力型领导的行为和特质，包括通过具有挑战性的愿景、自我牺牲和对于追随者需求负责和同追随者的情感表达来进行激励。伯恩斯对于交易型领导者的概念也超越了社会交易的概念，而是展示领导在培育与追随者之间关系的核心角色，这个过程增加了领导者同追随者之间的承诺、行为和道德。

交易型领导代表了领导者同追随者关系的社会交易的性质，变革型领导提供了通过领导成为对于下属的模范能力同下属之间建立更深层次的联系，通过愿景、挑战和对于追随者状况的真正的关心来进行激励。在伯恩斯的交易型领导基础上，巴斯同时强调了交易型领导和变革型领导的重要性，并提出"最好的领导既是交易型的又是变革型的"。

在 LMX 理论基础上发展来的变革型与交换型领导理论，假定领导者和追随者存在交易过程，同时变革型领导给予追随者更大的自由度，鼓励追随者发展成为领导者。近来发展的团队分享领导、自我管理理论体现的一种视角上的转变：领导者不再是一个人，鼓励更多的成员参与领导过程，提倡自我指导和个人为自己的职业生涯负责一般的理论都主要关注领导者的特质、行为、权力，情境领导理论虽然将追随者特质放在一个核心、主动的位置上，但是也只是将追随者的特质作为一个调节变量来研究。因此，在传统的领导理论中，追随者一直都是以配角的身份出现，其作用大多是对领导的工作进行辅助、支持和执行。正如本尼斯（Warren G. Bennis）所说，对领导一味采取自上而下的理解不仅是不切实际的、错误的而且是危险的。变革型领导理论的提出改变了追随者一贯被放在被动、消极的地位上的状况，从此追随者的特质被作为影响领导的重要变量来研究。

但是，也有学者坚持强调交易型领导与变革型领导的不同，多数人坚持用其中之一来形容领导者。例如，交易型的领导者通过交换的过程来激励追随者接受要求和遵从规范，而变革型领导者通过鼓励追随者将组织看作实现自己利益的手段并分享目标来激励他们。这样做的目的也是通过两者的对比，希望最终找到一种最有效的领导方式。巴斯认为，交易型领导者提前预设了追随者做什么来实现他们的目标，但是变革型领导者是超越了他们自身的利益，从更高的组织或团队的利益出发来激励追随者的。对于这种评价，有批评者可能会反驳称，变革性领导者故意将这些所谓的高目标过于拔高，由此预设了追随者的道德选择。

思考：

1. 交易型领导与前面讲到的交换理论有着怎样的关系？
2. 变革型领导与成就需求理论有着怎样的关系？
3. 你更倡导交易型领导还是变革型领导？为什么？

第 5 章 目 录

Content

5.1 激励及人性假设

5.1.1 基本激励过程

5.1.2 激励、满意与绩效的关系

5.1.3 人性的假设

5.2 内容型激励理论

5.2.1 需要层次理论

5.2.2 生存—关系—成长理论

5.2.3 成就动机理论

5.2.4 双因素理论

5.2.5 内容型激励理论的相互关系

5.3 过程型激励理论

5.3.1 期望理论

5.3.2 公平理论

5.3.3 目标设置理论

5.3.4 强化理论

第 5 章 领导与激励

> "天将降大任于斯人也,必先苦其心志,劳其筋骨,饿其体肤,空乏其身,行拂乱其所为也,所以动心忍性,增益其所不能。"
>
> ——《孟子》

激励就是激发个体的工作动机、调动其工作积极性,以促使个体有效地完成组织目标。内容型激励理论探讨"是什么"调动了人的积极性;过程型激励理论探讨在满足需要的过程中"怎样"引导发挥其最大的效用。领导者雇佣一个人到指定的岗位,也可以买到按时或按日的工作,但是领导者买不到热情、买不到主动性、买不到全身心的投入,而这些又不得不设法争取。

5.1 激励及人性假设

5.1.1 基本激励过程

激 励

心理学家和行为科学家认为,激励是通过某种方式引发行为,并促进行为以积极状态表现出来的一种手段。"激励"这个术语常常为人们称为干涉变量(Intervening Variable)。干涉变量是内部和心理的过程,他们并非直接观察得到的;他们反过来却引起行为。换句话说,人的行为背后总是潜藏着一种内在的心理状态,这一心理状态看不见、摸不着,只能通过人的具体行为显现出来。人们仅仅是通过观察人的行为来推断一个人被激励的程度,不能对激励直接进行测定,因为它是观察不到的。因此,要促成行为的显现,就必须通过创造外部条件去刺激内在的心理状态，这种心理状态主要是一种或几种需要。

作为一名领导者就要经常考虑，为什么追随者加入了某个组织，而没有加入其他的？你如何让追随者完成那些组织成功所必需的关键行为？为什么有些领导者可以让追随者做那些义务之外的事情？激励他人的能力是领导技巧的基础，并同建立一只团结的团队有关（更多团队内容详见第8章）。因为"激励"还意味着在某种内部或外部因素的刺激下，使个体始终维持在一个兴奋状态中，可以持续激发其行为。激励的模式可以表示为需要引起动机，动机引起行为，行为又指向一定的目标。该过程这说明，人的行为都是由动机支配的，而动机则是由需要引起的，人的行为都是在某种动机的策动下为了达到某个目标而有目的的活动。当达到目标之后，经过反馈又强化了刺激，如此周而复始，延续不断。

动　　机

通过上面激励的模式，我们发现连接心理需求与行为的中介环节就是动机，领导激励的关键就是如何引起个体的动机，它不仅仅与个体的需求有关。动机是个体和环境相互作用的结果，是个体通过高水平的努力实现组织目标的意愿，这种努力以能够满足个体的某些需要为条件。作为一种心理力量，动机决定了一个组织中个体的行为方向、努力程度、在困难面前的耐力。人的行为方向是指人们在许多预期或可能的行为中实际采取的行为。在一般情况下，激励可以涉及为人们实现所有目标所付出的努力，但为了反映我们对与工作有关的行为的兴趣，我们把范围缩小为组织目标。这就是激励这一概念中包含的3个极为重要的因素：努力、组织目标和需要。

（1）努力：努力因素是强度指标。当被激励时个体会努力工作。但是高水平的努力不一定能带来高的工作绩效，除非努力指向有利于组织的方向。因此，我们不仅要考虑努力的强度，还必须考虑努力的质量，指向组织目标并且和组织目标保持一致的努力是我们所追求的。

（2）组织目标：我们关注的是与工作有关的行为，所以这种减轻紧张程度的努力必须是指向组织目标的。因此，激励的定义中隐含着个体需要必须和组织目标一致的要求，否则虽然个体也表现出了高水平努力，但却与组织利益背道而驰。这种情况并不少见，如一些追随者在工作时间与朋友聊天以满足其社会需要，这也是高水平的努力，只是对组织来说毫无价值可言。

（3）需要：在我们的专业术语中意味着使特定的结果具有吸引力的某种内部状态。一种未满足的需要会带来紧张，进而在躯体内部产生内驱力。这些内驱力会产生寻求行为，去寻找能满足需要的特定目标，如果目标达到，需要就会满足，并进而降低紧张程度。"未满足—紧张—内驱力—寻求—满足需要—紧张降低"，我们可以把激励看作一个人满足需要的过程。在这个过程中,被激励起来的组织成员处于一种紧张状态,为缓解紧张他们会努力工作。紧张强度越大,努力程度越高,如果这种努力成功地满足了需要,紧张感将会减轻。

复 杂 性

虽然我们可以将激励简单地看作一系列的连锁反应——从感觉的需要出发,由此引起要求或要追求的目标,这便出现一种紧张感,引起为实现目标的行动,最后满足要求。就概念而言,基本的激励过程是清晰明了的,但在现实生活中并非如此简单,这个连锁反应的过程是非常复杂的。

(1)对于激励我们无法直接观察,而仅能进行理论推导。阿拉马克大学的詹姆斯·泰勒(James Taylor)曾对手下两名负责计算机程序管理的个体进行观察,发现尽管两人从事相同的工作、具备相同的技能,并都在学校工作了 5 年,但是其中一名个体要比另一人的计算机查询速度更快。泰勒认为在两人具备同样的技能与培训的情况下,造成他们工作表现差异的原因在于不同的激励水平,他认为有必要进一步调查激励的动因。

(2)除了那些生理需要之外,人的需要并不是独立的,还受环境的影响,特别是许多的生理需要是受到环境的刺激而引起的。例如,闻到食物的香味会让我们感到饥饿;一个具有挑战性的问题可能会激发我们取得成就的愿望;一个融洽的集体可能会增强我们去参加集体活动的愿望。

(3)需求有时是相互矛盾的。只需稍加思考就可以认识到,在任何给定时间,一个人的动机可能是十分复杂并常有矛盾的。一个人可能被性价比高的商品和服务的愿望所激励,尽管这些愿望是复杂的和矛盾的。例如,我们手中的钱是应该买一所更好的房子还是买一辆新车;我们假期是去旅游还是学习充电。那些为了满足成就需要而加班加点的个体会感到,加班与自己的社交需要以及和家人相聚的意愿产生了直接冲突。

(4)需要的满足并不是简单的单向过程。需要会引起行动,但需要也可能是行动的结果。我们满足了一种需要,可能会引起满足更多需要的愿望。因此,对不同的个体而言,激励具备相当大的差异,并且他们因此付出的努力也有不同。加里·布朗自从在一个周末拜访了他在旧金山的兄弟之后,自己便决定要开家餐馆。一旦决心下定,每周工作 70 个小时便不再困扰他,他自制了菜谱,并在达拉斯开了第一家餐馆。不久,布朗的雇员增加到 25 人,他开始寻找合适的地点开始第二家餐馆。自己做老板并成为达拉斯地区餐饮业巨子的信念正激励着他不断奋斗。

学者并没有因为现实的复杂性放弃研究激励,各种激励理论、战略与方法令人应接不暇,许多组织也一直在尝试运用各种新的激励理论。在本章后面的内容中我们将介绍两大类激励理论:内容型激励理论与过程型激励理论。

思考：

1. 激励可以直接显现出来吗？我们如何推测一个人是否受到激励？
2. 激励是怎样的一个过程？其中动机起到什么作用？动机与哪些因素有关？激励就是这样一个简单的过程吗？为什么？
3. 激励理论可以分为哪两大类？它们根本的不同在于哪里？

5.1.2 激励、满意与绩效的关系

激励、满意、绩效分别强调什么？

斯蒂芬·罗宾斯（Stephen Robbins）指出，工作中的激励就是"通过高水平的努力实现组织目标，而这种努力以能满足个体的某些需要为条件"。因此，激励是关于选择的，选择我们做什么以及做这件事情付出多大的努力。多数的研究者强调，激励讲的是人类行为的动力、强度和持续。因此，任何时候人们选择从事某种行为或承担某项任务，接着付出努力，并在一段时间坚持下来，那么激励就发生了。就如同个人特质和人格类型一样，激励并不能直接被观察到，它只能通过行为来进行推断。例如，如果一个人花了大量的时间复习备考，我们可以推断出这个人非常期待在学校中有一个良好的表现。如果一个人将时间和精力花在社交、参加社团或志愿者工作上，但是由于这个人也花时间读书和记笔记，那么我们也可以认为这个人期待在学校中有一个良好的表现。因此，在使用激励一词的时候，我们看到的是人们行为中精力和指向的不同。

如果说激励是为了满足某一种欲望或目标的动力和努力，那么满意是当一种欲望得到满足时所体验到的满足感。换句话说，激励是为了取得某种结果人采取的行为，而满意则是已经体验到的行为的结果。工作满意度是一个人对于工作本身、报酬、晋升以及受教育机会、同事、工作环境等所持的态度和情感。

在工作的时候，我们可以选择实施各种行为，但是绩效仅仅关注的是那些直接产生组织的任务、目标、产品和服务的行为。绩效同效率是不同的，效率一般要涉及根据标准（如组织或者团队目标）对行为是否适当做出判断。然而，绩效则要受制于多种因素，智力、技巧和关键资源的可得性等都会影响追随者的行为。因此，一定程度的激励是有效绩效的必要但不充分的条件。

了解并掌握住激励中那些影响、维持和改变人类行为动力的因素对于我们学习领导理论和领导实践是非常重要和关键的。有结果显示，多数人认为在同别人一起工作的时候，他们会比没有别人一同工作时付出大概 15%～20% 更多的努力。领导、激励、满足和绩效是 4 个密切相关的概念。图 5-1 大体展示了领导力、激励、满足和绩效之间的关系。

第 5 章 领导与激励

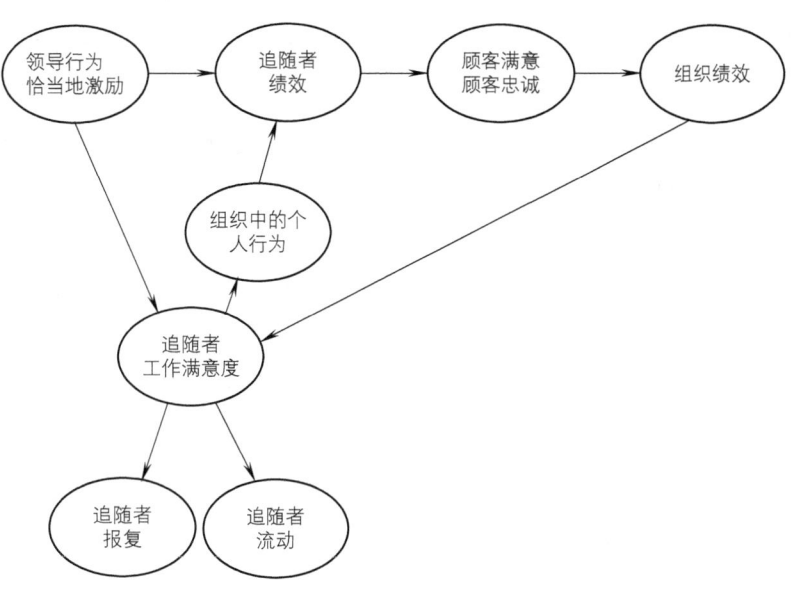

图 5-1 激励、绩效与满意的关系

激励与绩效的关系

激励并不一定意味着好的绩效。一方面是由于上面提到的，绩效的影响因素很多，而激励只是影响因素之一；另一方面，如果追随者缺少必要的技巧或者资源都很难完成工作的任务，更多的激励只会降低生产率和效率，甚至打击追随者。例如，无论怎么样激励，没有任何一支高校的篮球队可以打败湖人队。这是因为高校篮球队缺少像湖人队那样的能力和技术。高强度的激励常常会影响绩效，但是只有在追随者拥有完成任务的能力、技术和资源的时候。领导者必须牢记，激励他人是很重要的任务之一，但并不是领导全部精力所在。

满意与绩效的关系

一些领导行为促成了更满意的下属，这些更满意的下属更倾向于留在组织中并帮助他人。其他的领导行为，如设定目标、制订计划、提供反馈和奖励等，则似乎对于刺激追随者更努力方面有着更直接的影响。有研究显示，这些下属的行为使得顾客更加满意、更加忠诚，这反过来又提升了团队的绩效。这些有着高绩效的个人和团队常常获得奖励，这进一步又增加了追随者的满意度和绩效。另外有研究显示，满意的下属更乐于继续为组织工作，更乐于参加工作要求之外的各种组织活动；而不满意的下属则更倾向于与领导作对唱反调，并且降低生产率和工作效率。不满意是人们离开组织的关键性原因，人们满意或者不满意的许多因素实际都是领导控制范围之内的。

同样，满意与否也不是唯一影响团队绩效的因素。为团队选择正确的人、正确地使用权力和影响力策略、让人感到高尚和值得信赖、拥有良好的个人特质和高智商、获得必需的资源和提升追随者的技术等，这些都是影响团队获得成功的其他的领导要素。满意度与绩效之间绝非简单的因果关系。1972年，格林（C. N. Greene）对有关争论做综合评述时指出，对满意度与绩效的关系存在着3种主要的观点。

（1）满意度导致绩效说。20世纪30年代的"人际关系学派"倡导的就是这种观点，认为只要提供良好的工作条件，使下属皆大欢喜，下属自然干劲倍增，工作绩效也会有大幅度的提高。其实这只是一种凭直觉来的看法，并不能证实二者之间的因果关系。

（2）绩效导致满意度说。劳勒和波特（E. Lawler & L. Porter）认为绩效不同会带来不同奖酬，这才会产生不同满意度。在这里，满意度只是绩效所导致的间接结果。

（3）第三变量才是真正的原因性因素说。这种观点认为，满意度与绩效两者同为另一第三变量的函数。切尔林顿（D. L. Cherrington）等人指出，满意度与绩效间并无固有的关系，按现有绩效水平付给的奖酬才导致了随后阶段的高绩效，诱发了高满意度。他们所做的实验发现，获得奖金的被试者们随后做出的绩效，要远远高于未按绩效高低而付酬的被试者。进一步实验表明，排除奖酬影响后，满意度与随后的工作绩效毫不相关，证明满意度不能改善随后的工作绩效。

华纳斯（L.D.Wanous）对这些实验总结性述评时指出："这些实验的结果表明，满意度与绩效之间也许根本不存在一种单一的正相关关系，有时甚至显得没有任何关系。"现在可以肯定的是，下属的工作满意度及其工作绩效，都是某些至今还未搞清的复杂过程的产物。尽管有些关系和规律还有待进一步的探索，但是有几点如今已经可以证明，这就是满意度虽然不能带动绩效的改善，但是却可以降低缺勤和离职率，而满意度肯定能够随奖酬的发放而提高。同时，按照现有绩效的高低发给相应的奖酬，也肯定能够改善随后的绩效。

激励与满意的关系

激励和工作满意度之间的关系更加直接，事实上，很多激励理论同时也是工作满意度的理论。在满意和激励之间暗藏着这样的关系：当人们完成一项任务的时候，特别是这项工作需要付出大量努力的时候，他们的满意度会极大地增加。但是"更加满意的个体的绩效更高"这个推论就不一定了。尽管满意和绩效是相关联的，但是快乐的个体并不总是那些生产率最高的，当然那些不快乐的、不满意的个体也并不总是生产率最低的。例如，在收入颇丰、工作稳定的情况下，那些非常满意的个体由于不愿努力工作就可能导致绩效很差。而由于拥有强烈的职业道德、没有其他的就业选择或者为了努力离开现在的工作，那些不满意的个体可能相对绩效较高。尽管人们本能上认为，满意的个体常常工作更加出色，但是满意度对绩效只有一种间接的影响。领导者应该努力的目标是既满意又高绩效的追随者。

思考：

1．激励是为了达到满意吗？激励和满意分别侧重什么？绩效就是效率吗？
2．激励、满意与绩效三者之间有着怎样的关系？激励水平高就意味着绩效水平高吗？满意度高就意味着绩效水平高吗？激励水平高意味着满意度高吗？

5.1.3 人性的假设

人性的假设反映了人们对人的本质及其行为特征的基本认知与判断。领导人员对追随者所做的不同假设会影响到激励策略的设计和使用。从这一意义上来说，对人性的认识，是领导者进行领导活动的起点。比较具有代表性的人性假设包括美国麻省理工学院教授麦格雷戈提出的"X理论—Y理论"，摩尔斯和洛斯奇提出的"超Y理论"。管理心理学家薛恩对人性的假设提出了另一种分类，即存在着经济人、社会人、自我实现人、复杂人假设。为了使领导科学更加我国的实际，这里我们还特别补充上了中国的人性观。

勤劳的人？懒惰的人？

美国学者道格拉斯·麦格雷戈（Douglas McGregor）通过观察管理者处理个体关系的方式，发现管理者关于人性的观点是建立在一些假设基础之上的，而管理者又根据这些假设来塑造他们自己对下属的行为方式。他于1957年在《企业中人的方面》一文中，第一次提出了"人性假设"的概念。其后，在其专著中他将当时管理领域中流行的人性假设称为X理论（Theory X）。其要点是：①个体天生不喜欢工作，只要可能，他们就会逃避工作。②由于个体不喜欢工作，因此必须采取强制措施或惩罚办法，迫使他们实现组织目标。③个体只要有可能就会逃避责任，安于现状。④大多数个体喜欢安逸，没有雄心壮志。麦格雷戈在概述了消极的X理论后，提出了与X理论截然不同的人性看法Y理论（Theory Y），其要点是：①个体视工作如休息、娱乐一般自然。②如果个体对某项工作作出承诺，他们会进行自我指导和自我控制，以完成任务。③一般而言，每个人不仅能够承担责任，而且会主动寻求承担责任。④绝大多数人都具备做出正确决策的能力，而不仅仅限于管理者。

在X理论的指导下，管理者会采取严格的管理方式，将金钱作为激励个体努力工作的主要手段，并会严厉惩罚个体的消极怠工行为，用权力或控制体系来保护组织本身和引导个体。而在Y理论的指导下，管理者会采取宽松的管理方式，营造适于个体发挥才能的工作环境与氛围，让个体担负挑战性的工作和较多的职责，使工作本身产生内在激励，个体在完成组织目标的同时也实现个人目标，满足其自我现实的需要。麦格雷戈认为，Y理论的假设比X理论实际有效，他因而建议让个体参与决策，为个体提供富有挑战性和责任感的工作，建立良好的群体关系，这种做法会极大地调动个体的工作积极性。

但遗憾的是，并无证据证实哪一种假设更有效地调动了下属的积极性。现实生活中，确实也有采用X理论而卓有成效的领导者案例。例如,丰田公司美国市场运营部副总裁鲍勃·麦格克雷(Bob Mccurry)就是X理论的追随者,他激励个体拼命工作,并实施"鞭策"式体制,在竞争激烈的市场中,这种做法使丰田产品的市场占有份额得到了大幅度的提高。

美国学者约翰J.摩尔斯(J. J. Morse)和J. W. 洛希(J. W. Losch)通过实验证明麦格雷戈的观点是错误的。他们提出了著名的超Y理论。超Y理论认为,个体带着各种各样的动机来到组织,但主要的需要是取得胜任感;一个人的胜任感的满足是永远没有止境的;假如工作任务与组织相适合,那么胜任需要可能得到实现;胜任感作为一种激励因素,比工资和津贴更为切实可靠。总之,对人性的认识要因人而异,正是因为工作任务与人员的复杂变化性,要使每个个体都取得胜任感,必须采取权变的方法进行管理。

单面的人?多面的人?

近一个世纪以来,组织及组织中的领导者看待个体的方式在不断地发生着变化。美国学者薛恩(Edgar H.Schein)1965年在其著述的《组织心理学》一书中将此前学者们关于人性假设的研究成果归纳为"经济人假设""社会人假设"和"自我实现人假设",并提出了自己的人性假设观点——"复杂人假设"。由于薛恩较为深入地把握了人性假设的内涵,看到了人性假设的根本特点以及各种人性假设观点的相互区别,因此,他对人性假设做出的类型划分在学界被人们广泛接受。以下是按照人性观形成的先后顺序而排列的四种基本类型的人性假设。

(1)经济人假设(Rational-Economic Man)

"经济人"又名为"唯利人",这种假设起源于享乐主义哲学,认为人按一种合乎理性的、精打细算的方式行事,把人的一切行为都看作为了最大限度地满足自己的私利。下属受经济性刺激物的刺激而工作,只要能获得最大经济利益,他就会从事任何工作;组织控制经济性刺激物,因此下属在本质上总是被动地在组织的操纵、驱使和控制下工作;人的感情是非理性的,必须对其进行防范,免得其干扰个体对自己利益的理性权衡;组织能够且必须按照控制个体感情的方式设计。这是对人性的一种早期的假设,它强调以传统的惩罚手段激发和诱导人们按要求做事。细心的读者会发现,这种经济人假设与上面麦格雷戈提出的X理论是一致的,它们互为补充、说明。

(2)社会人假设(Social Man)

"社会人"也叫"社交人"。"社会人"这个概念是美国哈佛大学教授梅约(George Elton Mayo)在霍桑实验(Hawthorne Experiment)之后提出的。这种假设认为,调动人的生产积极性的因素不是人们在工作中得到的经济报酬,而是良好的人际关系。良好的人际关系对于调动人的生产积极性具有决定性的作用,而物质刺激只具有次要的意义。按照这种假设,领导者就应该关心和体贴下属,重视人们之间的社会关系,通过培养和形成组织成员的归属感来调动人的积极性，以此促进生产率的提高。

（3）自我实现人假设（Self-actualizing Man）

"自我实现人"又称为"自动人"。这种人性假设最初由心理学家马斯洛（Abraham Maslow）提出。马斯洛在需要层次理论中认为，人的需要是以层次的形式出现的，自我实现是人类需要的最高层次。马斯洛认为，自我实现的需要就是"人希望越来越完美的欲望，人要实现他所能实现的一切的欲望"。后来，美国组织学家阿吉里斯（Chris Argyris）在《个性和组织》等著作中提出了"成熟—不成熟理论"。该理论与马斯洛的"自我实现"理论有着相类似的含义。阿吉里斯认为，人所追求的目标往往取决于他的成熟程度。一个正常人从不成熟到成熟是一个自然的发展过程，这个过程实际就是马斯洛的自我实现的过程。这种自我实现的假设类似于前面麦格雷戈提出的"Y理论"。

（4）复杂人假设（Complex Man）

前面的几种关于人的假设都有一定的道理，但是从不同侧面对人性的本质做了一些猜想和假设。"复杂人"假设是20世纪60、70年代由组织心理学家薛恩提出。复杂人假设则充分考虑了人性、工作性质和组织情境等因素，进而提出了权变的观点，认为不存在适合于任何时代和任何人的通用的管理方式与管理策略，必须根据不同个体的不同需要和不同情况予以调整。薛恩说道："不仅人们的需要与潜在欲望是多种多样的，而且这些需要的模式也是随着年龄与发展阶段的变迁，随着所扮演的角色的变化，随着所处境遇及人际关系的演变而不断变化的。"因此，领导者必须决定自己应在什么样的层次上来理解人的激励；下属通过在组织中的经历可以产生新的动机，它是下属的原始需要与其在组织中的经历交互作用的结果。联系前面，读者也会发现，摩尔斯与洛希的"超Y理论"与复杂人假设不谋而合。

中国传统的人性观

说到中国人对于人的一般假设就不得不提到儒家思想，儒家最核心的关键词就是"仁"。"仁"所指的是人性的应然本质，其仁学体系也必然是以应然层面来揭示人性本质。仁爱是人性的境界，爱是两个生命主体间的交流，是推己及人的道德行为，亦称"推爱"或"恕道"。但人性的实然状态与他所期待的人性应然状态形成强烈的反差。中国传统的人性假设见表5-1。

表5-1　中国传统的人性假设

西方理论	经济人（X理论）	社会人	自动人（Y理论）	复杂人（超Y理论）
中国古代理论	性恶论	性善论	尽性主义	流水人性
内涵	目好色，耳好声，口好味，心好利，骨体肤理好愉逸（荀子）	恻隐之心，羞恶之心，辞让之心，是非之心（孟子）	把各人的天赋良能发挥到十分圆满，人人可以自立（梁启超）	人性无善与不善，决诸东方则东流，决诸西方则西流（告子）

孟子和荀子都想从孔子的思想中找到人性观的理论依据，但却得出了相反的结论：孟子言人性善，荀子言人性恶，他们皆从人性的实然状态来认识人性。孟子从人性与动物性

的区别上找到依据,"人之所以异于禽兽者几希",他认为与动物相区别的为人性,相同的不是人性。孟子所谓的人性是指人性中的良心,与动物相区别的人性中恶的东西都被他忽略掉了。被孟子认为"君子不谓性"的那些人性的自然属性在荀子那里却称之为"性","生之所以然者谓之性。性之和所生,精合感应,不事而自然,谓之性","性者,本始材朴也"。因此事实上,孟子和荀子的"性"指称不同的对象,他们的人性观不具有可比性。相同之处是,他们都从实然状态谈人性,前者从人性所含的良知中得出人性善的结论,后者则从现实的人性败坏中得出人性恶的结论。

此后的儒家思想在性善和性恶之间摇摆,既有将性善与性恶加以调和的,也有以性善论为主,接受某些性恶论的因素的。其中包括王充的"性有善有恶"说、王弼的"性无善恶,情有邪正"说、韩愈的"性三品"说以及李翱的"复性"说等。春秋战国时期还有另一位思想家——告不害,告子提出了"性无善恶论"。他认为,善与恶都不是天生的,而是后天教育培养的结果。

近代思想家梁启超提出了"个性中心论"。他倡导"尽性主义",说道:"尽性主义,是要把各人的天赋良能发挥到十分圆满。就私人而言,必须如此,才不至于成为天地间一赘疣。人人可以自立,不必累人,也不必仰人鼻息。就社会国家而论,必须如此,然后人人各用其所长,自动地创造进化,合起来便成强固的国家、进步的社会。"

关于人性,中国古代至近现代许多思想家和学者,对人的本质的认识取得了与上述 4 种假设相似的结论。

综上所述,中国传统人性观看到了人性中的自然属性——感情欲望,如"声色之欲"等;也看到了人性中的善的方面——道德本质,但主要是对人性作了价值判断,即人性怎么样?是善还是恶?不仅如此,我们还看到中国的传统人性观还表达了一种愿望,如孔子所言的仁爱,或如孟子所言的善、荀子所言的伪等,都是一种追求理想人性的愿望。他们都想通过修为来达到这种人性的理想状态。

思考:

1. 你认为人是勤劳的还是懒惰的?这种人性观如何影响了领导者的行为?
2. 你认为人是经济人、社会人、自我实现人还是复杂人?复杂的人性会不会让我们陷入虚无呢?为什么?
3. 我国文化对于人性的假设是怎样的?这些人性假设背后隐含着怎样的哲学观点?

5.2 内容型激励理论

内容型激励理论(Content Theory)注重对激励的原因与起激励作用的因素具体内容进行研究,着重研究强化、引导或抑制个体行为的特定因素。一份有吸引力的工资、良好的工作条件以及友善的同事对于多数人而言都是很重要的，而饥饿或者寻求一份稳定工作的意愿对于激发人们树立奋斗的目标也同样是激励因素。4 种获得广泛认可的内容型激励理论分别是马斯洛的需要层次理论、阿德弗的生存—关系—成长理论、麦克利兰的成就激励理论以及赫茨伯格的双因素理论。

心理学家一般认为，一切行动都是受到激励而产生的。人们做什么事情都有其理由或有其之所以这样行为的理由，换句话说，一切人类行为都是有其一定的目的和目标的。这种有目的的行为总离不开满足需求的欲望，得不到满足的需求是产生激励的起点，个人内心的一点不满足是引起行为的一连串事件的火花。

5.2.1 需要层次理论

需要是指人们尚未实现的生理和心理的需要，它们是人们行为的内在原因。在实际管理中，要想有效地调动人们的生产积极性，就必须研究人的需要，了解人的需要，并满足人们正当的物质和精神需要，只有这样才能充分发掘人的潜力，保证组织目标的实现。关于需要的理论中，最具有代表性、影响最广的是亚伯拉罕 H. 马斯洛（Abrabam H. Maslow）在其《人类动机理论》（1943）一书中提出的"需要层次理论"（Hierarchy of Needs Theory）。其中，马斯洛提出了"需要等级"的概念，将人类多种多样的需要归纳为五大需要等级，并按照它们发生的先后顺序将其排列为 5 个层次，见表 5-2。

五大需求层次

（1）生理需要（Physiological Needs）

作为马斯洛需求层次理论的最低层次的需要，生理需要的内容包括对食物、水、空气、庇护所、性满足以及其他生理需要，这是人类最原始、最低级，也是最基本的需要。个体在进入更到层次的需要之前，主要集中于满足上述需要。所以，如果这些需要不能满足，人类就难以生存。从这个意义上讲，它是推动人们行动的强大动力。

（2）安全需要（Safety Needs）

安全需要指的是保护自己免受身体和情感上的伤害。人的安全需要也是多方面的，如：劳动安全，不出工伤事故；职业安全，希望工作稳定；环境安全，希望免于各种灾害；生命安全，希望人身不受侵害；财产安全，希望个人财产得到保障；心理安全，希望避免不公正的待遇等。

（3）社交需要（Social Needs）

社会交往的需要，其中包含两方面的内容：一是爱的需要，即人们都希望与伙伴、同事之间的关系融洽，保持友谊与忠诚，能够相互信任和互爱；二是归属的需要，即人有一种归属感，希望能够成为群体中的一员并得到相互关心和照顾。

（4）尊重需要（Esteem Needs）

尊重需要可以分为内部尊重和外部尊重。内部尊重因素包括自尊、自主和成就感；外部尊重因素包括地位、认可和关注等，即个体希望获得成就感以及他人对自身价值的承认与尊重。

（5）自我实现需要（Self-actualization Needs）

所谓自我实现，是指人们力求最大限度将自己的潜能充分地发挥出来，即"每个人都必须成为自己所希望的那种人"。自我实现需要源于自我充实与满足，这是一种追求个人能力极限的内驱力。这种高级的精神需要是指最充分发挥自己的潜能，实现个人理想、抱负。

表 5-2 马斯洛需要等级的内涵及外延

需要层次	需要名称	基本因素	具体的组织因素和激励要素
1	生理	食物 房屋 性欲	休息和茶点时间 舒适的工作条件 合理的工作时间长度
2	安全	安全 保障 授任 稳定	基本工资和福利 安全的工作环境 福利 普遍增薪 工作保障
3	社交	伙伴关系 感情 友谊	通情达理的领导者 和谐的工作团队 亲密的工作伙伴 同客户之间的互动
4	尊重	承认 地位 自尊 被尊敬	工作头衔 奖励工资的增加 同事或领导的赞扬和认可 对工作本身负有责任
5	自我实现	成长 成就 晋升	创造性、挑战性的工作 参与决策的制定 组织内晋升 工作中的弹性和自主性

理 论 解 释

马斯洛还将这5种需要划分为高和低两级。生理需要与安全需要称为较低级的需要，而社会需要、尊重需要与自我实现需要称为较高级的需要。高级需要是从内部使人得到满足，而低级需要则主要是从外部使人得到满足。马斯洛认为，除非较低级的需要都被满足，否则个体无论是在生理上还是心理上都无法成为一个健康的人；而尊重与自我实现则是成长需要，满足这两种需要有助于个体成为真正意义上的人。而且，人们对于尊重和自我实现的需要是永远不会感到完全满足，也因此满足高层次需要比满足低层次需要的途径要多。

尽管上述5种需要是按次序逐渐上升的，但是马斯洛提醒人们不要过于机械地理解各层次需要的顺序。当下一级的需要获得基本满足后，追求上一级的需要就成了驱动行为的动力，但是，这种需要层次的逐级上升并不是遵照"全"或"无"的规律，即并不是下一级的需要100%的满足后，上一级的需要才会出现，而是在一定程度上得到满足后就会产生上一级的需要。不是只有当人们对食物的欲望得到了完全的满足才会出现对安全的需要，也不是只有充分满足了对安全的需要后才会滋生出对爱的需要。因此，在一定时间内，人们往往是同时具有这5种需要。只不过各种需要的强度是不同的，其中必有一种需要是最主要的、最强烈的，这就是优势需要。

在《人类动机理论》发表10年后，马斯洛还在试图修改自己的某些观点。他认为个人自我实现的需要得到一定满足后，往往是增加而不是减少对自我实现的需要。他还认为，高层次的需要也可能在低层次需要被长期剥夺或压抑后出现。此外，他还指出很多人的绝大多数基本需要都部分地得到了满足，但仍有几种基本需要还没有得到满足，正是这些尚未得到满足的需要能强烈地左右人的行为。

评 价

马斯洛的需要层次论尽管流传甚广，但如果客观地评价，应该说马斯洛的需要层次论既有合理之处，又有其局限性。

（1）需要层次论有合理性的一面

1）分类比较全面、细致。在人的需要分类问题上，许多心理学家曾提出过自己的观点。如美国心理学家阿德弗提出ERG理论，把人的需要分为"存在需要""关系需要""成长需要"3类；麦克利兰提出把人的需要分成"成就需要""合群需要"和"权力需要"3类等。与这些需要分类相比，马斯洛对需要的分类比较全面、细致。

2）符合人类需要的发展规律。马斯洛提出人的需要有一个从低级向高级发展的过程，这种发展趋势在某种程度上是符合人类需要发展规律的。

3）符合人类心理发展实际。马斯洛的需要层次论指出在不同时期，均有一种占主导地位的优势需要，而其他需要则处于从属地位，这是符合人类心理发展实际的，对实际管理工作也是具有启发意义的。

（2）需要层次论也有其局限性

1）需要层次论的理论基础是错误的。马斯洛是美国人本主义心理学派的主要代表，他的人本主义思想的核心是要使人都成为自我实现的人,而这种自我实现完全是一个自然成熟的过程,社会影响往往束缚了人的自我实现,这就完全否定了人的社会存在对人的成长有决定性的影响。

2)需要层次论具有一定的机械主义色彩。它在一定程度上把人类需要的层次看成是一种固定的序列,看成是一种机械上升运动,而忽视了人的主观能动性,忽视了通过思想教育在一定条件下改变人的需要主次顺序的可能性。马斯洛的理论得到了普遍认可,特别是实践中的管理者。

3)众多的研究并未对他的理论提供验证性的支持。也就是说,这一理论缺乏实证基础,仅有的几项支持其理论观点的研究也缺少说服力。特别是,需求层次理论是建立在美国文化价值观的基础之上的。

思考:

1. 需要层次理论将需求分为哪 5 个层次?每个层次对应了哪些具体的因素和具体的组织因素?
2. 需要层次之间具有怎样的关系?需求发展具有怎样的特点?
3. 需要层次理论具有哪些优点和不足?

5.2.2 生存—关系—成长理论

什么是 ERG Theory?

同样认为个体需要具有层次性,在马斯洛需要层次理论的基础上概括、改进后,美国耶鲁大学教授阿德弗(C. Alderfer)于 1969 年提出了一种新的需要层次理论。他把人的需要归纳为生存需要(Existence Needs)、相互关系需要(Relatedness Needs)和成长需要(Growth Needs)。由于这 3 种需要的英文词第一个字母分别是 E、R、G,因此被称为 ERG 理论。

其中生存需要是指维持人的生命存在的需要,它们包括衣、食、住以及组织为其得到这些因素而提供的手段,如报酬、福利和安全条件等。关系需要是指个人对社交、人际关系和谐以及相互尊重的需要,这种需要通过工作中和工作以外与其他人的接触和交往得到满足。成长需要是指个人要求得到提高和发展,取得尊重、自信、自主及充分发挥自己潜能的需要。

由此看来,阿德弗关于需要的分类与马斯洛十分相似。其中,生存需要基本上与马斯洛的生理和安全需要相一致;相互关系需要基本上与马斯洛的归属需要相一致;成长需要则基本上与马斯洛的尊重和自我实现需要相一致。

理 论 解 释

除了用 3 种需要替代了 5 种需要以外,与马斯洛的需要层次理论不同的是,ERG 理论认为各类需要层次之间并非刚性结构,即需要的满足既可以是在满足了较低层次需要之后往前追求较高层次需要的满足,也可以在较高层次需要未能满足的时候,可能退而求其次,转为满足较低层次需要。比如说,即使一个人的生存和相互关系需要尚未得到完全满足,他仍然可以为成长发展的需要工作,而且这 3 种需要可以同时起作用。因此,人在同一时间可能有不止一种需要起作用。

余凯成总结了 ERG 的三大规律:

(1)"愿望加强"律。各个层次的需要得到的满足越少,则满足这种需要的渴望越大。例如,满足生存需要的工资越低,人们越渴望得到更多的工资。地位卑微、处境差、常受到歧视的人,得到他人尊重的需要最强烈,因而对他人的态度敏感。

(2)"满足前进"律。较低层次的需要得到越多的满足,则该需要的重要性就越差,满足高层次需要的渴望就越大。

(3)"受挫回归"律。生存、关系与成长需要是统一的连续体,当前较高层次的需要遭受挫折得不到满足时,人们就会退而求其次,对较低层次的需要的渴求就越大。例如,当一个人的成长需要因工作缺乏挑战性而遭受挫折的时候,其与同事之间相互关系和谐的重要性就会凸显。进一步,如果个体满足关系需要的努力也遭受失败的时候,那么这个人就会通过暴饮暴食、沉溺于酒精或药品以满足其生存的需要。而马斯洛则认为当一个人的某一层次需要尚未得到满足时,他可能会停留在这一需要层次上,直到获得满足为止。

评 价

ERG 理论是需求层次理论的完善和升华。它在提出需求层次"满足—上升"的逻辑后还提出:在低级需求得到满足但追求高级需要受阻的情况下,个体还会产生"挫折—后退"的逻辑。这使得该理论在对个体激励方面比马斯洛需求层次理论更符合实际、更为完整和严密。这也为领导者提供了一个重要的视角,即当个体的成长需要因工作关系或资源匮乏而遭受挫折的时候,领导者应该怎么办?答案就是领导者应该修正个体的行为,使之转向满足生存或归属关系的需要。

如同硬币的正反面,ERG 理论的局限之一也在于没有超出马斯洛需要理论的范围。马斯洛的需求层次理论在一定程度上具有普遍性和规律性,而 ERG 理论是偏重于带有特殊性的个体差异,在 ERG 理论主要体现在对不同需要之间联系的限制较少。

此外,ERG 理论缺乏充分的研究和事实的验证,尤其人们对其适用范围上提出了异议。

他们认为 ERG 理论在有些组织上能够体现其积极的作用，但在其他组织就失去了其效用。造成这种结果的原因可能是由于研究的组织对象不同、研究对象的工作性质的差异性以及不同文化中的价值观念的不同有关联。

思考：

1. ERG 理论中的 E、R、G 分别代表什么含义？ERG 理论与马斯洛的需求层次理论有着怎样的联系与区别？
2. ERG 理论提出需求层次具有怎样的特点？
3. ERG 理论有着怎样的不足？

5.2.3 成就动机理论

3 种高级需求

戴维·麦克利兰（David McClelland）等人提出了 3 种需要理论（Three Needs Theory），他们认为个体的高层次需求包括成就需要（Need for Achievement, nAch）、权力需要（Need for Power, nPower）、归属需要（Need for Affiliation, nAff）。

权力需要是指影响和控制他人的需要。高权力需要者喜欢对别人"发号施令"，热衷于为其追随者提供奖赏，喜欢"承担责任"，喜欢竞争性和能体现较高地位的场合或情境。他们常常表现出喜欢争辩、健谈、直率和头脑冷静；善于提出问题和要求；喜欢教训别人、并乐于演讲。他们也会追求出色的成绩，但他们这样做并不像高成就需求的人那样是为了个人的成就感，而是为了获得地位和权力或与自己已具有的权力和地位相称。

归属需要是指与他人建立并保持友好和亲密人际关系的需要。高归属需要者倾向于建立、保持和恢复亲密的人际关系，希望被他人喜爱和接纳。他们喜欢合作而不是竞争的环境，希望彼此之间能够互相沟通与理解。

松下幸之助说："成功就是坚忍不拔，直到成功，靠的是强烈的成功欲望。"成就需要是指人追求卓越、实现目标、争取成功的需要。高成就需求者力争优秀、出类拔萃，并以此作为其行动指南。高成就需求者渴望将事情做得更为完美，提高工作效率以获得更大的成功。他们追求的是在争取成功的过程中克服困难、解决难题、努力奋斗的乐趣，以及成功之后的个人的成就感，他们并不看重成功所带来的奖励。成就动机是个体追求个体价值的最大化或者实现自我价值的时候达到的最完美状态。它是一种内在驱动力的体现，同时也能够直接影响人的行为活动、思考方式，并且是一种长期的状态。个体的成就需求与他们所处的经济、文化、社会、政府的发展程度有关，社会风气也制约着人们的成就需求。

高成就需求

麦克利兰重点研究的是成就需求与成就动机。他通过投射测验给每位被试者一系列图片,让被试者根据每张图片写一个故事,而后通过分析故事对被试者的3种需要程度做出评估,最后总结出高成就需求者有3个主要特点:

(1) 高成就需求者喜欢设立具有适度挑战性的目标。

他们不满足于漫无目的地随波逐流和随遇而安,而总是想有所作为。他们总是精心选择自己的目标,因此他们很少自动地接受别人(包括上司)为其选定目标。除了请教能提供所需技术的专家外,他们不喜欢寻求别人的帮助或忠告。他们要是赢了,会要求应得的荣誉;要是输了,也勇于承担责任。例如:让你选掷骰子(获胜机会是 1/3)和研究一个问题(解决问题的机会也是 1/3),你会选择那一样?高成就需求者会选择研究问题,尽管获胜的概率相同,而掷骰子则容易得多。高成就需求者喜欢研究、解决问题,而不愿意依靠机会或他人取得成果。

(2) 高成就需求者在选择目标时会回避过分的难度。

他们喜欢中等难度的目标,既不是唾手可得没有一点成就感,也不是难得只能凭运气,他们会揣度可能办到的程度。然后再选定一个难度力所能及的目标——也就是会选择能够取胜的最艰巨的挑战。对他们而言,当成败可能性均等时才是一种能从自身的奋斗中体验成功的喜悦与满足的最佳机会。

(3) 高成就需求者喜欢多少能立即给予反馈的任务。

目标对于他们非常重要,所以他们希望得到有关工作绩效的及时明确的反馈信息,从而了解自己是否有所进步。这就是高成就需求者往往选择专业性职业,或从事销售,或者参与经营活动。

除此之外,在大量研究的基础上,麦克利兰还对成就需要与工作绩效的关系进行了一些其他有说服力的推断。例如,高成就需要者并不必定就是一个优秀的管理者,尤其在规模较大的组织中;同理,大型组织中的优秀管理者也未必就是成就需要很高者。最优秀的管理者是权力需要很高而归属需要很低的人。最后,麦克利兰认为每个人都有成就动机,但其中成就动机强烈者仅占美国人口的 10%左右,个体成就动机的强烈程度与其童年经历、职业经历及所在组织的风格相关。因此,领导者可以通过训练下属来激发他的成就需要。

评 价

麦克利兰的研究,为激励提出了新的思路和新的解决方法。成就动机成为其激励理论的核心,更重要的是他强调这种产生激励力的需要是可以通过后天习得的。他的突出成就是有目共睹、有口皆碑的。

（1）为了测量成就动机，麦克利兰及其助手改编了主题统觉测验，并发展了一套精确的记分方法。尽管这种技术的信度和效度受到了许多心理学家的批评，但是，主题统觉测验的结果表明，成就动机是存在的，而且是可以改变的，并推动了有关成就动机的研究。

（2）麦克利兰试图将成就动机与社会过程联系起来，力图寻找社会进步与经济发展的心理原因，这给人们许多启示。

（3）麦克利兰及其助手所发现的成就动机与个人操作、学业成就以及儿童成就动机与父母教养方式之间的关系，在现实生活中是有一定的指导意义的。而且，他的成就动机训练的思想，为改变成就动机水平也提供了有益的启示。

当然，麦克利兰的成就动机理论也存在一些不足：①他的研究方法存在缺陷，还缺乏严密的理论证明；②麦克利兰过分强调成就动机的作用，把成就动机水平的变化看作社会经济发展的主要原因，显然是错误的。

思考：
1. 成就动机理论重点研究的是哪部分的需求？这些需求被分为哪3类需求？
2. 高成就动机的个体具有怎样的特点？

5.2.4 双因素理论

满意的反义词是什么？不满意的反义词是什么？

在20世纪50年代后期，美国心理学家弗雷德里克·赫茨伯格（Frederick Herzberg）与助手们对9个企业中的203名工程师、会计师采用"关键事件法"（Critical Incident Method）进行访谈。他们设计了许多问题，如"什么时候你对工作特别满意""什么时候你对工作特别不满意""满意和不满意的原因是什么"等。根据对调查所得大量资料的分析，他发现使职工感到不满意的因素与使职工感到满意的因素是不同的，前者往往是因外界的工作环境引起的，后者通常是由工作本身产生的。基于以上发现，赫茨伯格认为满意的对立面不是不满意，而是没有满意；不满意的对立面也不是满意，而是没有不满意（如图5-2所示）。这样，在满意与不满意中间就出现了两个中间状态。

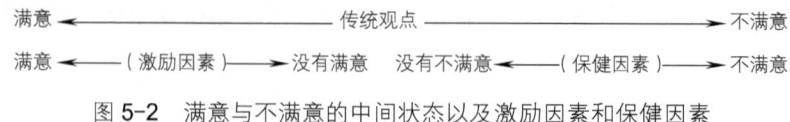

图5-2 满意与不满意的中间状态以及激励因素和保健因素

激励因素、保健因素

从调查中赫茨伯格发现，造成职工非常不满意的原因，主要是由于公司的政策与行政管理、技术监督系统、与主管的关系、与同级的关系、与下级的关系、工资、工作安全性、工作条件、个人生活、地位这十个方面的因素处理不当。赫茨伯格于 1959 年在《工作激励》一书中，把这一类因素称为"保健因素"（Hygiene Factors），含义是只能防止疾病，不能医治疾病，即改善这些因素，只能排除职工的不满，而不能使职工变得非常满意，也不能调动职工的积极性，促进生产率的提高。另外，使职工感到非常满意的因素主要有 6 个方面，即工作富有成就感、工作成绩能得到社会承认、工作本身具有挑战性、负有重大责任、在工作上有发展前途、个人有成长晋升的机会等。这些因素都是工作本身的因素，赫茨伯格把这类因素称为"激励因素"（Motivation Factors），即这类因素的改善能够激励职工的积极性和热情，从而提高工作效率。这些因素如果处理不好也会引起职工的不满，但影响不是很大。激励因素与保健因素的比较见表 5-3。

表 5-3 激励因素与保健因素的比较

项 目	激 励 因 素	保 健 因 素
起源	人类形成的取向	动物生存的取向
特征	性质上属于心理方面 长期满足 满足或没有满足 重视目标	性质上属于生理方面 短期满足 不满足或没有不满足 重视任务
满足和不满足的源泉	工作性质 工作本身 工作标准	工作条件 工作环境 非个人标准
显示出来的需要	成就 成长 责任 赏识	物质 社交 身份地位 安全 经济
具体内容	工作上的成就感 工作中得到认可和赞赏 工作本身的挑战意义和兴趣 工作职务上的责任感 工作的发展前途 个人成长与晋升的机会	公司的政策和行政管理 技术监督系统 与高级主管之间的人事关系 与同级之间的人事关系 与下级之间的人际关系 工作环境与条件 薪酬 个人的生活 职务与地位 工作的安全感

为了确实提高激励的效果，赫茨伯格建议领导者首先要更加关注激励因素，许多组织已经尝试着将该理论应用于实际。例如，我们比较常见的，采用扩大下属的工作范围，使下属在工作计划和工作管理中负有更大的责任等方法，来调动下属的生产积极性，从而提

高劳动生产率；进行工作丰富化、工作扩大化，实行弹性工作制等，都在一定程度上使下属对工作本身产生了兴趣，获得了责任感和成就感。

其次，赫茨伯格强调不能忽视保健因素，要尽可能改善保健因素。领导者应尽可能通过有效措施改善保健因素，尽量减少和消除在调动下属积极性、提高生产效率过程中的不利条件。即使因条件所限目前难以改善，也应向下属进行解释说明，以求得下属的理解。

赫茨伯格还特别分析了金钱的作用。金钱可以使劳动者获得物质上的弥补和精神上的安慰，多劳多得。长时期工作的运转而个体得不到补充，则这种无报酬或少报酬的劳作难以持久，但金钱的作用仅此而已。赫茨伯格认为，金钱只是保健因素而非激励因素。发挥激励作用的并不是奖金本身，而是下属把奖金看成了公司对其工作成绩的承认，看成了取得成就的标志，因此才能起到激励作用。

评 价

赫茨伯格的双因素理论与马斯洛的需要层次论是有着密切联系的，它实质上是在需要层次论的基础上，进一步把满足需要的对象分为保健因素和激励因素。这使得该理论可以运用普通术语即可解释个体激励，而不必将心理学术语转换成日常用语。同时，双因素理论所提出的改善保健因素，以防止不满情绪削弱积极性、改善激励因素、调动积极性的思想，为管理者更好地激发职工工作动机提供了新的思路。

但该理论在引起了学术界注意的同时，也受到了许多非议。

（1）对赫茨伯格研究方法的有效性产生怀疑。由于归因谬误的影响，被试者容易把满意的原因归因于他们自己，而把不满意的原因归因于外部因素。而且由于缺乏普遍适用的满意度评价标准，所以一个人可能不喜欢他工作的一部分，但他仍认为这份工作是可以接受的，因而使调查结果掺杂偏见。

（2）对赫茨伯格研究结论的普遍性表示怀疑。由于所调查的对象都是工程师、会计师等专业人员，因此认为其结论很难代表其他职业。另外，赫茨伯格是在美国进行的研究，其调查范围也有局限性。

（3）赫茨伯格认为满意度与生产率之间存在一定的关系，但他所使用的研究方法只考察了满意度，而没有涉及生产率。为了使这一研究更为有效，人们必须假定生产率与满意度之间关系十分密切。

思考：

1. 赫茨伯格是如何得到保健因素和激励因素的？满意与不满意是否是一对反义词？
2. 工作中的哪些因素是激励因素？哪些因素是保健因素？
3. 双因素理论有哪些不足之处？

5.2.5 内容型激励理论的相互关系

内容型激励理论试图从人的需要出发,探索人的行为是由什么因素引发并激励的,即哪些需要可以激励人。4 种内容型激励理论从不同的角度提出了关于需要的概念,如强调了马斯洛的层次需求、成就动机以及激励因素与保健因素等。这些理论的相互关系可以用图 5-3 表示出来。

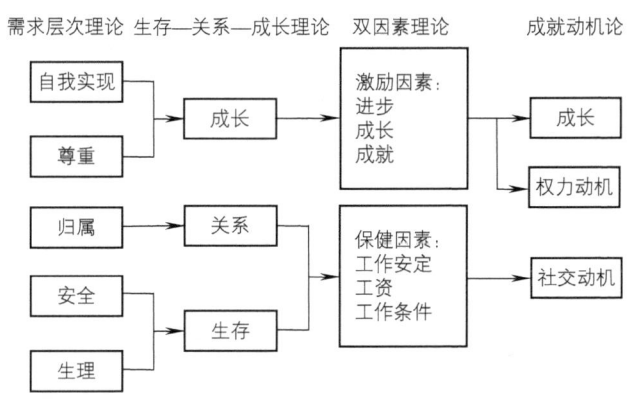

图 5-3 4 种内容型激励理论的相互关系

生存—关系—成长理论将需求层次理论作为其理论基础,因而两者之间具有一些重要的相似性。需求层次理论提出了基于"满足——上升"原则的静态的需要体系,而生存—关系—成长理论则提出了基于"挫折——退化"原则的灵活的 3 种需要分类。双因素理论则源于上述两个理论。如果需要层次论中的安全与生理需要获得了满足,则保健因素的要求获得了实现;同样的,如果生存—关系—成长理论中关系与生存需要的满足未遭受挫折,则保健因素的要求亦获得了实现。而激励因素则注重于工作本身以及满足个体更高层次的需要或成长需要。成就动机不承认个体低层次的需要,如果个体满足了其工作中的保健因素,则社交动机也就获得了满足。如果工作本身具有挑战性以及为个体的发展提供了机遇,那么就会产生激励作用,上述条件的满足将引导个体实现其成就动机。

总结起来,内容型激励理论都将人假定为经济人和社会人,认为层次性的需求影响了人的行为。因此,要激励个体就必须满足人的需求,但是最根本的激励在于改变人的价值观。内容型激励理论阐述了引发激励过程的特定的相关因素,然而这类理论却未阐明人们选择某一特定行为以实现目标任务的原因何在,而这正是过程型激励理论所要解决的问题。

思考:

1.内容型激励理论中最根本、最基础的是哪种理论?
2.各种内容型激励理论之间的需求有着怎样的对应关系?
3.内容型激励理论的共同点在哪里?

5.3 过程型激励理论

过程型激励理论（Process Theory）着重研究动机的形成和行为目标的选择。它试图解释和描述行为的产生、发展、持续直至终止的过程，即论述与分析个人内部因素是如何由需要引起动机，由动机引发行为，由目标引导行为，最终实现目标的过程的。过程型激励理论探讨这些需要怎样通过相互作用和相互影响以产生某种行为。有这样一种说法："人们为了满足主要需求的努力，总大于满足次要需求的努力。"

4种最著名的过程型激励理论是期望理论、强化理论、公平理论、目标设置理论。

5.3.1 期望理论

相同需求下为什么人的行为不同？

面对同一种需要以及满足同一种需要的活动，为什么不同的组织成员会有不同的反应？有的人情绪高昂，而另一些人却无动于衷呢？什么原因促使个体努力工作以完成对组织有重要意义的任务？针对这些问题，在1964年维克多·弗鲁姆在（Victor H. Vroom）《工作与激励》一书中提出了期望理论（Expectancy Theory，也称VIE理论）。

期望理论认为，只有当人们预期到某一行为能够带来既定的成果，并且这种结果对个体具有吸引力时，个体才会采取特定的行动。"人们做其愿做和能做之事"，弗鲁姆认为工作的动机取决于对3种关系的判断（图5-4）：

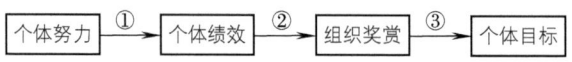

图5-4 努力、绩效、奖赏与个体目标之间的关系

① 努力与绩效的关系。个体感觉到通过一定程度的努力而实现绩效的可能性，即个体需要付出多大努力才能达到这一绩效水平？是否真的能达到这一绩效水平？概率有多大？

② 绩效与奖励的关系。个体相信达到一定工作绩效后可以获得理想的奖赏的可能性，即如果能达到这一绩效水平，那么个体是否可以得到组织的奖赏？所得与付出是否相匹配？

③ 奖赏与个人目标的关系。如果工作完成，个体所获得的潜在结果或奖赏对个体的重要性程度，即如果可以得到组织奖励，那么这一奖励能否满足个体的目标？这种奖赏的吸引力有多大？它是否有助于我实现自己的目标？

期望理论的公式

期望理论假设个体是理性人,他们在工作前会考虑从事什么工作会获得报酬以及这些报酬对他们有多大的意义。其基本思想可以用以下公式表示:$M=E\times\sum VI$。这里涉及的重要变量包括动机水平(Motivation)、期望(Expectancy)、效价(Valence)、一级目标(也称为第一水平输出)与二级目标(也称作第二水平输出)以及工具性(Instrumentality)。

在这个公式中,M 表示激励程度或动机水平,即个体工作积极性的高低和持久程度。I 是表示工作绩效与个体目标之间关系的变量,这个变量叫做工具性或关联性。弗鲁姆认为,个体所预期的目标有两个层次,即一级目标和二级目标。与工作本身相关的行为结果被称为一级目标,具体包括绩效水平、出勤率以及工作品质,一级目标是达到二级目标的工具或手段。二级目标指的是个体最终希望达到的目标,既包括正面的也包括负面的,具体有加薪、升职、同事的接纳以及工作安全。工具性或关联性的量值在 -1 到 $+1$ 之间变化。$+1$ 表示实现一级目标必定会实现二级目标,这时个体行为的积极性很高;-1 表示二者关联性很差,个体将失去积极性。

E 表示期望值(也称期望概率),是指被激励者对特定的努力能够达到某种目标的可能性大小的判断。其数值在 0 到 1 之间变化,0 表示个体行为所引发的第一水平输出的概率为 0,1 表示个体行为必定会引发特定的第一水平输出。弗鲁姆认为,激励力量的大小首先取决于实现目标期望值的大小,即只有当个体认为实现某个目标是有可能的时候,个体才会向这个目标努力。个体是绝不会为一个毫无实现可能的目标而奋斗的。

V 表示效价,是指个体对于特定的二级目标的偏好与估价。当二级目标为个体所需要的时候,则效价为正;当二级目标为个体所回避的时候,则效价为负。另外,当个体对于二级目标持中性立场的时候,效价为 0。引起正的效价的目标包括赢得朋友与同事的尊重、从事有意义的工作、工作有安定感以及赚钱养家糊口等;引起负的效价的目标则是人们极力避免的,诸如被解雇、丧失升职机会以及遭受性别歧视等。

$\sum$ 表示加总。因为在多数情况下,个体取得一定工作成绩后所获得的奖酬常常是多种的,如表扬、提升、晋级、成就感等,而每一种奖酬对人来说都有效价和关联性的问题,因此在考察激励水平时,应将它们加总。

下面就以课堂环境为例,看一看个体如何运用期望理论。假设你是这样一名学生:你所喜欢的"领导科学与艺术"上课五周后,老师宣布要进行考试。你积极复习准备这次考试,在其他课程的考试中,你的成绩一直是 A 和 B,而且你所花费的精力与这次也差不多。你希望能获得高分,你认为这对于将来毕业时能找到一份好工作来说十分重要。而且,你还有毕业后继续攻读研究生的想法,而课程分数对于你能否进入一所好学校也是很重要的。现在,考试分数下来了,全班平均 72 分,10% 的学生 85 分以上得了 A。你的分数是 46

分，及格线为 50 分。你非常沮丧和受挫，并且你困惑不解，为什么你花费相似的精力可以在其他课程中名列前茅，而这次考试情况却如此糟糕呢？紧接着你的行为发生了一系列有趣的变化，你不总去上"领导科学与艺术"课了，也不再努力学习这门功课了。此时，你对"领导科学与艺术"课的学习缺乏了学习积极性和学习动机。

  为什么你的动机水平发生了变化呢？借助期望理论，我们知道了"领导科学与艺术"课程的学习（努力），受到考试过程中问题能否正确回答（绩效）的影响，如果考试能获得高分（奖赏），则将使你获得安全感、荣誉感，有利于将来找到一份好工作（个人目标）。在这一事例中，奖励结果即高分数的吸引力是很强的。但是绩效与奖赏之间的联系如何呢？你认为这次考试的分数是否真实反映了你的水平？换言之，你认为这次考试是否公平地衡量了你的水平？如果回答肯定，那么学习成绩与奖赏之间的联系十分密切；如果回答否定，那么你学习动机水平的降低至少有部分原因在于你认为这次考试没有公平地测出你的水平。如果考试是论文形式，你也许会认为教师的评分方法不可取，也许你认为微不足道的信息却被教师赋予了过高的权重？也许那位教师不喜欢你，并且在给你打分时带有偏见？这些知觉影响了绩效—奖赏之间的联系，从而影响了你的学习动机水平。另一个降低动机水平的原因可能在于努力—绩效之间的联系。当你考完试后，你觉得虽然自己进行了大量准备，但还是不可能通过这次考试，你的学习积极性因此而降低。可能教师在出考题时认为你们在这一课程方面的背景知识很丰富，也可能学习这门课程必须具备一定的知识基础而你不具备。总之结果是一致的，你不再认为通过努力可以获得优异成绩，你的动机水平降低了，你的努力程度也降低了。

  因此，期望理论的关键在于：弄清个人目标以及 3 种联系，即努力与绩效的联系、绩效与奖赏的联系、奖赏与个人目标满足的联系。作为一种权变模式，期望理论认为没有一种普遍适用的原理能解释个体的激励问题。另外，即使知道个体希望满足何种需要，也不能保证个体能感知到良好的工作绩效可以使他们的需要得到满足。如果你选修"领导科学与艺术"课程只为了认识更多的人，扩大交往面，而教师却认为你希望成绩优异，那么你在这次考试中的成绩不佳只会引起教师自己的失望。遗憾的是，大多数教师认为自己的评分等级是激励学生积极性的强有力手段。事实上，只有当学生重视分数，知道如何做能得到理想分数，并且获得好成绩的可能性较大时，学生才会非常努力。

评　价

  期望理论一经创立，就引起了管理学界的普遍关注，国外已有数十次规模不同的实验来验证这个理论。该理论显示出了它广泛的适用性和有效性，也因此而成为美国管理心理学界最流行的理论之一。

  但是对期望理论进行的验证被方法论、标准和测量方面的问题弄得很复杂，研究人员遇到了一些难题。首先，该理论试图预测个体对其将要从事的工作所做的选择以及付出努力的程度。然而就不同的个体而言，研究者在选择或努力的成因上无法形成一致的看法，因而对这一重要变量就难以进行准确计量。其次，期望理论没有详细说明，对于特定情境中的个体而言，哪项二级目标才是重要的。此外，在期望理论中隐含着一个假定，即激励是个体有意识的选择过程。换言之，当个体进行选择的时候会有意识地对期望获得的快乐与期望避免的痛苦进行估计。一些批评者批评该理论过于想象化，只有在个人清楚地看到努力与绩效的关系和绩效与奖励的关系的情况下，该理论的预测才更有效，但这只是一种理想状态。最后，期望理论对于强调内归因的文化而言，其应用效果最好。例如，在美国、加拿大、英国等国家，期望理论能够很好地解释个体行为。然而，处于工作环境与自身行为无法完全为人们自己所掌握的文化之中的时候，像巴西、沙特、伊朗、日本等国家，期望理论的假设则可能无效。总之，无论对于支持还是反对该理论的研究成果，我们都要谨慎地对待。

思考：

1. 期望理论认为一个人是否乐意做某件事取决于哪些因素？
2. 如何理解 $M=E×\sum VI$ 这个公式？
3. 期望理论蕴含了哪些理论假设和思想？

5.3.2 公平理论

我的付出公平吗？

每个个体都在社会环境中工作，因而总是不断地在同其他个体进行比较。如果你大学刚毕业就有人提供给你一份年薪 80000 元的工作，你可能会很乐意接受，并且工作努力，你对自己的收入也十分满意。可是，假如你工作了一两个月后，发现另一位最近毕业的、与你年龄和教育经历相当的同事，年收入为 85000 元时，你有何反应呢？你可能会很失望。虽然对于一个刚毕业的大学生来说，80000 元的绝对收入已相当可观（你自己也知道这一点），但这并不是问题所在，问题的关键在于相对的收入和你本人的公平观念。

公平理论（Equity Theory），又称为社会比较理论，由美国行为科学家斯达西·亚当斯（J.Stacey Adams）提出，这一理论认为个体首先思考自己收入与付出的比率，然后将该比率与相关他人的比率进行比较。如果个体感觉到自己的比率与他人相同，则为公平状态；如果感到二者的比率不相同，则产生不公平感，也就是说，他们会认为自己的收入过低或过高。这种不公平感出现后，个体就会试图去纠正它。大量事实表明个体经常将自己的付出与所得和他人进行比较，而由此产生的不公平感将影响到个体以后付出的努力。这样，在社会交换过程中，不公平就成为一个重要的激励因素。

选择合适的参照对象

在公平理论中，个体所选择的与自己进行比较的参照对象（Referents）是一重要变量。参照对象可以划分为3种类型："他人""制度"和"自我"。"他人"包括同一组织中从事相似工作的其他个体，还包括朋友、邻居及同行。个体通过口头、报纸及杂志等渠道获得了有关工资标准、最近的劳工合同等方面的信息，并在此基础上将自己的收入与他人进行比较。"制度"指组织中的薪金政策与程度以及这种制度的运作。对于组织层面上的薪金政策，不仅包括那些明文规定，还包括一些隐含的不成文规定。组织中有关工资分配的惯例是这一范畴中主要的决定因素。"自我"指的是个体在工作中付出与所得的比率，它反映了个体的过去经历及交往活动，受到个体过去的工作标准及家庭负担程度的影响。

7个基本策略

当个体的产出和投入比率与参照对象的产出和投入比率相等时，个体会有公平感，而当上述比率不相等时，个体就会有不公平感。个体一旦确定有不公平的存在，就会使用各种策略来恢复情境的公平性。亚当斯的理论提供了7种基本策略：

（1）改变个体的收益。采取一定的行为，努力改变自己的收入状况，或者向领导要求增加报酬。

（2）改变个体的投入。采取一定的行为，努力改变自己的支出状况，"给多少钱，干多少活"，减少劳动支出。

（3）改变比较对象的收益。采取一定的行为，努力改变别人的收入状况，减少其所得量。

（4）改变比较对象的投入。采取一定的行为，努力改变别人的支出状况，增加其付出量。

（5）替换所使用的比较对象。改变比较或参照对象，以获得主观上的公平感，即换一个人进行比较，虽然"比上不足"，但"比下有余"。

（6）将不公平合理化。通过自我解释，达到自我安慰，以消除内心的不公平感。

（7）离开这个组织情境。摆脱目前的分配关系，要求调离工作单位，或者发牢骚、泄怨气，制造人际矛盾，甚至放弃工作。

应该注意的是，除了个体应予以公平对待之外，公平理论还归纳出只有在将其投入和产出与那些具有相似条件的可比较的对象比较的时候，个体才会做出关于公平与否的判断。

对公平如何判断？

程序公平理论认为，当个体感觉到决策的产生过程是公正的时候，就会受到激励，从而提高业绩水平。个体就像是自己作决策一样，追求决定产生程序与步骤的公平。研究表明，个体对于加薪的反应主要取决于其对于加薪程序公平与否的认知判断，即个体对于加薪的满意度主要取决于其对程序公正的认知判断而非其金额的大小。个体对于程序公正性的判断与他们对于管理层的信任度、自己的离职意向、对上司的评价以及工作满意度相关。此外，程序公正的判断还会受到组织中的一些日常相关琐事的影响，如在午餐期间当他人离开办公桌时谁会占用其电话、公司聚餐地点的挑选等。

在许多组织中，个体会志愿完成一些任务或完成组织未正式要求的任务，这即为组织公民行为。虽然组织公民行为超越了个体正式的工作职责，但是它对于组织的生存发展却是十分重要的。组织公民行为的例子具体包括帮助同事解决困难、提出建设性的建议以及志愿从事团队服务工作等。尽管组织对此并未提出正式的要求，但是这些行为对于所有的组织而言都是十分重要的。例如，当谈到电脑的时候，帮助同事便是组织公民行为中一种特别重要的形式。每个组织中都有一些电脑权威或者专家，但常常是某个秘书放弃了午餐而帮助他人处理电脑问题。

个体对于是否从事组织公民行为是相当谨慎的。受到公平待遇并且感觉满意的个体要比感到不公平的个体更愿意从事组织公民行为，感到公平的个体这样做是因为他们想要回报组织，多数人通常希望在组织中的同事或其他人进行公平交易。

评 价

虽然大量研究支持了公平理论的观点，但也有些研究表明了该理论的不足。首先，对照总是已知的。如果参照对象发生了变化或者其他的情况发生了改变，那会怎么样呢？其次，研究主要是着眼于短期比较。一旦遇到诸如减薪、临时性的任务、工作时间延长等情况，个体还会认为投入或产出保持不变吗？也就是说，随着时间的推移，个体关于公平或不公平的知觉将是增加、减少还是保持不变？再者，公平理论无法明确个体会选择何种行为以减轻在特定情境中所知觉到的不公平。

不过，尽管存在诸多问题，公平理论仍不失为一个颇具影响力的理论，它有助于我们进一步深入研究个体的激励问题。对于公平，我们应报以一种更加客观、平和与积极的心态。由于先天基因以及不可避免的成长经历和生活环境的不同，真正的平等和公平是不可能做到的。人与人之间生下来便不平等，我们尽量让它们变得公平，做到合理的不公平，而不是公平。所以公平是一种感觉，做到合理的不公平需要我们学会平衡。现实中，真正的公平也不一定会带来好的结果，一定程度的倾斜却往往可以化解危机。

思考：

1．在做出是否公平的判断的时候，个体都考虑哪些因素呢？
2．公平理论中隐含了怎样的假设？你认为合理吗？
3．一旦发现不公平，个体会采取哪些策略来降低这种不公平感呢？你有没有其他的策略？
4．什么是公民行为？公民行为与公平有什么关系？

5.3.3 目标设置理论

设置怎样的目标？

在前人研究的基础上，美国著名的行为科学家洛克（Edwin Locke）于1968年正式提出了目标设置理论（Goal Setting Theory）。个体的绩效目标是个体期望通过一定的努力而达到的产出结果，它是个体行为最直接的推动力。目标设置就是指通过把个体、团队、部门和组织所期望达到的结果具体化，从而提高其活动的效率和效用的一个过程。因此，设置目标的过程是组织用来影响个体绩效的一种最重要的激励工具。

洛克和拉瑟姆（Edwin Locke & Gary Latham）设计了一种个体目标设置与绩效之间关系的复杂模型，通过该模型可以看出导致个体高绩效水平的变量及其关系。洛克发现，目标被看作一种激励因素，因为它可以让人们对目前的绩效与期望达到的目标进行比较。无目标或目标不清晰的个体在工作时节奏较慢、表现较差、缺乏兴趣，完成的任务也没有那么具有清晰而富有挑战性目标的个体多。就激励的效果来说，有目标的任务比没有目标的任务要好；有具体目标的任务比只有笼统目标的任务要好；有一定难度但经过努力能够实现目标的任务比没有难度或者难度过大的任务要好。其中，目标的两个关键特征尤为重要，如图5-5所示。

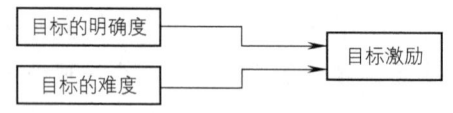

图5-5 目标的关键特征与目标激励

（1）目标明确度：目标能够准确衡量的程度。要使目标能引导个体的努力，它必须清晰而具体。目标的具体性本身就是一种内部激励因素，每个人都希望了解自己的行为，并了解、推测及评估行为的目的和结果，以减少行为的盲目性，提高自我控制程度，避免耗费不必要的时间和精力。

（2）目标难度：实现目标的难易程度。目标应当具有挑战性，又能够达到。如果目标太容易,个体可能会推迟实现目标或懒洋洋地接近目标。如果目标太难,个体可能不会接受这个目标,这样个体也很难尽力去实现它。经研究发现,绩效与目标的难度呈线性关系,如图 5-6 所示。这种线性关系的前提条件就是完成任务的个体对实现目标要有足够的能力、高度的承诺,即目标难度在个人的能力范围之内。在这样的条件下,人们往往会根据不同的任务难度来调整自己的努力程度,工作越难,绩效越好。

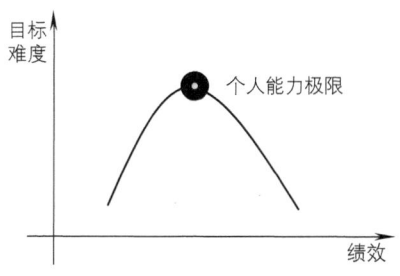

图 5-6　目标难度与绩效的关系

怎样设置目标?

重视目标和争取完成目标是激励个体的重要过程。设置目标不仅仅要注意目标的难度和目标的明确性,还要对目标的责任心。影响因素主要有:①参与目标设置过程;②目标有挑战性且又符合现实;③坚信目标能够完成,并且能够导致有价值的报酬。影响目标设定的因素主要包括承诺、反馈、自我效能感、任务策略、满意感。

(1) 承诺

承诺是指个体要达到目标的决心,而不管该目标是由本人制定的还是由他人制定的。如果个体有机会参与设置自己的目标,他们会更努力地工作吗?参与目标设置是否比指定目标更有效?答案并不确定。在某些情况下,参与目标设置能带来更高的绩效;在其他情况下,上级指定的目标绩效更高。参与的一个主要优势在于提高了目标本身作为目标努力方向的可接受性。如果个体参加目标设置,即使是一个困难的目标相对来说也更容易被个体所接受,原因在于人们对自己亲自参与做出的选择投入程度更大。因此,虽然我们不能断言让个体参与目标设定的过程总是可取的,但当你预期到个体在接受较困难的挑战性工作会遇到阻力时,让个体参与目标的设定是最适当不过的,有一点难度的具体目标和工作意图结合起来才是有效的激励力量。

(2) 反馈

反馈是目标设置与个体对目标成就的反应之间的动力过程。反馈与目标,往往是结合在一起进行分析,并作为一种衡量绩效的标准向个体提供关于绩效水平的信息。反馈告诉人们这些目标达成的效果,哪些地方做得好,哪些地方有待改进。由于反馈的作用,个体能够将其实际得到的奖赏与根据实际成绩所期望得到的奖赏联系起来，这种对比会影响到目标承诺水平的变化。自我反馈使得个体能够控制自己的进度，它是比外部反馈更强有力的激励因素。

（3）自我效能感

目标设定理论中，研究得较多的就是目标的激励效果与个体自我效能感的关系。自我效能感就是个体对给定条件下使自己的绩效达到一定水平的信念，个人判断目标达成效果的依据是自我能力，包括经验、技能和目标本身。因此，领导者目标设定的难度直接影响员工自我效能的评估。如果个体很难达到设定的目标，其自我效能感评价就低。

（4）任务策略

任务策略是指人在处理复杂问题时，使用的有效解决方法。当个体面临困难任务时，仅靠努力和持久性是不够的，需要寻找一种有效的任务策略。想要出色地实现目标并得到更好的绩效，选择一个最佳的任务策略显得至关重要，这通常需要经过练习和指导。

（5）满意感

满意感是个体对其所从事工作各方面是否满足的情绪反映。当个体通过自己的努力终于达到设定的目标后，如果得到所需求的报酬和奖赏，个体就会感到满意；否则就不满意。同时，满意感还可以根据上面讲到的公平理论进行更加细致的判断，例如，个体将自己的报酬与他人进行对比。

评 价

目标设置理论是管理领域中最有效的激励方法之一。敏锐的读者可能已经注意到在目标设定理论和成就动机之间似乎存在着矛盾。中度的具有挑战性的目标将激发成就动机，而目标设定理论则认为设定具有一定难度的目标将产生更大激励作用，这两种说法矛盾吗？回答是否定的。原因包括两个方面：①目标设定理论是针对于一般大众的，而成就动机的结论是仅仅基于高成就需要者而言的。在北美高成就需要者只占 10%～20%，因此对于大多数人而言，更容易接受目标设定理论。②目标设定理论适用于那些承诺并接受工作目标的人，具有一定难度的目标只有被人们所采纳，才会导致更高的工作绩效。

与目标设定理论相对的是强化理论（Reinforcement Theory）。目标设定理论是一种认知观点，它认为个体的目标引导其活动，而强化理论是一种行为主义观点，两者在哲学上是矛盾的。强化理论认为人的行为是由外部因素控制的，控制行为的因素称为强化物（Reinforcers）。强化物是在行为结果之后紧接着的一个刺激，它提高了该行为重复的可能性。因此，强化理论者们把行为看作由环境引起的，认为行为是其结果的函数，我们不必关心内部的认知活动，控制行为的因素是外部强化物。

思考：

1. 我们应该设定怎样的目标？目标具有的两个关键特征是什么？这两个特征与绩效之间有着怎样的关系？

2. 除了考虑目标的这两个特点之外，还有什么是我们必须考虑的？

3. 目标激励与需求理论，特别是成就需求理论是怎样的关系？目标激励与强化理论之间是怎样的关系？

5.3.4 强化理论

什么是强化？

强化理论（Reinforcement Theory）是以美国心理学家斯金纳（B.F.Skinner）的操作性条件反射论（Operant Conditioning）为基础发展起来的一种激励理论。不同于从人的内在因素来解释激励和行为，强化理论聚焦于外在的环境和人所面对的结果，把人的行为看作环境塑造的结果，他着重研究人的行为结果对行为的反作用。该理论的主要前提是桑代克（E.L.Thorndike）的效果律（Law of Effect）：产生积极结果的行动将会被重复，并尽量避免产生消极结果的行动。在运用效果律的基础上，强化理论通过对结果的操作来控制人的行为的过程，操作性条件作用的过程可以看成是通过强化来学习的过程。在管理学以及领导学中，强化往往与组织行为修正相联系，因此强化理论也称为行为修正理论，它强调运用操作性条件作用技术影响工作环境中的个体行为。组织行为修正的目标是通过强化理论原则来系统地加强令人满意的工作行为并减少不令人满意的行为。

强化理论的主要特点是从人的行为与客观环境刺激的相互关系中去寻找改造人行为的方法，而不重视人的心理活动的作用。在斯金纳看来，人相当于一个"黑箱"，内在状态是未知的，也是不可知的。因此，他认为通过控制住人的外部环境中的两个条件就可以控制和改变人的行为。这两个条件一是人的行为的外在目标，二是对行为结果的奖惩。也就是说，在管理中通过运用各种强化手段，就能够有效地激发职工的积极性。

所谓强化，从其最基本的形式来讲，指的是对一种行为的肯定或否定的后果，它至少在一定程度上会决定这种行为在今后是否会重复发生。凡能影响行为频率的刺激物，即称为强化物。因此，人们可以通过控制强化物来控制行为，实现个体行为的改造，这一理论就称为强化理论。

4 种强化策略

操作性条件作用原理包括 4 种强化策略，这 4 种强化策略中，当令人满意的行为出现时，正强化和负强化策略都加强了这种行为，而惩罚和消退都减弱或消除了令人不满意的行为。在实际中，这4种强化策略既可以单独使用，也可以结合使用。

（1）正强化（Positive Reinforcement），是指通过产生导致某种有吸引力的、令人愉快的结果来增加行为发生的频率。正强化的方法包括奖金、对成绩的认可、表扬、改善工作条件和人际关系、提升、安排承担挑战性的工作、给予学习和成长的机会等。例如，领导者通过点头示意表达出对在会议中正确发言的个体的肯定和赞赏。

正强化有两个很重要的法则：权变强化法则，即只有在令人满意的行为发生的时候才给予奖励，才能使奖励的强化效果最大化；立即强化法则，指的是令人满意的行为给予奖励的速度越快，这一奖励所产生的强化就越大。

实现正强化的过程也被称为塑造，即通过正强化不断地使行为向理想的方向发展，从而形成一种新的行为。正强化的时间因素也对强化的效果产生重要的影响。连续性强化是指每一次令人满意的行为出现时都给予强化；间歇性强化程序是指阶段性地对行为给予奖励。一般地，领导者可以预期连续性强化会比间歇性强化更快地引出令人满意的行为；而在间歇性强化下引出的行为将比连续性强化下的行为更具持久性。例如，正确实施塑造策略的途径之一，是进行连续性强化直到引出令人满意的行为，然后进行间歇性强化将这一行为维持在新的水平。这有助于理解为什么出版商公司在与作者签订的合同中包括了这样的激励性条款：每当作者交付写完的章节时，公司便预先付给作者一张支票，以激励作者继续努力完成后面的章节。

（2）负强化（Negative Reinforcement），是指预先告诉某种不符合要求的行为或不良绩效可能引起的不良后果，从而让个体通过按组织所要求的方式行事或避免不符合要求的行为来回避这些令人不愉快的后果，即通过避免导致令人不愉快的结果来增加令人满意行为的发生频率。例如，一位因为迟到而每天受到领导者批评的个体由于某一天准时上班而不再受到批评。负强化的方法包括批评、处分、降级等，有时不给予奖励或少给奖励也是一种负强化。

（3）消退（Extinction），是指通过减少令人愉快的结果来降低或者消除不令人满意行为的发生频率。例如，领导者观察到某个体的破坏性行为得到了同事的认可，此时领导者可以通过制定政策或制度，不再对这样的行为进行奖励，从而迫使组织中的所有个体调整自己的行为。

（4）惩罚（Punishment），是指以某种带有强制性和威胁性的结果来创造一种令人不快甚至痛苦的环境，以表示对某些不符合要求行为的否定，从而消除这种行为重复发生的可能性。例如，领导者对下属施以警告、批评、降职、减薪、罚款、开除等，以示对其行为的否定，从而消除这种行为重复发生的可能性。这里我们需要提醒读者，领导者应该慎用惩罚这种强化策略。尽管惩罚措施对于消除不良行为的速度要快于消退，但是它的效果经常只是暂时性的，并且可能会在而后产生不愉快的消极影响，如功能失调的冲突行为、缺勤或辞职等。

评　价

强化理论有助于理解和引导个体行为。强化不仅可以用于控制个体的行为，还可以促进个体学习，因此被广泛地应用于领导实践、教育教学以及其他的学科领域。事实上，强化也可以广泛用于解释激励问题。强化理论无疑对工作行为产生了重大影响，但强化理论的致命弱点在于它忽视了诸如主观能动性、期望、需要等个体要素，而仅仅注重外部因素或环境对行为的刺激。严格地说，强化理论不是一种激励理论，但是它确实为行为修正和控制行为的因素提供了有力的分析工具。

思考：

1．什么是强化？人只是在刺激之后简单地做出反应吗？强化总是能够起到预期的作用吗？为什么？

2．我们一般可以采用哪些强化策略？这些强化策略怎样进行区分？

3．为什么严格地说强化理论不能算是一种激励理论？你是怎么理解它的？

第 6 章 目 录

Content

6.1 凝聚力

6.1.1 群体凝聚力的定义与来源

6.1.2 群体凝聚力与群体生产率

6.1.3 群体士气

6.2 处理冲突的艺术

6.2.1 冲突

6.2.2 竞争与合作

6.2.3 规范与压力

6.3 沟通的艺术

6.3.1 沟通

6.3.2 有效沟通

6.3.3 人际交往技能——倾听

6.3.4 人际交往技能——反馈

第 6 章 领导与凝聚力

"物以类聚，人以群分。"

——《战国策》

由于缺乏人际交往技能而被解雇的管理者，可能要多于因技术能力的欠缺而被解雇的管理者，对此你感到吃惊吗？一项对《幸福》500 家公司中 6 家公司的 191 名总经理的调查发现，对于这些领导者来说，导致失败的最主要原因是缺乏人际交往技能。领导者是通过别人来完成工作的，因此沟通技巧及人际交往技能是有效领导的重要前提。

6.1 凝聚力

6.1.1 群体凝聚力的定义与来源

什么是凝聚力？

群体凝聚力（Group Cohesion），也称作群体内聚力，是指群体成员之间相互吸引并愿意留在群体之中，为群体承担义务的愿望的强烈程度。因此，有人将群体凝聚力比喻成一种将群体成员团结在一起的"人际黏合剂"，这种"黏合剂"将群体成员凝聚在一起，并维持他们彼此之间的关系。凝聚力强调的是群体内部的相互支持与协调，它是一种把群体成员维持在群体中的一种深层次的心理因素，通常表现为成员对群体的一种情感力量。凝聚力强的群体中，群体成员积极从事团队活动，拒绝离开群体。

早期对于凝聚力的阐释都太过模糊，并未说明"黏合剂"具体包括什么。后继的研究者最终对于凝聚力达成了共识，认为凝聚力是群体成员之间人际吸引的综合。这也就是说，群体的凝聚程度可以通过群体成员对群体的喜爱程度来进行测量，即凝聚力等同于友谊模式。这种观点将凝聚力等同于积极的人际关系，使得研究变得简单易行，似乎找到了定量测量进而分析出群体凝聚力的好方法。

社会心理学家霍格（Michael A. Hogg）对此提出了异议，认为这种概念过于简化，只是将群体还原为个体的简单集合。霍格对其方法论也提出质疑，认为一些对群体吸引力的测量似乎与社会偏好的测量并无关系，如一个群体甚至在成员相互厌恶的时候仍有可能保持凝聚力！基于这些疑问，霍格给出了不同于传统的定义。他认为凝聚力是群体成员对群体观念、对群体共识性原型意象和典型的成员特征和行为的喜爱。也就是说，如果群体成员深深认同群体的主要特质和抱负，那么该群体就是有一定凝聚力的。群体凝聚力起源于群体成员对其他群体成员的社会吸引，无论作为个体他们彼此之间是否喜爱。而传统的定义强调的是个体之间的人际吸引，即个体恰好有令人满意的人格特征。

凝聚力的来源

那么到底是什么因素影响着群体凝聚力的高低呢？影响群体凝聚力的主要因素包括：

（1）成员间的身体接近性。

群体成员在一起的时间长短和物理距离的远近会影响彼此之间的沟通，从而影响相互之间的凝聚力。这是最简单的群体凝聚力因素，通常它会带来较高频率的互动，导致群体成员之间因此而萌生喜爱。如果人们在一起的时间比较多，他们就会更加友好。他们会自然而然地相互交谈、做出反应、相互打招呼，并进行其他交往活动。群体成员相互之间交往的机会越多，信息越畅通，越容易相互理解和支持，群体凝聚力越高。而这些相互交往通常又会使群体成员发现了彼此之间在兴趣和态度上的相似性，并进一步增强相互之间的吸引力。

我们可以想象一下，与住宅距离较远的群体成员相比，住宅距离较近的群体成员之间关系更加密切。住在同一个街区，同在一个停车场停车，共用一个办公室的人更容易形成凝聚力较高的群体，因为他们之间的物理距离较短。有研究发现，同一个组织的文秘人员中，任何两个人之间相互交往的频率完全取决于他们办公桌之间的距离。

（2）群体成员以及目标的一致性。

群体成员越是在背景、爱好、兴趣、利害目标等方面具有共同性，其凝聚力越强，这里的一致性是指群体成员的共同性或相似性。如果群体成员有共同的目标、共同的需要、共同的兴趣爱好，则成员之间的行为表现容易达成一致，群体的凝聚力就更强。应该说，群体成员的一致性是凝聚力的基础。群体的同质性即指群体成员之间的共同点和相似性，如相同的需要、动机、兴趣与爱好，相同的民族及文化背景，相似的个性倾向性及个性心理特征等都是群体的同质性。一般来说，同质性导致相互吸引。同质性越高，群体的凝聚力就越高。

但是成员相似性并不总是凝聚力的重要决定因素。在以任务为中心的群体中，群体目标能够实现的容易程度也许就占据优先地位。安德森（Benedict Richard O'Gorman Anderson）的实验证明了，能够直接参与工作互动的那些人中大多数（85%）愿意留下来，而在互动受到阻碍的情境中仅有45%的人愿意继续留在组织中。这里一个重要的发现是价值相似性对留在群体中的要求毫无作用。

群体成员共同的奋斗目标、理想、信念极大地影响着群体的凝聚力。如果群体的目标和利益与各个成员个人目标和利益相一致，人们就会自觉承担义务，为群体目标而团结奋斗。当群体目标经过人们努力可以实现时，不仅达成的目标给成员带来实惠、自豪感和成功体验，而且实现目标的过程也会增强成员之间的感情、理解、认同和相互吸引力。因此，目标的一致性与可实现性会大大增强凝聚力。但是，有时群体成员之间工作性质相同，工作能力和水平相当，彼此不服气，可能出现嫉妒、"同行是冤家"等现象，也可能会破坏群体的凝聚力，造成群体内部的不团结。

（3）群体规模大小。

群体规模的大小是影响群体凝聚力、群体行为和工作成果的主要因素之一。在其他条件不变时，群体凝聚力的强弱一般与群体规模大小成反比。群体规模小，彼此作用与交往的机会多，其凝聚力就强，但群体规模过小就会失去平衡，群体力量不足又会影响任务的完成；相反，群体规模过大，成员之间相互接触的机会则会相对减少，彼此之间的关系也会比较淡薄，容易出现意见分歧，信息交流不畅，就不可能有高度的凝聚力。因此，群体的规模，应既能保证群体的工作机能，又能维持群体的凝聚力。一般说，群体规模以 7 ± 2 人为最佳。

（4）群体与外部的关系。

研究证明，当群体遭到外部压力时，群体成员会放弃前嫌，紧密地团结起来一起抵抗外来威胁，从而有利于增强群体成员的团结精神，提高群体的凝聚力。虽然在受到外部威胁时群体通常会变得凝聚力更强，但是这种现象并不是无条件的。如果群体成员认为他们的群体无力应付外部攻击，群体作为安全之源的重要性就会下降，群体凝聚力就很难提高。另外，如果群体成员认为外部攻击仅仅是因为群体的存在引起的，只要群体放弃或解体就能终止外部攻击，群体凝聚力就可能降低。

（5）群体的地位、声望和成功经验。

一个群体如果具有一贯成功的表现，如级别地位、声誉和知名度很高，就容易建立起良好的形象和合作精神来吸引和团结群体成员，其凝聚力就会很强。个体在加入群体时总希望群体能满足其一定的需求，既包括物质上的需求也包括精神上的需求。群体满足个人需求的程度越高，对成员的吸引力就越强。这也是为什么一般来说成功的企业与不成功的企业相比，更容易吸引和招聘到新员工，那些成功的研究小组、知名大学和常胜运动团队也同样如此。

（6）加入群体的难度。

加入一个群体越困难，这个群体的凝聚力就可能越强。学生要进入一所一流的医学院，就要经过激烈的竞争,这种竞争就导致医学院一年级学生班级的凝聚力很强。为了进入医学院,他们具有一些共同的经历:申请、书面考试、面试、等待最后的结果。正是这些"患难之交"的共同经历增强了他们之间的凝聚力。

(7)领导方式。

领导方式代表了领导的感召力和向心力,从而影响群体的凝聚力。成员信服、钦佩和拥护的领导能够增加群体的凝聚力。心理学家勒温(Kurt Z. Lewin)和怀特(Ralph K. White)等人经过试验发现(更多关于领导风格理论内容详见 4.3.2),采用"民主型"领导方式的小组比采用"专制型"和"放任型"领导方式的小组成员之间更友爱,思想更活跃,态度更积极,群体凝聚力更高。而在"专制型"领导方式下则不同,个体只是服从领导者,以群体为中心的行动和有组织的行动少,对领导者牢骚满腹,而且攻击性言行显著,成员间彼此推卸责任或进行人身攻击。至于在"放任型"领导方式下,有组织的行动和以群体为中心的行动也少,对领导者也无好感。

(8)群体成员的性别构成。

最近研究一致发现,女性的凝聚力高于男性。例如,在一项研究中全部 6 个成员都是女性的群体和男女混合的群体比 6 个成员都是男性的群体凝聚力高。在另一项研究中发现,女性篮球队的群体凝聚力高于男性篮球队。为什么会出现这种情况尚不清楚。但是,一个比较合理的假设是与男性相比,女性与自己的朋友、同事、伙伴竞争较少,而合作较多,这样就有助于增强女性群体的凝聚力。

思考:

1. 到底什么是凝聚力?它通过什么表现出来?它是可以测量的吗?
2. 影响凝聚力的因素有哪些?你有没有想到其他的因素?如果有的话,是什么?书中列出的这些影响因素你是否觉得合理?例如,性别真的在凝聚力上有那么大的差距吗?对此,你怎么认为?

6.1.2 群体凝聚力与群体生产率

凝聚力是个好东西吗?

人们通常认为,群体凝聚力是个"好东西"。群体的凝聚力,是群体动力的重要来源,它指的是群体成员之间的密切配合、相互作用时所聚集起来的活动动力。在日常生活中,我们时常看到,有的群体中成员之间互相抵制、戒备、关系紧张、力量分散,不能很好地完成任务;有的群体中成员之间的意见比较一致、关系也较融洽、相互配合,工作进行顺利;也有的群体中成员之间亲密无间,配合默契,视群体的荣辱为自己的荣辱,群体有着强大的活动动力。群体凝聚力的高低,直接对活动发生着影响,凝聚力高,活动效率高,凝聚力低,活动效率就低。因为群体凝聚力的高低直接影响到成员的士气、满足感和群体的一致性。群体凝聚力高意味着群体成员之间相互喜爱,也意味着他们更加愉悦,因此工作就可能更加努力。但是事实上,如同满意度等其他因素一样,凝聚力与生产率之间的关系也远非想象的那么简单。

莫伦(Brian Mullen)和库帕尔(Carolyn Copper)研究发现,凝聚力与业绩相关,虽然稳定,但是并非强相关,并且在不同的群体环境中变化很大。凝聚力与业绩显著相关,但只是中等程度(平均 0.25)。就算是凝聚力增加了群体的生产力,那么也是因为成员更加认同群体目标,而非因为他们必然相互喜爱。巴克曼(Roger Bakeman)和海姆瑞奇(Robert Helmreich)甚至认为,凝聚力与生产力之间的因果关系应该颠倒过来,即群体业绩是群体凝聚力的原因而不是结果。

在一般情况下,凝聚力强的群体比凝聚力弱的群体更有效,但是群体凝聚力的强弱与群体生产率的高低并不一定是正向关系,它们之间的实际关系是复杂的,不能简单地断言凝聚力高的群体效率就一定会高。这是因为一方面群体凝聚力与群体生产率是相互影响的,凝聚力既是生产率的起因又是其结果,成功的群体绩效和体验会导致群体成员彼此间吸引力的增强;另一方面,群体凝聚力对群体生产率的作用还要受到群体目标、态度、群体规模、群体规范等因素的影响。

凝聚力、绩效规范与群体生产率

由于反对凝聚力和业绩之间简单的关联关系,许多学者推想凝聚力的主要效应是增加对群体主导规范的遵从,从而影响业绩本身。如果规范有助于更高的生产力,那么凝聚力也应该增加业绩。反过来,如果规范阻碍了生产力,那么凝聚力的增加会导致业绩的降低。社会心理学家沙赫特(Stanley Schachter)等人为第二个预测找到了证据,但是未找到第一个预测的证据。沙赫特在有严格控制条件的情况下,检验了群体凝聚力和对群体成员的诱导对于生产率的影响。实验中的自变量是凝聚力和诱导,因变量是生产率。设 1 个对照组、4 个实验组,分别给予 4 种不同的条件,即高、低凝聚力和积极、消极的诱导 4 种不同的结合。

沙赫特等人发现,无论凝聚力高低,积极诱导都提高了生产率,而且凝聚力高的群体生产率更高;消极的诱导明显地降低了生产率,而且凝聚力最高的群体生产率最低。处于低业绩规范下的高凝聚群体的业绩显著削弱了,而凝聚力不太高的群体的业绩却未受到影响。在相反方向的高业绩规范情境中没有这种对应效应。对群体的教育和引导是关键的一环,不能只靠加强成员间感情联系来提高群体的凝聚力。

群体凝聚力与生产效率之间并不存在这种正相关的关系。凝聚力高,可能提高生产效率,也可能降低生产效率。如果说凝聚力对提高业绩具有任何影响的话,那么似乎是通过促进高生产力的规范而实现的。其关键在于群体规范的性质和水平,即群体共同指定的生产指标的性质和数量。在一个凝聚力高的群体里,成员的行为高度一致,个人有较强的服从群体规范的倾向。如果这个群体的目标与组织目标不一致,则凝聚力与生产率之间成负相关;反之,群体目标与组织目标一致,则二者成正相关。前者凝聚力越高,生产率越低;后者凝聚力越高,生产率越高。群体凝聚力、绩效规范对群体生产率的影响,如图6-1所示。

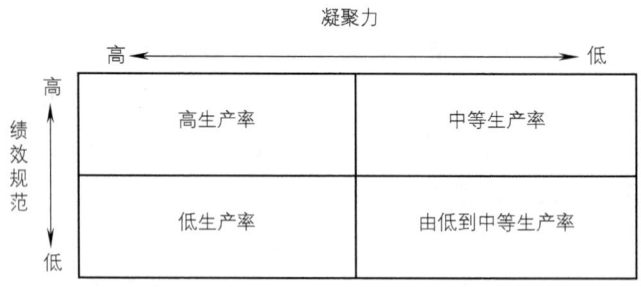

图 6-1 群体凝聚力、绩效规范对群体生产率的影响

只有当群体目标与组织目标相一致,群体态度支持组织目标时,凝聚力的增强才有利于群体生产率的提高,如果没有这种基础或者这种基础较弱时,高凝聚力反而会降低生产率。随着群体规模的放大,其内部的协调会变得更加复杂,惰化的影响加大,群体成员的平均效率会随之降低,从而减弱凝聚力对群体生产率的促进作用。

群体要想形成和保持很高的生产率还必须建立良好的群体规范,群体凝聚力与群体生产率的关系受到群体规范的重要影响(有关群体规范更多的内容详见6.2.3)。大量研究表明,生产效率高、绩效优良的群体一般都有良好的群体规范,它可以减少成员之间的摩擦和损耗,促进人们合作,进而提高群体效能。因此,如果群体规范特别是其绩效规范比较高时,高凝聚力群体比低凝聚力的群体生产率肯定要高。

这里应当注意的是,在群体的凝聚力过高、群体封闭的情况下,如果领导极力推行其所倾向的方案时,可能导致产生群体的小团队意识。因为当一个群体的凝聚力过强时,从众行为会明显加强。人们在决策等群体活动过程中,会不合理地、过分追求一致的现象和倾向即称为小团体意识。当小团体意识发生时,群体成员更关心的是群体内部的团结和友谊,而不是群体决策的质量。

思考:

1. 凝聚力高就一定生产率高吗?为什么?两者之间究竟是怎样的关系?
2. 如果说凝聚力对提高业绩具有任何影响的话,那么高绩效似乎是通过什么实现的呢?
3. 你是如何看待规范和目标一致的?这些要素重要吗?你如何看待对于可能出现的小团体现象?

6.1.3 群体士气

士气是一种什么气？

所谓"两兵相遇勇者胜"中的"勇"字,以及我国兵书上"上下同心,无往而不胜者",这些都是对"士气"重要性的描述。"士气"本是一种军事术语,来源于法语,本来是指军队中士兵的战斗热情。人们通过对军队的研究发现,在同样的物质装备条件下,士气高涨的部队一般都比士气低落的部队更有战斗力。士气者,"士"之"气"也,而"气"在中文传统中一贯指某种抽象实体。可见,无论是"热情"还是"气",都倾向于将士气看作某种心理意义上的实体。

士气包括两方面的内容,即个体方面和群体方面。从个体方面来看,士气代表着一种精神健康的状态,例如充满信心、自律并热情地工作。桂荣(Robert M. Guion)说道,士气是个体需要被满足的程度以及个体认为这种满足来自于工作的程度。心理学家史密斯(G. R. Smith)与韦士特恩(R. J. Wesren)认为,士气乃是个体对某一群体或组织感到满足,乐意成为其中一员,并协助达成群体目标的态度。但是由于越来越多的工作是在群体或者团队环境下完成的,并且有可能一些群体成员的士气很高,但是作为整体的群体士气却不够令人满意,所以士气的群体方面就显得越来越重要。群体士气意味着整个群体齐心协力地去实现群体目标,如莱顿(Alexander H. Leighton)将士气定义为一群人持续执着地追求群体目标的能力。群体背景下的个体士气,它代表了群体中的个体成员想要与其他群体成员密切合作的意愿,并且竭尽全力实现群体目标的意愿。这样,群体与个体的目标和利益整合成一致。

卡莱尔(Tom Carlisle)认为士气(Morale)是指个体身为群体成员所表现出的满足状态,反映出对工作、管理者与企业的态度以及感觉。还有学者认为,个体对工作环境以及所属群体的满意程度,通过团队目标的达成、工作的投入、工作效率产生交互影响,表现出对群体认同的心理状态。它是个体对群体的认同,即对群体的忠诚、工作投入、工作意愿以及对群体的凝聚力。在掌握概念的时候,我们首先应该注意士气这个概念的几个特点:

(1)士气是多维度的综合概念。它是一个复杂的多种要素的混合体,包括狂热、信心、纪律和奉献等。

(2)士气包含的内容非常广泛。它是对包括工作、同事、上级以及组织、工作环境等整体的一种支持态度。

(3)士气是一个相对长期的状态。一般来说,它常常潜移默化、润物无声,但是士气也可能大起大落,也可能突然士气大增但是影响却很短暂。

(4)所有层次的高士气使得组织气氛变得非常融洽。但在这种情况下,也可能士气只是在某些个体之间很高,而在其他个体之间却很低。

（5）士气是富有感染力的。无论是正面的还是负面的情绪都会在人群当中迅速地传播。

士气怎么衡量？

学者们不仅对"士气"界定不同，而且对于衡量士气指标的观点也不一致。美国学者克雷奇（K. Krech）和克拉奇菲尔德（R. S. Crutchfield）认为，衡量士气高低有这样一些标准：群体凝聚力、群体的分裂倾向、群体应对内部冲突和外部压力的自我调整的能力、对群体目标的态度、对领导的好感程度、群体可以给劳动群体中的成员带来多少有益的价值。另外一位美国学者沃克（N. Walker）则认为，士气的高低可以通过下面的要素来反映：劳动生产率、对工作的满意度、对群体的满意度、对待遇的满意度、群体的凝聚力。

综上所述，可以将衡量士气的指标归纳为以下几点：

（1）组织认同：个体感觉自己是某一群体中的一员，知觉到了集体的一致性和归属感；

（2）工作投入：个体心理上认同工作，并视工作绩效为自我价值肯定的重要因素；

（3）团队凝聚力：群体中的成员愿意承诺结合在一起，群体的吸引力创造群体凝聚力，使得成员不愿离开群体，而具有维持成为群体成员的动机；

（4）群体精神：成员具有群体凝聚力并且能够为组织目标与群体利益进而努力的一种态度。毕竟不同于凝聚力，士气更多地强调一种饱满的热情和信心的精神状态。

士气、工作满意度、生产率

如果一个群体具备了这些，就是一个健康的积极的士气旺盛的群体，就可提高活动的效率。根据研究，虽然士气不是提高活动效率的唯一条件，但却和活动效率有着密切的关系。1962年，美国心理学家戴韦斯（K. Davis）首先用图示的方法将士气与活动效率的关系作了说明，如图6-2所示。

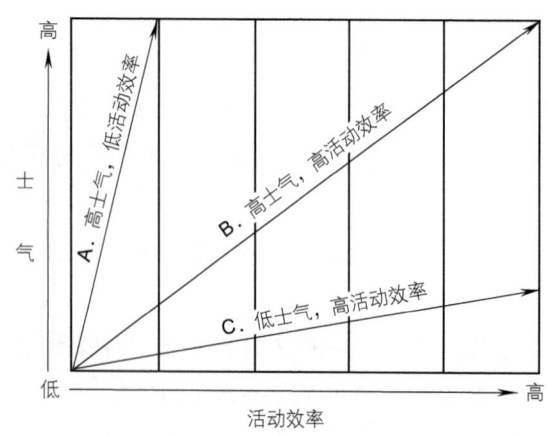

图6-2　士气与活动效率的关系

戴韦斯认为，士气和活动效率的关系可能出现3种情况：高士气，低效率；高士气，高效率；低士气，高效率。但实际上还存在着第四种情况：低士气，低效率。其中，"士气高，效率低"，是由于个体虽然在群体中获得了满足感，但因组织目标和个人需求不能相吻合，于是就出现了"和和气气地怠工"，而缺乏紧张工作的气氛，效率就非常低。"士气高，效率高"，是因为工作人员在群体中使个人需要得到满足，又感到组织目标和个人的要求相一致，这就产生了干劲十足、效率很高的景象。"士气低，效率高"，是因为领导者用物质刺激的方式，使工作人员的某种物质需要暂时得到满足，而出现高效率。但由于忽视了工作人员的心理需求，这种高效率的情况也只能是暂时的。时间一久，就会急剧地走下坡路。"士气低，效率低"，是由于工作人员的需要在群体中得不到满足，而且组织目标和个人需求也不相吻合，工作人员对活动没兴趣，只是抱着"当一天和尚撞一天钟"的思想，活动效率极低。

士气与工作满意度的关系可以分为截然相反的两派。根据科拉萨（Kolasa）的观点，工作满意度的含义更加宽泛，它涉及工作是如何与个体相互契合的。换句话说，他认为士气只是一部分，而工作满意度是全部。但是另一方面，密歇根大学的研究认为工作满意度是解释士气的因素之一。尽管如此，在实际操作中最好还是将士气与工作满意度放在同样的高度上。因为两者之间的联系非常紧密。尤其在士气低落的工作条件下，工作满意度往往也很低；反之亦然。（关于满意度与绩效的关系详见5.1.2）

思考：

1．什么是士气？士气可以从哪两个方面来理解？你能给士气下一个你认为合理的定义吗？它是什么？
2．士气概念具有怎样的特点？
3．士气与满意度、生产率之间是怎样的关系？

6.2 处理冲突的艺术

6.2.1 冲突

冲突都是负面的吗？

在人类社会的组织中，人与人、人与群体、群体与群体之间必然会发生这样或那样的交往和互动。在这些错综复杂的交往与互动过程中，人们会由于各种各样的原因而产生意见分歧、争论、竞争和对抗，从而使彼此之间的关系出现不同程度、不同表现形式的紧张状态。这种紧张状态为交往和互动双方所意识到时,就会发生"冲突"现象。冲突是一种广泛存在的社会现象,它不仅存在于正式组织的各项活动之中,而且还存在于人类社会活动的各种形式、各个层面、各个领域和所有的行为主体之中。我们都经历过各种各样的冲突,今天的个体和组织都比以往任何时候面临着更多的冲突。随着竞争的加剧,个体、组织以及国家之间在个性、价值观、态度、概念、语言、文化和国家背景等方面差异越来越大。

冲突(Conflict)是指群体对于实质问题或者情感问题方面的意见不一致,如目标、态度、情绪或行为上的不一致导致的争论或对立。但并非所有的冲突都是有害的、负面的、消极的。组织内的冲突具有两种结果:积极的结果和消极的结果,见表6-1。

表 6-1 冲突的结果

积极的结果	消极的结果
产生新的观点	耗费工作精力
刺激创造性	威胁心理健康
激励变革	浪费资源
提升组织的活力	产生消极的工作氛围
帮助个体和群体建立认同感	破坏群体的凝聚力
作为暴露问题的安全阀	增加敌意和攻击性的行为

功能型冲突与功能失调性冲突

有益的、建设性的冲突被称作功能型冲突(Functional Conflict)。这种冲突中的双方目标一致,只是在方法上和认识上不同。一般说,它具有以下几个特点:双方对达到共同的目标都很关心;彼此愿意进行心理上的沟通;大家以争论问题为中心,互相积极交换所掌握的资料,而不进行人身攻击。功能型冲突的积极作用表现在:能抵制群体内不正当现象;从根本上触动管理上的官僚主义;能够增强民主气氛,有利于良好的人际关系的建立;使群体成为一个健康的、积极向上的有强大活力并能进行创造性工作的群体(关于冲突作为权力的政治策略的内容详见2.3.3)。但在强度非常低或者非常高的情况下,功能失调型冲突(Dysfunctional Conflict)就发生了,它是一种无益的、破坏性的对抗。它的危险在于关注的中心不是如何完成工作,而是冲突本身以及冲突的参与者。其表现有以下几个特点:双方各执己见,互不相让;由就事论事,进而转化为人身攻击;沟通受阻,正常信息流通停止。这种冲突,往往会带来消极的后果,使群体的能量削弱。

识别功能型冲突的关键在于它的根源通常是认识上的差异。比如,它可能源于人们对原有政策的挑战,或对解决问题的新方法的探索。识别功能失调型冲突的关键是情绪和行为,这种对立包括个人赌气、针对某人的不满而不是针对具体观点。功能失调型冲突中的个体倾向于不假思索地采取行动,他们通常依靠威胁、欺骗和口头谩骂来进行沟通。在功能失调型冲突中，双方的损失会超过冲突所带来的任何收益。

诊断冲突的好坏是一件重要但不易的事情。领导者需要关注以下的问题来诊断所面对的冲突的性质：参与各方是否正在以一种敌意的态度来处理这些冲突？其结果对于组织来说是否可能是负面的？参与各方潜在的损失会超过潜在的收益吗？他们的精力是否转移到了工作目标之外？如果对于以上问题的回答大多数是肯定的，那么这种冲突可能就是功能失调型的。

没有冲突行不行？

组织中没有冲突只是一种理想状态，如果真的一点冲突没有，那么只能是组织中成员的真实感受或者真实想法没有得以表现，被压抑了。而过度的冲突会造成组织的内耗，浪费原本可以用于生产的精力。因此，一定强度的适宜冲突对于组织绩效是有促进作用的，如图6-3所示。

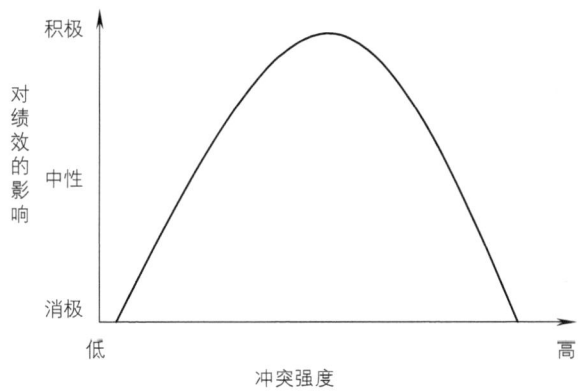

图6-3 冲突强度与绩效的关系

冲突与冲突管理

据估计，管理者大约要把21%的时间用于应付各种冲突，即每周要有一天的时间用于冲突管理。20世纪60年代，现代冲突理论在西方社会学界盛行一时，影响很大。时至今日仍是社会学理论的主流派。尽管冲突理论的内部观点不一致，但都有着共同的理论取向和观点。一般将冲突定义为：冲突是行为主体之间，由于目的、手段分歧而导致的行为对立状态。需要从4个方面来理解这个概念：①冲突是不同主体或者主体的不同取向因为对特定客体处置方式的分歧，而产生对立或矛盾的行为、心理的相互作用状态。②冲突是行为层面的人际冲突与心理层面的心理冲突的复合。客观存在的人际冲突必须经过人们去感知、内心去体验，当人们真正意识到对不同主体行为比较中的内在冲突、内心矛盾后，才能知觉到冲突。因此，冲突的存在不仅是一个客观性问题，而且也是一个主观的知觉问题。

③冲突的主体可以是组织、群体或个人，冲突的客体可以是利益、权力、资源、目标、方法、意见、价值观、感情、关系等。④冲突是一个过程，它是人与人、人与群体、群体与群体之间的相互关系和相互作用。

冲突管理技能是领导成功的主要决定因素。情商与冲突管理技能有关（关于情商的内容详见3.3.2）。这是一种控制和了解别人的情绪，适应变革，以及适应多样化的能力。冲突管理技能更多地反映的是情商而不是智商。那些情商低的人，特别是缺乏同情心的人，或者是不能从别人角度来看待和处理问题的人，更有可能成为冲突的诱因。其中满足自己的需要和利害的愿望被称为武断性；满足其他人的需要和利害关系的愿望被称为合作性。领导者对合作性和武断性认识的不同使得处理冲突时形成了不同的个人风格，由这两种特征的不同组合形成了冲突管理的5种不同的个人风格：

（1）规避（Avoidance）：不合作也不武断；有克制的不同意见，从当时的局面退缩，并且保持不付出任何成本。

（2）迁就（Accommodation）：合作而不武断；让他人的愿望占上风；忽略彼此之间的差异以维持和谐。

（3）竞争（Competition）：合作并且武断；反对他人的愿望，进行输—赢竞争，强制行使权威。

（4）折中（Compromise）：中等程度的合作和武断，为了得到"可接受的"解决方案而讨价还价，使各方都得到一点，同时也失去一点。

（5）合作（Collaboration）：既合作也武断；努力通过不同的工作以全面地满足每一个人的利害关系要求；发现并解决问题，使每一个人都有所收获。

这些冲突管理风格可以有非常不同的结果。规避或者迁就通常会形成输—输冲突，没有人能够实现其真正的需要，冲突潜在的原因并没有消除。短期内虽然输—输冲突看起来解决了或者消失了，未来它仍然会再次发生。竞争和折中倾向于产生赢—输冲突。这样，每一方都力图以他人的代价取胜，在极端的情况下，一方愿望的实现完全排除另一方的愿望。由于赢—输方法并不能消除冲突的根源，未来类似性质的冲突还可能发生。合作可以协调潜在的差异，因而是最有效的冲突管理风格，它形成双赢冲突，使问题的解决符合所有冲突各方的利益。典型的合作需要冲突各方公开面对问题，并且有些事情错了必须引起注意。双赢方法是冲突管理优先选择的方法。

总之，冲突管理的关键是领导应该意识到并非所有的冲突都是有害的。领导者要善于引导和提倡功能型冲突，预防或解决功能失调型冲突，不要认为群体中风平浪静是好现象。而作为群体成员，个体也要敢于充分发表自己的意见，使上下左右信息畅通，使建设性冲突不断出现，促进群体新陈代谢的顺利进行，为实现组织目标提供有利条件。

第 6 章 领导与凝聚力

思考：

1．你如何看待冲突的作用？
2．什么是功能型冲突？什么是功能失调型冲突？如何识别它们？
3．组织中能不能做到没有冲突？为什么？有没有必要完全避免冲突？为什么？
4．如何理解冲突？冲突管理与情商有着怎样的关系？对待冲突有哪些行为风格？这些风格与领导行为理论有着怎样的联系和区别？

6.2.2 竞争与合作

竞争与合作的关系

所谓竞争，就是个体或群体通过自我潜力的充分挖掘，创造超过他人或群体的优异成果。竞争体现了一个群体的活力。竞争是一种常见的社会现象，在生活中比比皆是。学生考学有竞争，运动员比赛有竞争，企业的发展有竞争，下属的晋升有竞争，领导的提拔有竞争等。

一个人不可能独立地在社会中生活，人与人之间合作与竞争是我们社会生存和发展的动力。大量科学家们所做的研究证实了竞争和获胜的重要性，他们断言："在一场游戏，一项运动或任何事情中获取胜利对于一个人的自尊心和健康都具有意义深远的积极影响。"事实上，获取胜利不仅影响一个人现实生活的质量，而且同样会改变他对未来的生活态度，取胜能建立人的自信心和鼓起高昂的志气。取胜本身就是一种奖励，因为每个人都有一种拼搏获胜的成就需要。从某种意义上说竞争是自尊、自立、自强的体现。以正当的目的、方式和手段进行竞争，使得个人的才能、智慧以及人格得到发展与表现，进而提高工作效率、实现理想目标。

与此同时我们也必须认识到，树有长短、人分高矮、水有清浊、面分丑俊。形形色色的人们分布在社会的行行业业，任何工作的开展与完成都离不开他人的帮助与合作。有句开玩笑的话"不怕神一样的对手，就怕猪一样的队友"，所以最可怕的对手就是我们的伙伴，最好的伙伴能使你战胜一切对手。竞争的潜力是有限的，为了竞争而竞争只是激发个体或少数人的力量，而合作集结的是每个个体的智慧和力量，往往具有无限的潜力。

合作与竞争永远是紧密相连的一对连体兄弟。在工作中，竞争是必然存在的。竞争的存在使得人们能够更好地发挥自己的潜能，并增强合作的个体能力。一般而言，一个在竞争中自立、自强的个体组成的群体，会更具有活力和创造力；而没有竞争的个体或群体，则可能缺乏生命力和创造力。从这个角度而言，竞争是合作发展和富有创造力的根本机制，个体的竞争必须以促进群体的协作为条件。正当竞争是我们应该遵从的，如果竞争妨害群体的协作或者有损、削弱了群体的发展，那么这样的竞争不仅无法实现个体完善，还会障碍群体。

竞争还是合作？

在一个群体内，有的活动适合于成员间的竞争，竞争越激烈，越有利于活动的进行。而有的活动则适合于成员间的合作，相互配合，可以提高活动效率。竞争与合作对群体之间工作效率的影响，则根据群体工作的性质不同，具体可以分为下面4种情况：

（1）如果工作比较简单，而且每个群体成员都能独立完成全部工作程序的工作，这种情况下，个人竞争比群体合作的成绩显著。

（2）如果工作比较复杂，而且单个群体成员不能独立完成全部程序的工作，那么群体合作的成绩比个人竞争的优越。

（3）如果群体成员的态度与感情属于群体定向，而且又有明确的目标时，群体合作则优于个人竞争。

（4）如果群体成员的态度与感情属于自我定向，而且工作本身又缺乏内在兴趣，个人竞争则优于群体合作。

竞争是生物界和人类社会的一个普遍规律，积极的、良性的竞争是应当肯定的。在正当的目的、手段和方式下的竞争，能使每个人的智慧、才能和人格，得到充分的发展和表现，从而大大提高人生的效率，实现理想目标。但是，个人的竞争性要能够正常发挥，同时必须发展群体意识，积极与他人协作、互助。竞争本身是智慧、才能的比赛，同时也是品德、人格的比赛。在竞争中，竞争者一方面要不怕强者，不怕嫉妒，敢于争强，力求争先；另一方面，又需要善于同他人协作、互助，增长群体情感和合作精神。事实上，竞争本身就需要互助、信息交流、友谊鼓励和支持，情绪安慰及紧张后的娱乐，在交际和协作中得到知识，增长经验，提高取得成功的能力。正是竞争激发了人们强烈的协作愿望和行动。

为了研究竞争与合作同活动效率的关系，心理学家明茨（Alexanden Mintz）在1951年曾设计了一个竞争与合作的实验，结果发现合作者的成绩远远超过竞争者的成绩。心理学家多伊奇（M. Deutsch）经过试验得出结论：合作组不但成绩方面优于竞争组，而且群体内的人际关系也很和谐。在生活中，我们也常常见到下列的情况：在卖票口的买票者互相争购时，反而速度很慢；上公共汽车时乘客越抢着上，越费时间；在集会时出现意外的情况，人们越乱，危险就越大等。

总之，中国自古就有"人生自立要合群"的高论。因为无论从主观还是客观方面讲，单独的人都是无法自立、生存于世界之上的。自立与合群，是人生得以全面发展的两个主要方面。因此，从群体动力学的观点出发，要想提高群体的竞争力，群体内部必须具备合理的配置，使各成员之间的竞争与合作同群体的整体活动联系在一起，把个人利益与群体利益结合起来。这样做，既保持了群体内部有足够的活力，又可提高群体的竞争力，也可强化群体意识，增强群体荣誉感。人生的自立与合群蕴含着积极的竞争与合作，它们都是人生进取与事业成功的机制。

思考：

1. 作为一名领导者，应该如何看待竞争与合作？
2. 竞争与合作根据什么来进行选择？

6.2.3 规范与压力

什么是群体规范？

如果说群体的冲突和竞争是从矛盾斗争的意义上而促进群体的话，那么群体的规范和压力则是从矛盾统一的意义上给群体的活动提供动力。群体规范维系了群体，保持了群体的一致性和整体性，将群体成员的行为统合在一起，形成一种合力。它是完成群体目标的一个重要保证。不仅如此，群体规范还界定个体行为的范围，让群体成员知道自己在一定的环境条件下应该做什么、不应该做什么。这样在某些情境下群体会对个体的行为方式形成期望，这也成为评估行为优劣的标准。可以说群体规范被群体成员认可并接受之后，它们就成为以最少的外部控制影响群体成员行为的手段。

因此，群体的规范就是由群体所规定的行为准则。群体要更有效地活动，使每个成员的活动都与群体的活动方向相一致，就需要由群体确定出每个成员都必须遵守的行为准则，如一些规章制度、法律、法令等这些正式规则。除此之外，还有一些非正式的不成文的规范，如风俗、习惯、群体舆论等。一旦成员的行为违反常规，群体就会以各种方法加以纠正或维护其常规，使其重新和群体保持一致，使矛盾得以统一。

为什么个体会遵从群体规范？

美国心理学家谢里夫经过"游动视错觉"实验发现，虽然每个被测试者一开始对于光点移动的反应模式各不相同，但是经过反复试验和相互讨论之后，最后所有被测试者对光点移动方向的判断逐渐趋于一致。这就是说，群体的规范替代了个人的反应模式。规范的形成显然是受到了模仿、暗示等心理机制的影响。并且随着实验的继续进行，即便是将这些被测试者重新分开并让他们独立判断的时候，每个人并没有恢复其原先建立的个人反应模式，也没有形成新的反应模式，而是同时保持了群体形成的规范。这表明，群体的规范会形成一种无形的压力，约束着人们的行为，甚至这种约束并没有为人们所意识到。之后的霍桑实验也同样发现，非正式群体中也存在着一定的规范，并且约束着群体成员的行为。一旦个体违反了规范，群体便会对其施加压力或者实施惩罚。

规范是怎样形成的？

大多数群体规范是通过以下4种方式中的一种或几种形成的：

（1）群体成员所做的明确的陈述。该群体成员通常是群体中的领导或者某个有影响力的人物，如群体领导可能具体地强调，在上班时不得打电话，休息时间不得超过30分钟。

（2）群体历史上的关键事件。这种事件通常是群体制定某种重要规范的起因，比如在城管进行执法过程中出现了伤人事件，从此以后群体可能就有了关于文明执法的新规范。

（3）私人交谊。群体内部出现的第一个行为模式，常常就为群体成员的期望定下了基调。比如学生中的友谊群体的成员第一次上课就坐在一起，那么以后再上课的时候，有人坐了"他们的"位子他们就会感到恼怒。

（4）过去经历中的保留行为。来自于其他群体的成员在进入一个新的群体的时候，会带来在原群体中的某些行为期望。这就可以解释，为什么工作群体在添加新成员的时候，喜欢吸纳那些与现在群体有着相近背景和经验的成员。

来自群体的压力——从众

所谓群体压力（Group Pressure）是指已经形成的群体规范，对其成员的行为所具有的无形的约束力。群体的压力与权威（关于权威的内容详见2.1.2）不同，它不是由上而下的强制改革个体的行为，而是多数人一致的意见，使个体在心理上不得违抗。这就是说，当个体发现自己的观点和行为与群体不相一致的时候，就会产生一种孤独、紧张、恐惧的心理，这种紧张会令个体感到群体的压力。如果个体在社会群体压力下，放弃自己的意见、转变原有的态度，甚至违背自己的意愿产生完全相反的行为而采取与大多数人一致的行为，这就叫做从众（Conformity）。美国心理学家阿希（Solomon Asch）设计了一个典型实验（Asch Conformity Experiments），证明了人在群体压力之下会产生顺从的行为。当然个体也可能采取另外一种行动，即坚持己见、抗拒群体的压力、与众人疏远。

那么到底是什么导致了从众行为的产生呢？在1969年，基思勒从个体角度提出了从众行为产生的4种需求或愿望：与大家保持一致以实现团体目标；为取得团体中其他成员的好感；维持良好的人际关系现状；不愿意感受到与众不同的压力。在1984年，科思理把从众的原因归纳为4个方面：表明自己与他人友好的愿望；个体害怕自己的不一致的反应招来别人的指责；归属于群体的倾向；图省事不花力气地抄袭。这里将影响从众行为的因素归纳为：

（1）对偏离的恐惧。人都有一种普遍心理：希望群体喜欢、优待、接纳自己，因此个体总是趋于从众。1951 年，沙赫特（Stanley Schachter）与助手的研究发现，群体喜欢与群体意见一致者而不喜欢偏离者，甚至将偏离者排斥在群体之外。因此，在现实中也有这样的现象，个体相信自己的判断没有错但不能"标新立异"，或怕他人讽刺、揶揄，表面采取从众行为，但内心保留自己的判断。

（2）反从众者的影响。当群体中出现一个反从众者做出不同于其他多数人的反应时，就会对其他人起到支持和鼓励的作用，大大缓冲成员所面临的从众压力。1971年阿伦和勒万（V. L. Allon & M. Levine）进一步通过实验阐明，只要有个体与群体的意见不一致，无论其意见正确与否，都会降低群体的从众行为。

（3）群体规模。一系列的实验表明，从众强弱还与群体规模有关。群体规模越大，造成某一观点或采取某一行为的人数越多，则从众率越高。阿希证明了群体规模的增加超过4人以后，就不再增加从众量。后来米尔格雷姆（Stanley Milgram）等人也得到同样的结果，发现在一定限度内，群体规模的增长对个体从众行为施加了更大的压力，从众行为更容易发生。

（4）群体的凝聚力。凝聚力与从众呈正相关，有实验证明，群体的凝聚力越强，群体成员之间的依恋、意见的一致性以及对群体规范的从众倾向就越强烈。相反，如果群体比较松散、群体成员之间意见分歧，则群体中个体的从众行为就大大减少。

（5）群体的专长。一个群体越具有专业性，则个体对群体就会越信任。个体对自己的判断缺乏自信，就会将群体的意见当作有价值的信念而服从于群体的意见，以求安心。有实验证明了当一个知识渊博的专家赞同群体的意见时，从众行为就会增加。

（6）个体的自信心。个体越难做出判断，个体的信心越是缺乏，其接受他人判断的可能性就越大。当问题较容易、成员对自己的答案自信的时候，从众现象就较少；反之则从众现象较多。那些在工作中取得过成功的人比那些曾经失败过的人从众性更小。

（7）责任感。个人对自己的最初判断或意见的责任感也是影响从众的一个因素。无论是私下的还是公开的，强烈的责任感都使得从众行为大幅度下降。

（8）性别差异。早期社会心理学家认为女性比男性更容易从众，但后来的研究者质疑，认为女性从众率高是因为女性并不熟悉所选测试题目的缘故。但 1971 年，西斯川克与麦克大卫（F. Sistrunk & J. W. McDavid）经过题目验证出：在男性题目中，女性从众人多；而女性题目中，男性从众人多；中性题目中，两性从众人数基本相同。可见，性别差异并不影响从众。

（9）个性特征及文化差异。个体的智力、自信心、自尊心以及社会赞誉等个体心理都与从众行为密切相关。一般说来，接受信息能力差、智商水平偏低、情绪不稳定、缺乏自信心的人较容易受到群体压力的影响，产生从众行为。跨文化研究也表明，不同文化差异中的国民性格以及国民要求不同，因此从众性也有所不同。

群体压力如何变为动力？

群体的压力往往被认为是对个人的限制，而把坚持己见的人称之为"有个性"，这实际上是不正确的。从群体动力学的观点来看，为了完成某项组织工作，必须依靠群体中的全部成员的密切配合，在有限的时间内做许多复杂的工作。如果没有群体的压力，对个人的欲望一味迁就，就会在无形中削弱群体的力量。而且作为一个生活在群体之中的个体，其个性的完善、才能的发挥都离不开他人的支持，否则个人就会产生孤独和不安全感，也就谈不上发展了。正如梅约（E. Maro）所说：我们只有属于一个群体的时候，才会有安全感，如果失去了安全感，纵有金钱上的收获，工作上的保障，也是不足以补偿的。

那么，群体可以通过什么样的压力而使每个成员变压力为动力呢？在这一方面，美国心理学家列维特（H. Leavitt）通过研究，提出自己的观点，他认为在个体意见与群体意见分歧时，群体可以对其采取以下几种方法：

（1）理智商议，又称理智的压力。就是让每个个体自由地发表意见，借助摆事实、讲道理的方法，使少数人放弃个人观点而服从多数人的意志。

（2）怀柔政策，又称感情上的压力。就是说，当通过讲道理已经不能使少数人屈服，这时可以用为其着想的方式，表示群体与他个人并无原则性的分歧，和大家保持一致，对己对人都有好处。

（3）舆论压力，又称为心理攻势，就是指经过好言相劝，仍然坚持个人意见而辜负大家一片好心的人，群体可以对其实行攻击，使之"四面楚歌"，造成心理上的崩溃。

（4）心理隔离，也叫精神孤立。这是在通过大家多方面的谴责后，个人仍顽固坚持，不改初衷。这时群体则以使用断绝心理上的沟通，行为上接触的方法，使之形孤影只，陷于完全孤立的境地。如果这种情况再继续恶化下去，群体则可以用"暴力性"的压力，即所谓的铁手腕进行处理、惩罚或扣发奖金，以至开除公职等。使用群体压力的根本目的，不是为了使某个成员受到压抑，失去活动的积极性，而是为了变压力为动力，增强其活动的积极性，为群体带来活力。

当然，在使用群体压力使个体服从群体的同时，也应提倡群体内个体的独立行为和反从众行为的存在。因为它们的存在，群体才具有活力。独立行为和反从众的行为之所以能出现，是因为个体对群体的压力不能相契合，这既有来自个体的原因，也有来自群体的原因。

思考：

1. 群体规范起到哪些作用？
2. 为什么个体会遵从群体规范？这种情况是不可避免的吗？为什么？
3. 个体为什么会接受群体规范，为什么会出现从众的行为？
4. 你如何看待及对待压力？

6.3 沟通的艺术

6.3.1 沟通

为什么要沟通？

在现实生活中，沟通无时不在。有效的沟通不仅对人际关系的建立与维持至关重要，而且对群体绩效与组织绩效的提高也必不可少。海曼（Haimann）将沟通理解为一个传递思想、使别人理解自己的过程，这暗含着沟通是一个相互交流的过程。有效的沟通就是为了活动的启动、协调、反馈及中间流程的纠正等目的而相互交换和分享信息，相互影响态度、行为和理解。沟通建立并维持了人际关系，通过倾听他人的声音，从而获得信息。缺乏沟通的后果有时甚至是致命的。1999年3月23日的下午，普利司通（Bridgestone）公司东京分公司的经理野中雅治向公司总裁抱怨公司的人员重组计划。随着谈话进行得越来越激烈，真诚而认真的野中先生情绪变得越来越暴躁。他突然解开自己的上衣，掏出一套刀具，大吼要剖腹自杀。他气冲冲地走出了会议室，用35厘米长的捕鱼刀猛地刺向了自己的腹部。当天下午晚些时候，他就因此而丧命了。

任何一位领导者如果不能够成功地沟通就不能很好地处理冲突，也就不能成为一位成功的领导者。因此也不难理解，为什么无论对于下属还是领导者都将"沟通技能"列为品质要求的首项。领导者必须发展良好的沟通技能，正如巴纳德指出的："当然，对现代高层管理者而言，一个最重要的限制，也是最为突出的严重困难就是写作或会谈能力的缺乏……不能将复杂情况用明白易懂的语言表达出来，而对这些情况只有这些管理者有所了解。"德鲁克也说："一个基本的技能……就是以书面或口头的形式组织和表达思想……你的成功依赖于你通过口头和书面文字对别人的影响程度……这种将自己思想表达清楚的能力可能是一个人应拥有的最为重要的技能。"良好的口头和书面沟通能力是一种重要的领导技能。

什么是沟通？

沟通（Communication）在汉语中的本义是开凿沟渠使两水相通。作为专业术语，指人与人之间传达思想和交流情报、信息的过程。沟通的定义非常多，下面是一些比较典型的定义：

海波斯（Saundra. Hybels）在《有效沟通》中认为，沟通是人们分享信息、思想和情感的任何过程。这种过程不仅包括口头语言和书面语言，也包括形体语言、个人的习惯和方式、物质环境——赋予信息含义的任何东西。

纽斯特罗姆（John W. Newstrom）在《组织行为学》中把沟通定义为信息在人与人之间的传递，同时认为，沟通是一种通过传递观点、事实、思想、感受和价值观而与他人相接触的途径。

路德洛（Ron Ludlow）和潘顿（Fergus Panton）在《有效的沟通》一书中则认为，沟通是包括信息传送和行为输入的个人过程。沟通的一切发生在人与人之间，没有人们在活动中扮演某种角色，沟通就无法存在。

赫尔雷格尔（Don Hellriegel）在《组织行为学》中将沟通定义为通过一种或多种信息媒介，对想法、事实、信念、态度和感受进行传递和接受，并且有反应产生，通过积极倾听，包括发出者原意的信息被接收者精确地理解和解释。

通过分析沟通活动的共同特征，以及这些活动所包含的信息及其传递方式，这里将沟通定义为：沟通是指带有信息的信号从一个人、群体、组织传递到另一个人、群体、组织的过程。在这个过程中，信息的发送者将信息进行编码，通过信息沟通的渠道传递给信息的接收者，信息接收者在接收信息的时候要对信息进行解码，而且往往要提供反馈给发送者。这些就是沟通过程的7个要素：背景、发出者、信息和通道、传导物和感受器、接收者、反馈、障碍。

（1）背景

任何沟通都是在一定的情境下发生的，这就是沟通的背景。同样的信息在不同的背景下传递将被赋予不同的含义。

（2）发出者

人们之间的交换是人际沟通的要素。如果根据个体在沟通过程中的先后顺序，把一个人称为发出者，另一个人称为接收者就具有武断性，因为这两个角色在反复沟通的过程中会来回发生变化。当接收者对发出者进行反馈的时候，最初的接收者就成为发出者，而最早的发出者就成为接收者。

（3）信息和通道

信息包括传递的数据和给予数据特定含义的编码符号，通过运用语言和非言语的符号，发出者试图确信接收者对信息的解释和发出者的原意一样。数据的各种形式包括面对面的谈话、电话、信件、备忘录和电脑打印输出。当它们强化或改变接收者对想法、感受、态度或信仰的了解时，就成为信息。各种信息技术可以帮助交换这样的信息，但并不能总是替代面对面的对话，面对面的对话是最丰富的媒介。

要传递的信息受到4个条件的影响：技能、态度、知识和社会文化系统。例如，如果教科书的作者缺乏必要的技能，则很难用理想的方式把信息传递给学生。作者能够成功地把信息传递给读者，依赖于其写作技巧。当然，成功的沟通还要求一个人的听、说、读，以及逻辑推理技能。其次，个体的态度影响着行为。我们对许多事情有自己预先定型的想法，这些想法影响着我们的沟通。另外，沟通活动还受到我们在某一具体问题上所掌握的知识范围的限制。我们无法传递自己不知道的东西；反过来，如果我们的知识极为广博，则接受者又可能不理解我们的信息。也就是说，我们关于某一问题的知识影响着我们要传递的信息。最后，与态度影响行为类似，我们在社会—文化系统中所持的观点和见解也影响着行为，我们的信仰和价值观（均是文化的一部分）影响着作为沟通信息源的我们。

通道是指传送信息的媒介物。口头交流的通道是空气；书面交流的通道是纸张。如果你想以面对面交谈的方式告诉你的朋友一天中发生的事，则使用的是口头语言与手势语言表达你的信息，当然你可以有其他选择。一个具体的信息（比如邀请别人参加舞会）可以口头表达也可书面表达。在组织中，不同的信息通道适用于不同的信息。如果大厦着火，使用备忘录方式传递这一信息显然极不合适。对于一些重要事件，如员工的绩效评估，领导者可能希望运用多种信息通道，如在口头评估之后再提供一封总结信，则可以减少信息失真的可能性。

（4）传导物和感受器

传导物和感受器是可用来发出和接收信息的工具和媒介。当我们说的时候，说出的话是信息；当我们写的时候，写出的内容是信息；绘画的时候，图画是信息；做手势的时候，胳膊的动作、面部表情是信息。所以传递同样的信息，可以通过语言或非言语包含一个或更多的感觉：视觉、听觉、嗅觉、触觉和味觉。但是一旦传递开始，沟通程序的运动就超越了发出者的直接控制，一个已经传递的信息是不能收回的。

每种媒介的丰富度可以通过4方面因素来判断：反馈的使用和迅速程度；对接收者环境信息的个性化；传递线索的能力；语言变化。

（5）接收者

接收者是信息指向的个体。但在信息被接收之前，必须先将其中包含的符号翻译成接收者可以理解的形式，这就是对信息的解码。与编码者相同，接收者同样受到自身的技能、态度、知识和社会—文化系统的限制。信息源应该擅长于写或说，接收者则应擅长读或听，而且两者均应具备逻辑推理能力。一个人的知识水平不仅影响着他传送信息的能力，同样影响着他的接收能力。另外，接收者的态度及其文化背景也会使所传递的信息失真。

（6）反馈

沟通过程的最后一环是反馈回路。"如果沟通信息源对他所编码的信息进行解码，如果信息最后又返回到系统当中，这就是反馈。"也就是说，反馈是逆向的过程，将接收方的反应送回给发送方，并对信息是否被理解进行核实（更多关于反馈的内容详见6.3.4）。

（7）障碍

沟通中的障碍就是出现在沟通过程中的干扰因素，也称作"噪声"。沟通中的干扰因素可能存在于沟通中的各个要素和环节中，也可能存在于人际交往的互动过程中（更多关于有效沟通的内容详见6.3.2）。

如何沟通？

沟通有多种途径，可以通过正式的或非正式的渠道传输信息。正式的沟通渠道中传递的信息由于其形式的统一性和使用的经常性，使得建立起一套标准化的程序成为可能。非正式沟通是建立在个人关系的基础之上的，它往往不依赖于组织的结构，它在自发的、个体之间的基础上传递信息。非正式沟通渠道总是存在的，它们可以在已建立的沟通网络基础上发展。传播信息的小道途径是一种迎合个人或群体兴趣的一种特殊的非正式沟通渠道，领导者应该建设性地利用起这个渠道。在识别清楚小道消息的来源、主要链接以及信息流动的主要渠道之后，领导者要在合适的时机和地点，给适宜的信息源提供适合的信息和足够的反馈。组织中最普遍使用的沟通方式有口头沟道、书面沟通、非言语沟通及电子媒介，下图6-4分别在反馈、个性化、线索和所使用的语言上对它们进行了对比。

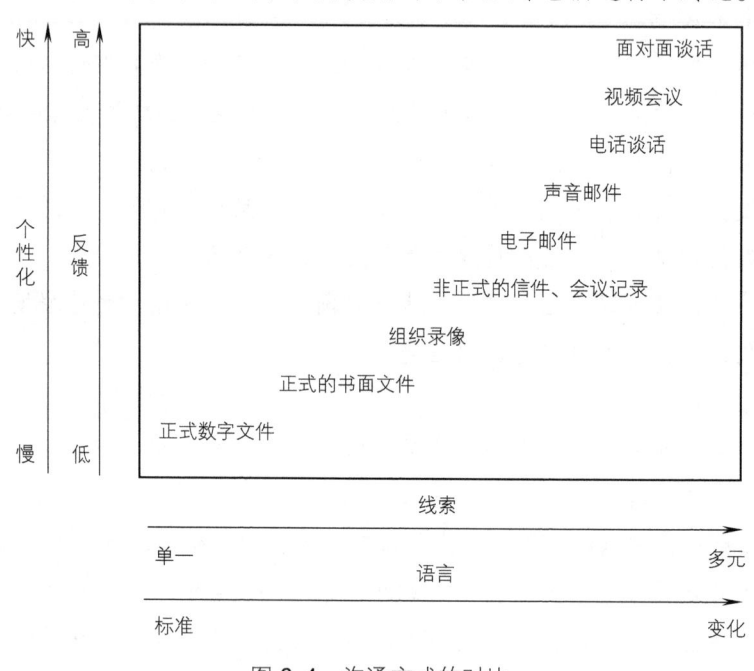

图6-4 沟通方式的对比

（1）口头沟通

口头沟通可能是运用最广泛的方式，是一种高度个人化地交流思想、内容和情感的方式。口头沟通与文字沟通相比，为沟通双方提供了更多的平等交换意见的可能性，人们通过沟通信息的内容还可以培育出相互之间的理解。常见的口头沟通包括演说，正式的一对一讨论或小组讨论，非正式的讨论以及传闻或小道消息的传播。

口头沟通的优点是快速地传递和反馈。在这种方式下，信息可以在最短的时间里被传送,并在最短的时间里得到对方的回复。如果接收者对信息有所疑问,迅速的反馈可使发送者及时检查其中不够明确的地方并进行改正。但它有一定的局限性,首先就是语义,不同的词对不同的人有不同的意义。其次就是语音语调使意思变得复杂,不利于意思的传递,意思会因人的态度、意愿和感知而被偷换,人们推知的意思可能是正确的也可能是不正确的。通常,人们的认知还具有选择性,人们往往只听到那些他们想到的内容。此外,一则信息在组织的传递过程中会变得扭曲,据估计,在口头沟通中最终原汁原味地保留下来的内容不超过原来信息的20%。

（2）书面沟通

书面沟通包括备忘录、信件、组织内发行的期刊、布告栏及其他任何传递书面文字或符号的手段。在缺乏面对面的接触或远程通信设施的情况下,书面沟通方式是传递信息非常有价值的工具。因为书面沟通持久、有形、可以核实,所以一般情况下,发送者与接收者双方都拥有沟通记录,沟通的信息可以无限期地保存下去。如果对信息的内容有所疑问,过后的查询是完全可能的。对于复杂或长期的沟通来说,这尤为重要。书面沟通的最终效益来自于其过程本身。除个别情况外(如准备一个正式演说),书面语言比口头语言考虑得更为周全。把东西写出来促使人们对自己要表述的东西更认真地思考,因此书面沟通显得更为周密,逻辑性强,条理清楚。

当然,书面沟通也有自己的缺陷。书面沟通的传递速度相对较慢,并且往往无法得到即时的反馈,尽管目前通信技术的发展和普及已经很大程度解决了这些问题。书面形成的过程中耗费了更多的时间,同样是一小时的时间,通过口头向对方传递的信息远比通过笔头要多得多。书面沟通的另一个主要缺点是缺乏反馈。口头沟通可以使发出者在说的同时还可以听到对方的反馈,然后发出者就可以紧接着对其所听到的东西再次对接收者的反馈做出反馈,而书面沟通则不具备这种内在的反馈机制。而且,从个性化和说服力上来看,书面沟通的效果也是十分有限的。

（3）非语言沟通

一些极有意义的沟通既不是口头形式也不是书面形式,而是非言语沟通(Nonverbal Communication),这些沟通见于细微之处。在人们面对面交流的时候,眨一下眼睛、用手指轻轻地弹一下等都同样是重要的沟通方法。在某些公开场合,携带旗帜或其他标志物都有一定的含义。有时一个人所用的办公室和办公桌的大小,一个人的穿着打扮和身体姿势都向别人传递着某种信息。不过,非言语沟通中最为人知的领域是体态语言和语调。有研究者发现,在口头交流中信息的55%来自于面部表情和身体姿态,38%来自于语调,而仅有7%来自于真正的词汇。我们都知道,动物是对我们怎样说做出反应的,而不是对我们所说的内容做出反应,其实人类与此并无太大差异。

沟通专家华尔顿(Donald Walton)发现,在社交场合的谈话中,大概只有1/3的讯息是靠语言在传递，其余的 2/3 是由无声的身体语言来传送的。体态语言（Body Language）包括手势、面部表情和其他身体动作，一张咆哮的面孔所表示的信息显然与微笑不同。手部动作、面部表情及其他姿态能够传达诸如攻击、恐惧、腼腆、傲慢、愉快、愤怒等情绪或性情。

语调（Verbal Intonation）指的是个体对词汇或短语的强调。假如下属向领导者询问问题，领导者反问道："你这是什么意思？"反问的声调不同，下属的反应也不同。轻柔、平稳的声调与刺耳尖利、重音放在最后一词所产生的意义完全不同。大多数人会觉得第一种语调表明某人在寻求更清楚的解释；而第二种语调则表明了此人的攻击性或防卫性。

（4）电子媒介

视觉感知是影响思想的一个潜力巨大的工具。由于人脑保留视觉印象的时间比保留语音文字的时间长，所以个体更易于理解并保留视觉印象。但是音频与视频材料的一个问题是这种事先"预装"好的表达方式对某些听众并不合适，即它的使用是具有高度选择性的。

当今时代我们依赖于各种各样复杂的电子媒介传递信息。除了极为常见的媒介（电话及公共邮寄系统）之外，我们还拥有闭路电视、计算机、静电复印机、传真机等一系列电子设备，将这些设备与言语和纸张结合起来就产生了更有效的沟通方式。其中发展最快的应该算是互联网沟通了，其中一些重要而常用的应用包括电子邮件、声讯邮件、在线讨论、视频会议、虚拟或者电子计算机媒体会议以及微博、微信。借助于互联网，个体便可通过计算机、手机以及各种网络终端迅速传递书面信息。技术为电子流语言带来了动力，加速了信息在人与人之间的传递。信息在组织间以同样的速度和密度飞速传递，其结果可能出现"超载"和"噪声"，即当信息准确和有意义时，它是有用的；当信息虚假、失真的时候，甚至是以谣言为基础的时候，它是无用的。

思考：

1. 什么是沟通？沟通由哪些要素组成？
2. 沟通的方式有哪些？他们分别具有怎样的特点？

6.3.2 有效沟通

信息都被准确送达和理解了吗？

整个沟通过程都容易受到噪声的影响，这里的"噪声"指的是信息传递过程中的干扰因素。典型的噪声包括难以辨认的字迹，电话中的静电干扰，接收者的疏忽大意，以及生产现场中设备的背景噪声。所有对理解造成干扰的因素——无论是内部的（如说话人或发送者的声音过低），还是外部的（如同事在临近的桌旁高声喧哗）——都意味着噪声。噪声可能在沟通过程的任何环节上造成信息的失真。不仅如此，无论我们使用什么样的方式、通道或网络来传递信息，信息在传递过程中都会出现失真现象。信息事实上是经过信息源编码的物理产品。"当我们说的时候，说出的话是信息；当我们写的时候，写出的内容是信息；绘画的时候，图画是信息；做手势的时候，胳膊的动作、面部表情是信息。"因此，沟通过程中关于沟通内容和沟通方式的选择，以及可能涉及的沟通意图和沟通中的心理都影响着沟通的效果。

信息为什么会失真？

沟通模式可以被凝练为一句话：什么情况下谁向谁说了什么，从而产生了什么效果。因此，沟通过程中有4个沟通要素影响沟通的效果，它们是沟通背景、发送者、通道、接收者。但是总体上来看，沟通围绕的核心并不是简单的信息而是人，沟通实际上强调的还是人际之间的互动，因此这里要提醒读者关注沟通中人的情绪、意图、态度等心理要素。

（1）来自沟通背景

沟通背景造成的失真首先来自于沟通场景中的物理干扰。例如，在直接面对面的沟通中，人与人之间的距离过大，就不容易听清楚对方的声音，或不容易看清楚对方的表情、手势。而且环境中较大的噪声可能会干扰传递信息的载体，如通信信号受到干扰。此外，本书前面的内容也提到过，工作场所的空间设计会影响人际沟通。如果组织想要促进成员间的关系，首先就应该在空间上将成员安排得更加紧密一些。此外，许多组织都采用了"开放式办公"的设计以增进组织成员之间沟通的数量和质量。

沟通背景还包括沟通双方的社会背景，如社会政治经济地位、价值观、宗教信仰、种族、道德标准、职业和年龄等不同，都是影响沟通有效性的重要因素。例如，在一些情况下，只要让个体知道某则信息来自一个名望卓著的领导者的倡导，仅这一点就足以使之为人们所接受。

此外，语言是反映个体年龄、教育和文化背景等最明显的一个因素。人们可能同说一种语言，但人们在语言的使用上却并不一致。比如当遇到"全额"和"定量"这样的词汇时，高层领导者常常把它们理解为一种工作要求，而下属则把这些词汇理解为操纵和控制，并由此而产生不满。

（2）来自发送者与接收者

发送者需要将某些思想观念转化成为具体的口头或书面语言，如果发送者表达得不够清楚、有歧义或者使用了难以理解的术语、行话等，这些都会给沟通造成障碍。同样，如果发送者觉得自己已经表达得足够清晰、透彻，而由于接收者理解力不够，这也会影响沟通效果。

沟通中一个重要的关于人的影响因素就是情绪。有证据表明，当接收者的情感强度上升了，对沟通者所提建议的接收程度并不一定相应地上升，这种关系更可能是呈曲线的。当情感强度从零增至一个中等程度的时候，接收性也增加；但是情感强度再增强至更高水平的时候，接收性反而会下降。这表明情感强度处于很高或者很低水平时候都可能有钝化的作用，只有中等情感强度是最有效的。当然，沟通也可能构筑在理性诉求的基础之上。有研究发现，在进行劝说的沟通中，发送者明确地给出结论比让接收者自己得出结论更为有效，特别是接收者一开始不同意的时候更应如此。这也说明，给出双方面的论据比给出单方面的论据更为有效。

沟通双方的个体特点，如有的人具有较强的人际敏感性，在沟通中善于理解他人的意图，并对他人的情感给予较多的关注。而有的人则人际敏感性较差，对他人的潜在意图反应较为迟钝。有的人在沟通中习惯于使用较为直接的方式，而有的人则习惯于使用比较含蓄的方式。有的人情绪稳定，沟通中表现得较为理智，而有的人则容易感情用事。此外，沟通双方的知觉和意图等心理因素也非常重要。在沟通过程中，接收者会根据自己的需要、动机、经验、背景及其他个人特点有选择地去看或去听信息。过滤（Filtering）指的就是故意操纵信息，使信息显得对接收者更为有利。

沟通的效果还取决于个体对某个群体的归属程度和这个群体确定的一些原则。例如，当沟通主要依赖印象进行逻辑论证的时候，智商高的人更容易受到影响。具有很强自尊心的个人更倾向于自己思考，而不会放任自己过分地受外界影响。一个非常珍视群体成员身份的人，他的观点最不容易受到那些违反原则的沟通的影响。

（3）来自通道

当信息在传递过程中经过多个环节时，常常会被曲解，删减某些细节或者增加某些细节造成信息失真。一般来说，信息在传递的过程中所经过的环节越多，就越容易失真。此外，口头沟通比书面沟通更容易失真，单向沟通比双向沟通更容易失真。

克服沟通的障碍

良好的沟通首先要做到意义的传递与理解。如果信息或想法没有被传送到，则意味着沟通没有发生。也就是说，说话者没有听众，写作者没有读者都不能构成沟通。因此，哲学问题"林中的一棵树倒了却无人听到，它是否发出了声响"在沟通的背景下，其答案是否定的。但是，要使沟通成功，意义不仅需要被传递，还需要被理解。如果写给你的一封信使用的是葡萄牙语（这种语言你可能一窍不通），那么不经翻译就无法称之为沟通。完美的沟通还要做到准确理解信息的意义，即经过传递之后被接收者感知到的信息与发送者发出的信息完全一致。这里需要注意的是，人们常常把有效的沟通与意见一致混为一谈。有效沟通强调的是每个人都充分理解了对方的观点和见解，但是沟通双方可以非常明白彼此的意思却不同意彼此的看法。当一场争论持续了相当长的时间，旁观者往往断言这是由于缺乏沟通导致的，然而事实上却正进行着有效的沟通。

前面的内容提到，人际沟通是通过一种或多种信息媒介，对想法、事实、信念、态度和感受进行传递和接收，并且由此产生反应。所以作为一名领导者或者一名下属，都应该通过积极地倾听，然后抑制情绪、理性地对待信息内容（关于情绪管理更多的内容详见3.3.2），并积极地做出反馈。接下来，重点介绍一下如何进行积极的倾听和做出反馈。

思考：

1．什么是信息失真？它是由什么原因造成的？
2．如何避免信息失真，如何做到有效沟通？

6.3.3 人际沟通技能——倾听

倾听很难吗？

好的沟通者也是一个好的倾听者。卡内基说："会听比会说更能打动人心。"人们每天有80%左右的时间在听，而不是说。沟通的有效性不仅仅取决于表达，而更多的是取决于人们如何来倾听。在团队沟通中，有声沟通是最直接、最重要和最常见的一种方式，有声沟通的有效性很大程度上取决于倾听。

当别人说话时，我们在听，但很多情况下我们并不是在倾听。倾听是对信息进行积极主动的搜寻，而单纯的听则是被动的。在倾听时，接收者和发送者双方都在思考。所以要做一名好的"听众"并不简单，这往往要求个体持久保持着高度的主动性和积极性。事实上，积极倾听常常比说话更容易引起疲劳，它要求更多的脑力投入和更集中的注意力。我们说话的速度是平均每分钟150个词汇，而倾听的能力则是每分钟可接受将近1000个词汇。二者之间的差值显然留给了大脑充足的时间，使其有机会神游四方。

什么是积极倾听？

刚刚我们讲到"倾听"不等于"听见"。听见是一个正常人的基本生理机能，倾听是在听见的基础上，运用逻辑思维和原有的知识信息进行加工，在理解后作出反馈的一种双向的沟通行为。倾听的程序是：感知——选择——组织——理解。说话方的声波传到听者的耳膜，产生振动刺激，这种刺激经过大脑一系列的选择识别、分类、组织、分析、记忆等复杂性生理活动，最后通过已存储的知识和经验，经过判断、推理获得正确的解释和理解。

狭义的倾听概念是专指用耳朵听，包括为了正确理解对方真实意思的询问。广义的倾听是指接收所有信息，除用耳朵以外，还包括眼睛看到的，甚至是鼻子闻道的，嘴巴尝到的，身体感觉到的。接收信息除了通过面谈以外，还包括演讲沟通、书面沟通、电话沟通、电子邮件沟通、会议沟通等。除去接收以外，广义的倾听还包括为了进一步得到对方全面的意见和想法询问，这样的沟通才会逐步深入，才能解决问题。

积极倾听（Active Listening）是帮助信息来源准确表达他或她想说的意思的过程。它包括如下的 5 条规则：①倾听信息的内容，努力地准确听取信息所包含的内容；②倾听感情，努力辨别信息来源关于信息内容的感情；③回应感情，使信息来源知道其感情已经被认识到了；④注意所有的暗示，对非语言和语言的信息具有敏感性，尤其警觉这两种混合的信息；⑤解释和重新叙述，向信息来源说明你对所听到的内容的感想。主动倾听能够在困难的情况下方便和鼓励沟通，而不是抑制它。

如何积极倾听？

有效倾听是指听得全面，理解得准确，并在必要的时候做出反馈。因此，有效的倾听是积极主动的而非被动的。在被动倾听时，个体如同一台录音机一样接收传递的信息。只有当说话者提供的信息清楚明了、生动有趣从而吸引个体的注意力时，个体才可能会接收说话者传递的绝大部分信息。而积极的倾听则要求个体的投入，使个体能够站在说话者的角度上理解信息。这里总结了 4 项积极倾听的基本要求，借助这些要求，可以帮助我们考察自身，并进行有针对性的改进。

（1）专注。前面提到，积极的倾听者需要精力非常集中地听说话人所说的内容，并关闭了其他成百上千混杂在一起、容易分散注意力的念头。那么，在大脑的空闲时间里积极的倾听者干什么呢？概括和综合所听到的信息，不断把每一个细微的新信息纳入到先前的框架中。

沟通中对待重要的沟通要专门安排时间进行，要专心，切忌一心多用。多使用目光接触。当你在说话时对方却不看你，你的感觉如何？大多数人将其解释为冷漠和不感兴趣。"你用耳朵倾听，他人却通过观察你的眼睛判断你是否在倾听"，这实在有点滑稽。但是与说话的人进行目光接触，确实可以使个体集中精力，减少分心的可能性，并能鼓励说话的人。另外，展现赞许性的点头和恰当的面部表情，配合积极的目光接触，向说话人表明你在认真聆听，批判性的倾听者会分析自己所听到的内容，并提出问题。

表现出感兴趣还应该避免那些表明思想走神的举动。在倾听时，注意不要进行下面这类活动：看表、心不在焉地翻阅文件、拿着笔乱写乱画等。这会使说话者感觉到你很厌烦或不感兴趣，同时也表明你并未集中精力，因而很可能会遗漏一些说话者想传递的信息。

（2）移情。移情要求个体把自己置身于说话者的位置上，要很好地理解对方的意图，在听的过程中，个体需设身处地地站在对方的位置上考虑，努力去理解说话者想表达的含义而不是自己理解的意思。个体需要控制住自己的想法与感觉，仿佛按下了"暂停键"，从说话者的角度调整自己的所观所感，这样可以进一步保证你对所听到的信息的解释符合说话者的本意。这种换位思考能大大增强谈话的认同感，增进理解，达到沟通目的。

（3）积极的倾听表现为接收，即客观地倾听内容而不作判断。这件看似容易的事情其实一点都不容易。尤其当我们对其内容存有不同看法时，说话者所说的话常常分散了我们的注意力。往往还来不及听完，我们就轻易下了结论。如果对方言辞激烈，我们还容易形成一种防御心理，过多的情感投入更加影响了我们以后做出客观公正的判断和决策。

作为一名积极倾听者，要做到"沉默是金"，在听别人说话时要耐住性子，不要轻易打断对方的话，把自己的判断推迟到说话的人说完之后，心态上要积极，内心要稳住，不能带着偏见去和对方沟通，要虚怀若谷，就事论事，尊重对方，避免批评。

这时还可以结合移情，也就是让接收者处于发送者的位置，可以提高积极倾听的效果，根据对方在态度、兴趣、需求和期望方面各有不同，去获得更完整的信息，进而理解对方信息的真正内涵。大多数工作情境中，听者与说者的角色在不断转换。有效的倾听者能够使说者到听者，以及听者再回到说者的角色转换十分流畅。从倾听的角度而言，这意味着全神贯注于说者所表达的内容，即使有机会也不去想自己接下来要说的话。

（4）积极倾听的最后一项要素是对完整性负责。也就是说，听者要千方百计地从沟通中获得说话者所要表达的信息。由于表达能力等原因，个体接收的信息可能是零散的，并且在沟通过程中，很多的信息来不及分析和总结，所以我们要学会归纳对方谈话的要点，对于重要的沟通要有记录，做到边听边分析边总结。

对于谈话中很多不能理解的话语，个体要及时地询问，以便弄清对方的真实意图。如果有疑问可请对方阐明，但是不要问信息的来源。打断别人的话时要礼貌，要让对方把话说完后再询问。要是对方不能很好表达自己，可以适当地主动询问，引导对方说明其真实的意思。就算做不到批判性的思考，我们也可以简单地通过复述（Paraphrase）——重述说话者所说的内容来验证对方的意图。有效的倾听者常常使用这样的语句："我听你说的是……吗？"或"你是否是……这个意思？"通过这两个问题，不仅可以检验我们自己理解的准确性，也表明了我们正在认真地倾听。

思考：

1．倾听就是听到吗？两者有着怎样的联系与区别？
2．积极倾听的基本要求包括哪些？

6.3.4 人际沟通技能——反馈

什么是积极反馈？

前面的内容已经多多少少都在强调反馈的重要性。虽然很多沟通问题是直接由于误解或不准确造成的,但是在沟通过程中如果领导者能够积极、有效地反馈,则会大大缓解沟通中的问题。管理学大师彼得·德鲁克告诫说:"沟通不是你说什么,而是别人怎么理解。"要知道他人的想法以及沟通的效果必须通过反馈。反馈指的是个体表现出来的对他人言行或者对某种情况的感受。反馈可以采用言语的方式,当发送者问接收者:"你明白我的话了吗?"所得到的答复代表着反馈。当然,反馈不必一定以言语的方式表达,行动有时比言语更加明确。比如,当你面对一群人演讲时,你总在观察他们的眼睛及其他非言语线索以了解他们是否在接收你的信息。

反馈不仅仅包括是或否的回答,为了核实信息是否按原有意图被接收,领导者可以询问有关该信息的一系列问题。但最好的办法是,让接收者用自己的话复述信息。如果管理者听到的复述正如其意,则可增强理解与精确性。反馈还包括比直接提问和对信息进行概括更精细的方法。综合评论就可以使管理者了解接收者对信息的反应,其中一种常用方法称为走动管理(Management By Wandering Around,简称 MBWA)。它指的是通过定期四处走动、与他人交谈和工作有关的各种事情,管理者或者领导者自己发现其组织中正在发生的事情。另外一种使"上司们"更好地了解下级的感情和感受的方法是 360 度反馈(360-degree Feedback)。这种技术是指既从下级那里,也从同事、上级和其他人那里搜集有关表现的反馈,自我评价也是这个过程的一部分。360 度反馈的目的是获得有助于建设性改进的认识和信息,这样做的结果是领导者常常会对他们参与的这一过程中所得到的信息表示惊讶。但是,360 度反馈的成功需要改进沟通和工作关系,以适应未来的变化。

开发有效的反馈技能

有效的反馈技能不仅要能够提供反馈,还要帮助我们让建设性反馈能够被接受。

(1)对事不对人

反馈指向目标应该明确是与工作相关的行为,而不是个体。如果不得不说一些消极的内容,领导者应确保其指向接收者的目标,切忌把责任和原因完全归结到个体身上。无论如何失望,领导者都应使反馈针对于工作,而永远不要因为一个不恰当的活动而指责个体,指责某人常常会导致相反的结果。它会激起极大的情绪反应,最终很容易忽视了工作本身的错误,并且这类反馈降低了领导者的信誉,减弱未来反馈的意义与影响力。

强调具体行为,反馈应具体化而不是泛泛一般化。领导者要避免下面这样的陈述:"你的工作态度很不好"或"你的出色工作留给我深刻印象"。这些话语提供的信息过于模糊,领导者并未告诉接收者足够的资料以改正"他的态度",或以什么基础判定他完成了"出色的工作"。

(2)把握反馈的良机。这种对时机的把握主要是为了进行强化(关于强化更多的内容详见 5.3.4)。如果接收者的行为当即就获得对该行为的反馈,则反馈最有意义。相反,拖延对不当行为的反馈则会降低反馈的预期效果。当然，如果你尚没有获得充足的信息，或者你很恼火，或者情绪极为低落，此时仅仅为了图快而匆忙提供反馈则会适得其反。在这些情况下，反馈的"良机"意味着"一定程度的推迟"。领导者要选择在接收者看来最愿意或者能够接收的时候进行反馈。

（3）确保理解。领导者的反馈是否足够清楚、完整？接收者能否全面准确地理解意思？与倾听技术一样，让接收者复述你的反馈内容以了解你的本意是否被彻底领会。成功的沟通需要信息的反复传递与理解，但是也要注意，在任何时候反馈的内容都不应超出接收者能够把握的范围。

思考：

1．什么是积极的反馈？它与积极的倾听有着怎样的关系？
2．什么是360度反馈？什么是走动管理？
3．如何提供积极的、建设性的反馈？

第三部分

关注情境

第 7 章 目 录

Content

7.1 环境与变化

7.1.1 环境与环境生态学

7.1.2 环境的分类

7.1.3 环境与变化

7.2 领导权变理论

7.2.1 菲德勒模型

7.2.2 赫塞—布兰查德情境理论（领导生命周期理论）

7.2.3 路径—目标理论（Path-Goal Theory）

7.2.4 领导者—参与模型（Leader-Participation Mode）

7.2.5 对权变理论的批评

第 7 章 领导与情境

"有效的管理者必须善于'读懂'他们进行组织和管理工作所处的环境。"

——加雷斯·摩根

如果要想合理和准确地预测领导的行为，就要将领导所处的关系结构看作一个集合各种关联而形成的动态系统，它不断变化着，以适应来自其自身内部和外部的各种压力。有研究表明，领导行为是否有效，不仅与领导者的素质和行为有关，而且与领导者所处的环境有着更大的关系。因此任何一个处于开放系统中的领导活动，不仅受到内部环境的影响，也受到外部环境的制约。

在 20 世纪 60 至 70 年代，西方管理学兴起了探究领导环境与领导有效性之间关系的理论研究热潮。这种根据现实的情景，权宜而变，强调适应性的权变理论把一个组织中的领导活动置于一定的社会环境中进行考察，是推动领导学向前发展的重要一步。它不仅深化了我们对领导活动的社会属性和文化属性的认识，而且也为我们对领导活动的跨文化研究提供了基础。

试图归纳总结影响领导效果的主要情境因素的研究有很多,如领导者所从事的任务(即项目的复杂性、类型、技术和规模)、领导者直接主管的风格、群体规范、控制范围、外部的威胁与压力以及组织文化等。一些研究主要情境变量的领导理论被证明比其他方法更为成功，也因此而获得了广泛认可。这里主要介绍其中的 4 种，即菲德勒模型、赫塞—布兰查德情境理论、路径—目标理论、领导者—参与模型。

7.1 环境与变化

7.1.1 环境与环境生态学

环境从最初的含义来说，主要是指空间意义的范围大小，因此它具有明确的空间边界，即环绕而成的区域。《元史·余阙传》中说："环境筑堡寨，选精甲外悍，而耕稼其中。"随着社会的发展，环境逐渐突破其狭窄的空间属性，而被赋予社会和人文意义。所以，我们现在一般是以自然环境和社会环境来概括之。大气和水的纯净指数和污染指数、生存存活的数量和灭绝的数量等都是衡量自然环境的指标。犯罪率的高低、反政府行为的多少、经济投资的大小、教育普及的范围与程度等则是衡量社会环境的指数。

所谓领导环境是指制约和推动领导活动展开的各种自然要素和社会要素的组合，是政治、经济、文化和自然要素影响领导行为模式的社会氛围和外在条件。它说明了这样一个问题，即领导活动所依存的自然状态和社会状态是怎样一种情况。传统的观点认为，组织是一个封闭系统，而现代的理论家们则认为组织是一个开放系统。在现代高度竞争、高度链接的社会状态中，组织不可能是封闭系统。这种开放系统理论把领导环境这一极其重要的因素吸纳进来，由此产生一门新的领导学分支学科——领导生态学。虽然权变理论研究的也是环境与领导之间的关系，但是它并没有把领导环境这一要素的内容完整地揭示出来。我们全面严谨地分析领导环境这一个领导活动的基本要素是十分必要的，一般来说领导环境包括下面几个变量：

（1）自然变量

自然环境对于领导活动具有什么影响，这在领导学以往的研究成果中并不多见，倒是在一些政治学及其分支学科中，对这一问题的研究呈现出丰富多彩的局面。亚里士多德在《政治学》一书中，在谈到土地问题时认为"就土壤的性质说，当然，人人愿意在自己境界内可能种植一切庄稼（农产），使大家各得所需，样样都不缺乏，保证城邦高度的自给自足。就国境的大小或土地的面积说，应当足以使它的居民能够过闲暇的生活为度，使一切供应虽然宽裕但仍须节制"，这提出了城邦土地面积决定人口（公民）数量的依据和标准。他还分析海洋以及海上交通对于一个内政良好的城邦究竟有利抑或有害。虽然他认为政治制度导源于人的德行，但是环境是政体是否优良的条件之一，城邦应尽量依据环境，建为联系陆地和海洋的中心，也是城邦的中心。

把自然环境对政治影响推向极致的可能当属孟德斯鸠，他在《论法的精神》一书中分析了气候和土壤是如何影响政治制度的。在气候炎热的地方，女子8岁、9岁或10岁就可以结婚，所以在那些国家里，幼年和婚姻通常是联系在一起的，到了20岁，算是垂垂老矣。因此，妇女们的"理性"和"容色"永远不能同时存在，当她们的"容色"正要称霸天下的时候，却缺乏足够的"理性"；当"理性"可以取得霸权的时候，"容色"已不复存在。所以，妇女只好处于依赖的地位，因为"理性"不能在她们年老时为他们取得"容色"在她们年幼时所取得的那种霸权，因此在这种地区一夫多妻制就是很简单的事。在气候温和的地方，女子的容颜不那么容易衰老，达到适于结婚的年龄也迟，并且其丈夫年龄也不小，因为妇女在结婚时有足够的生活经验，因而就有较多的理性和知识，因而很自然地给两性带来一种平等，结果法律也只规定了一夫一妻制。大自然赐予男子以体力和理性，赐予女子以魅力，但在女子容色消失的时候，她们超乎男子的优势也随之而尽。

（2）政治—法律变量

政治—法律变量是构成领导环境的一个重要方面。因为任何领导活动并不是一种自然人的行为，它总是与一个国家的政治传统、政治精神和政治权利结构联系在一起的。例如，对于企业组织来说，政治气候、法律尺度和法律环境对企业组织内部的领导与管理就显得至关重要。对于西方国家来说，法律尺度包括竞争的促进、种族歧视的消除、环境的控制、消费者保护、工会与管理的关系以及某些行业的管制。而在一些不发达国家中，政治变量对企业的影响更大一些，以至于有学者指出，在许多不发达国家或许引进先进管理方法的主要障碍是过多的政府控制与限制。因此，我们会发现集权制国家和分权制国家中的领导活动也呈现出不同画面。而在政府干预强和干预弱的国家中，企业组织、教育组织和群众组织中领导活动也具有迥然不同的特征，领导者是否拥有足够的自主性和规范性是衡量政治—法律环境影响领导行为的重要指标。

（3）教育变量

法墨尔和里奇曼认为，如果一个国家的教育水平太低，那么整个国家的生产组织都会滑坡，用他们自己的话来说就是："组织机构的品质与效率在很大程度上取决于组织机构人员的整体素质。因此，一个国家教育的性质和质量是决定其管理业绩水平的关键因素。如果一个管理者只能从文盲和未受过任何训练的农夫中挑选组织成员，而另一个却可以在熟练工人和大学毕业生中挑选组织成员，那么两者组建的组织机构将是完全不同的。"

一种观点认为，在所有的外部变量中，教育在改变管理者和领导者工作态度方面所施加的影响是最大的。一些管理者和领导者受过高等教育，参加过研究工作，并接受过系统的培训，因此他们的管理和领导实践是不同于那些未受过高等教育和培训的领导和管理人员的。受过高等教育和培训的管理者和领导者往往比较信任他们的下级，能放权给下级。他们比较有远见，在挑选和评价下级的时候往往更具有目的性。在汲取控制、引导和决策等方面的现代技术时，他们也颇具潜能。

另外一种观点认为，是否受过系统的、较好的教育，对于领导者和管理者来说，似乎并没有必然的影响，或者说完整的知识结构和开阔的知识视野，不能保证领导者和管理者对下级抱有充分的信任，也不能保证他们通过授权实施分权式领导。相反，他们的自信反而加剧了集权和专断的程度。更有甚者，他们有时会把下属视为一窍不通的蠢货。

以上的两种观点的区别在于能否将知识和教育变量与其他环境变量联系起来，能否将它与领导者个人的性格、观点以及习惯联系起来。良好的教育体制、较高的教育水平，如果与现代民主制度、领导者尊重人的观念和具有包容性的性格相结合，那么就会得出前一种结论；如果领导者是在一种集权化的政治环境中诞生的，再加上领导者自身的独断、专横和自我中心主义,那么他们的知识容量与开明、民主的领导方式之间非但没有必然的逻辑关系,反而有可能将之推向一个专断者的位置之上。从这一视角入手,得出后一种结论,也就可以理解了。可见,教育变量虽然是重要的,但它是否对领导活动具有强大的影响力量,要把它与其他变量和领导者自身的特质联系起来进行整体考察,才能得出较为中肯的结论。

(4)社会—文化变量

社会—文化变量主要体现在文化传统、社会心理、意识形态、个人价值取向等几个方面。这一变量引起研究者重视的原因,主要是基于对以下问题的考虑:在不同文化中的决策活动和领导方式是否不同?那些拥有经验和受过良好教育的管理者与领导者在从一个国家到另外一个国家的过程中到底会发生哪些变化?这是领导学要研究的一个重要问题,即不同文化中的领导(Leadership in Different Culture)。也就是说,领导理论提出那些领导方式对于跨文化(Cross-culture)是否适用呢?所以斯道戈迪尔(Ralph M. Stogdill)说,我们必须思考独特的或一般的领导活动与特定环境之间的关系,在这种特定背景下的领导要求对于一般的文化制度进行检验和考察。在对包括美国、英国、印度和日本等12个国家和地区的研究中发现,任何一个地方的管理者都希望以较少的命令和强制使下属具有更强的主动性和完成工作的积极性。同样,那些不断得以提升的领导者总是把自己视为具有高智能的人。但是,"民族或国家边界"确实在领导者的晋升速度方面制造了一些差别。同样,领导者对目标和冒险偏好、实用主义、人际交往能力、有效的智能、情感坚定性以及领导风格等方面的态度也与他们的晋升速度有一定的相关程度。再如,领导的行为模式确实能够分成"关心人"和"关心任务"这样界限分明的两种类型吗?若是这样,它们在实际中又怎样去衡量?再者,关心人和关心任务是否适用于一切环境?西方学者对中国香港、美国和日本所进行的研究表明,领导方式的跨文化差别确实存在。他们发现,英国较"关心人"的领导者比其他国家的领导者更容易被下属看成是倾向任务型和商量型的。英国的领导者如果示范怎样使用设备,解释如何提高生产效率或帮助他人掌握新技术,就更容易被看成是"关心人"的。"关心组织"的领导趋向于检查工作质量,讨论工作进展,解释新的任务,评价整个群体的工作成果,在工作之余不像"关心人"的领导能满足成员的社会需要。美国的高度"关心人"的领导者即使当下属迟到时也不会非难,很少递给备忘录,而是同他进行非正式谈话,工作之余同工人参加社交活动。"关心组织"的领导者与下属谈话时着重于工作进展、谈话方式,奖罚分明。中国香港的高度"关心人"的领导者同下属讨论他们的个人生活问题,工作之余花时间同他们讨论事业前途问题,在工作时间同他们频繁见面。而"关心组织"的领导者负责征求改进意见,在工作之余同下属讨论,鼓励下属互相帮助。因而,中国香港的领导者同英国的领导者一样,相对美国的领导者而言,在"关心人"和"关心组织"之间的区分不太明确。日本的高度"关心人"的领导者帮助下属解决个人困难,花很多时间同群体在一起，这些领导者不示范怎样使用设备，也不征求改进工作的建议。高度"关系组织"的领导者工作时间很长，发出书面备忘录给下属和其他领导者，花时间同下属讨论工作。总之，在不同国家，"关心人"和"关心组织"的领导方式有着不同的表现形式，一个国家的文化有助于确定不同领导方式的表现与风格。

绝大多数组织中领导者运作的指导方针是由该社会中的价值观、态度、社会准则、风俗习惯和期望来确定的。比方说在某些文化和社会中，社会反对妇女从事管理工作，尽管如此，还是有一些妇女最后达到较高的管理职位，但她们也为之克服了许多困难，付出了巨大的个人牺牲。格雷夫斯（F. W. Greaves）将现代组织中存在的各种不同类型的社会价值观分为以下几种类型，见表7-1：

表7-1 现代组织中的社会价值观

反映型	没有对自己或他人的意识，仅对基本的心理需要做出反映
部落型	存在于原始社会，受传统的影响
利己型	自私，不为他人着想，顺从于权力
因袭传统型	对模棱两可和持有不同价值观的人不太能够容忍，严格
操纵型	雄心勃勃，以贿赂和强迫等手段操纵人和事
客观型	对模棱两可和持不同价值观的人比较能够容忍

组织成员在工作时表现出的价值观和态度源自其宗教信仰、家庭和一些社会管理。对于成功、变化、工作的基本观念、时间的功用、竞争、成就感和权威等，人们有着不同的态度。梅塔在比较印度与美国管理层中的人际关系时写道："在美国文化中大多数人认为选择的自由是一个重要的社会价值观，而人际关系的方法却历来强调参与。在印度，选择的自由并不在大多数人的价值观中，印度的就业机会较少，因此在公司工作的人们主要关心的是工作的稳定性。在印度的社会中，由家庭和教育体系中培养出来的依赖意识在工作中也有体现。"

思考：
1．研究领导环境的学科是哪门学科？它的主要观点包括哪些？
2．领导环境包括哪些要素？具体说说这些要素在领导活动中是如何发挥作用的。

7.1.2 环境的分类

最常见的分类方法将领导环境分为内部环境和外部环境。

内 部 环 境

内部环境就是指组织内部由各种要素组合起来的一种情势。它主要包括以下要素：
（1）组织的性质与类别。组织性质和类别的差异，决定了领导方式会出现一定程度的差异。在知识分子云集的教育组织和等级森严、令行禁止的军事组织以及谋取高额利润的企业组织中，领导方式的差异是显而易见的。虽然在各种领导理论中，提出了一些模式化的领导行为方式，但是它们在不同组织落实过程中，显然呈现别具一格的画面。

（2）组织内部的文化。任何组织在其发展过程中，都会形成自身所拥有的组织文化，这些文化决定着组织内部的价值观、行为方式、人际关系模式、工作观念甚至个人的发展方向等。

（3）下属的成熟度。下属的成熟度一直是领导学所关注的内容，领导行为理论和领导权变理论实际上对下属成熟度对领导方式的影响，进行了大量的研究（更加详细的内容可参见本书 4.3.2）。

（4）工作结构化程度。在一个组织的内部，工作结构化程度的高低，将直接决定着领导者的作用和功能，影响着领导者的决策方式。

（5）领导者的特质。领导者自身的特质也是构成组织内部环境的一个重要方面。领导者不仅是在领导一个组织，而且也是在领导自身，所以一个优秀的领导者必须学会领导自己，因为领导者如何将自身的特质与组织有效地结合在一起，在很大程度上取决于领导者领导自身的有效性。

按照权变的精神，可以断定：任何情境下领导行为都有效的看法可能并不正确。领导并不总是重要的，不少研究资料表明在许多情境下，领导者表现出什么样的行为是无关紧要的。某些个体、任务和组织变量可能成为"领导"的替代因素，或者使领导对下属的影响无效。

外 部 环 境

组织所处的环境是相同的吗？当然不，各种组织由于结构不同、所处的发展阶段不同、目标等不同而面对着不同类型的环境。艾默里和特利斯特对组织的外部环境的类型与特点进行了如下的分析，见表 7-2：

表 7-2 外部环境的类型与特点

外部环境的类型	外部环境的特点
1. 平静、随机型	环境简单且平静 环境对组织的影响最小 单个的小型组织存在其中
2. 平静的、串型	环境变化不快，可以对因果关系做出概率估计 组织形成等级层次并实行集权化控制
3. 混乱、活跃型	存在许多相似的组织 必须不断变化且非常混乱
4. 动荡型	对内部组织和管理的影响很大 组织高度依赖其研究与开发工作，以适应竞争的挑战

此外劳伦斯和洛斯奇也进行了大量的研究,并确定环境的性质和类型及其对组织的影响,见表 7-3:

表 7-3　外部环境的性质、类型及其对组织的影响

1.稳定的环境:变化不大,有一定的规律和较大的确定性	该环境中的组织有规范的操作和严格正规的结构
2.中型环境:不太稳定,也不太动荡	该环境中的组织要面临稳定的环境,也要面临变化;组织结构不严格,也不正规
3.动荡的环境:不断变化,高度的不稳定,也不正规	该环境中的组织要面对环境的不断变化,并且要适应这些变化

领导外部环境一般受到以下几个要素的影响:

(1)政治权利的影响。任何组织所采取的领导体制及其倡导的领导文化观念,无不受到宏观政治权力的影响。也就是说,组织内部领导体制变革的程度都要存在于政治权力所允许的限度之内。如果一个组织内部的领导体制以及领导方式超出了政治权力所能容纳的限度,几乎是很难存在下去的。

(2)社会心理的沉淀。任何组织内部领导的有效性都受制于该社会文化心理沉淀的影响。许多超越于社会文化心理所能容纳限度的决策,几乎都以失败而告终,就说明了这一因素对领导的巨大影响。沉淀到人们心中的文化心理,为人们理解领导和评判领导提供了一种软性的坐标体系,它甚至为领导缔造了一道道德防线,那些试图冲破这道道德防线的领导,都要为此付出较为巨大的代价。

(3)外来文化影响程度的高低。任何一个民族都会受到外来文化的影响,尤其是在全球化的时代,外来文化的影响就成为组织外部环境的重要组成部分。在这个开放的时代,一个组织内部的领导活动必然要受到这一因素的影响。所以,西方的管理学家和领导学家告诫领导者:要为全球化做好准备。在这个全球化的时代,任何一个人都会面临着来自各方的严酷竞争,全球化的过程夹杂着个人主义和集体主义的对抗,因此,任何一个领导者都要为全球化的来临做好充分的准备,对不同文化之间的差异性应该具有必不可少的敏感性。总之,全球化时代的领导者会具有其他时代的领导者所不具有的某些崭新的特征。

内部环境与外部环境的关系

由于任何一个组织都是一个开放系统,这就决定了内部环境与外部环境必然处于一个动态的相互作用过程中。内外环境的互动程度,在很大程度上是决定组织发展和领导有效性的重要变量。一般来说,两者之间的关系主要体现为以下两个方面:

(1)外部环境对内部环境产生压力。外部环境往往是一个组织图谋变革的原动力,市场竞争的加剧、政府的倡导与管制、外来领导观念的冲击等,都是影响组织内部的领导体制和领导方式产生变革的重要因素。例如,美国企业在实行产权激励的过程中,美国政府所产生的刺激和压力,是极为重要的因素之一。因此,能否有效地应对外部环境的压力,

是衡量组织内部领导有效性的一个重要指标。

（2）内部环境对外部环境存在着抵制和适应的两重性。丹尼尔.A.雷恩在《管理思想的演变》一书中说："经济环境能带来新的机遇，也能增大竞争压力；政治环境可以带来自由，但也能限制个人与组织的权限；而开放系统中的社会环境会给恰当的行为造成更多或者说是不同的预期。"

尽管外部环境不可避免地对组织的内部环境产生压力，但是由于受各种因素的影响，内部环境与外部环境并不总是协调一致的。内部环境对外部环境有适应的一面，这是领导者能够有效应对外部环境压力的结果，还有抵触的一面。例如，由于领导者为了预防组织内部既得利益集团不受损失，会将外部环境的影响抵挡在组织边界之外，以免引发与领导者意图相违背的变化。因此，内部环境对外部环境存在着抵制和适应的两重性。

思考：
1．领导内部环境具体包括哪些内容？其侧重点在哪些方面？
2．领导外部环境具体包括哪些内容？其侧重点在哪些方面？
3．领导内部环境和外部环境是如何划分的？它们之间有着怎么样的关系？

7.1.3 环境与变化

环境力与变革

任何领导活动都是在一定的环境中展开的，领导环境非常重要。它不仅决定了领导行为的有效程度，更是意味着一种变化和挑战。特别是在当今时代，信息技术和计算机的发展在急剧地改变工作和组织的性质，其中的关键原因就是人们在组织中工作所利用的信息及其流动方式的变化。与以往相比，越来越多的人可以以更快的速度获得更多的信息。在信息时代，知识成为了不可替代的资源。正如彼得·德鲁克所说，"知识和知识型员工的生产率"将成为决定性的竞争因素。这种信息快速流动带来的是一个激烈竞争、充满不确定性和迅速变化的时代，没有任何一个领导者仅凭过去的荣耀就可以获得成功，未来属于那些在复杂多变的环境中创造和维持竞争优势的人，领导者要将环境视为推动领导变革的重要变量，"环境力"这个概念可以被视为环境影响领导活动的生动写照。因此，领导环境对于领导有效性的影响，就成为领导学研究的重要内容。正是受制于一定的客观环境，才使得任何领导方式或领导理论都面临着时空的限制。另一方面，领导者也在塑造有利于自身的环境。领导者受制于环境和试图塑造环境这一双重趋向都是存在的，与环境产生严重抵触的决策往往导致领导失败，而有些领导者因过受受制于环境，从而为其保守和谨慎提供了借口，这些现象说明了环境成为领导活动基本要素之一的原因。

竞争优势（Competitive Advantage）指的是将一个组织与其竞争者明确地区别开并由

此获得优势的核心竞争力。这种竞争优势只有在通过不断地观察和了解环境的基础上采取恰当的领导手段去有效地驾驭环境才能充分利用环境这一重要资源,为领导活动的有效性奠定坚实的基础。对于任何一个领导者来说,这都是一种考验。领导环境作为领导活动的一个基本要素,对于领导有效性的发挥具有重要的影响。一种沿袭传统、崇尚保守的文化环境会阻滞领导变革的成功,相反,在一种开放性的环境中,领导环境会为领导变革提供充足的文化资源。在现实生活中不乏因领导环境的影响而导致领导决策失败的例子。为此,今天的领导者在决策和领导整个组织时,应把领导环境的影响置于一个重要地位,要敏感地把握住技术、全球化、社会、政治环境、经济环境、消费者偏好和立法上可能发生的变化,才能成功地应对所面对的无数挑战。

组 织 变 革

在复杂的、普遍的人类历程中,领导角色像罗马神话中具有两幅面孔的门神一样:向外,它观察着环境;向内,它观察着内部秩序。其基本目的在于寻求平衡和发展,它的基本功能是通过消除紧张状态从而达到目的,这是领导在人类价值的全部历程中所发挥的作用。在领导活动的每个阶段,在人与组织之间以及人与环境之间都包含着这样的冲突和紧张状态,化解这一冲突和紧张的人文基础和价值在某种程度上是普遍的,因此领导是一种艰难的艺术,是一种最高尚、最古老和最基本的活动。

但是变革并不仅仅涉及个人的努力,成功地引发一场大规模的变革,领导者需要关注影响组织的情境因素和追随者因素。他们必须开动他们的脑筋,使用各种技巧和创造力来找到解决办法,但是这并不能保证最终会导致变革。领导者必须利用他们的权力、影响力、个人特质、领导技巧和关于激发群体动力的知识来推动变革。

有大量的学者完成了关于组织变革的著作,如奥图尔(J. O'Toole)、普利切特(P. Pritchett)、海菲兹(Ronald A. Heifetz)、林斯基(Marty Linsky)、坎特(Rosabeth Moss Kanter)、科特(J. P. Kotter)、皮尔(M. Beer)和柯林斯(J. Collins)。这些人都为领导力和变革提供了独特的视角,并且提供了一些共同的观点。其中,皮尔(Peer)提供了一种理性和直接的组织变革的方法。他的模型既可以为实践中的领导者指出一条实施组织变革的道路,还可以作为一个诊断的工具来帮助我们理解为什么有些变革失败了。皮尔给出了一个公式:

$$C = D \times M \times P > R$$

式中,D 代表的是当前状况下追随者的满意度(dissatisfaction);M 代表的是变革的模型(model)以及领导者对于未来的愿景;P 代表的是过程(process),指的是制订和实施计划,具体包括谁、什么事、什么时间、什么地点以及如何触发变革;R 代表的是反抗,人们反对变革是因为他们失去现有的身份或者社会联系;C 代表的是变革量(amount of change)。

因此,领导者要增大变革量就需要通过增加不满意的程度,令愿景和目标变得更加清晰，设计一个考虑周全的变革计划或者是减少追随者的反抗程度。这里 $D×M×P$ 意味着，领导者即便增大了不满意程度但是却没有一个良好的计划，最后仍然很少有变化发生。

追随者的情绪是组织变革的动力，但是这需要将其控制在一定的范围之内。领导者需要推动这种不满增长到一个合适的点，在达到这个点的时候下属愿意采取行动，但是不至于让他们决定离开组织。那么领导者应该如何去做呢？首先，需要决定下属对于当前形势的满意程度。为了增加不满意程度，领导者可以谈谈对于现状的关心，甚至编造出来一些经济或者政治上的危机、与其他的组织比较或者是大幅提高行为标准，这些都可以提高追随者的情绪水平，但是领导者必须保证这些情绪可以通过领导者对于组织的愿景和方案得到排解。

公式中的模型包括 4 个组成部分：审视环境、愿景、新目标的设定、必需的系统变革。领导者要不断地观察外部环境来评估威胁的程度，并进而分析组织的优势和劣势，然后这些信息构成了变革的愿景。愿景不同于目标，就像古人航海依靠星星来导航一样，愿景应该为组织行动提供指导，帮助组织决定该做什么不该做什么、该使用什么人和该解雇什么人等。但是这些星星并不是航海者的目的地，同样，愿景也不是一个组织的最终目的地。一个组织的目标才是它的目的地，它包括具体的组织行为以及时间。接着，领导者需要决定哪些系统需要根据目标进行改革。

在变革过程中，领导采取的行动可能会导致追随者不满意度增长。当然，计划本身只是一条改革的道路，改变只有在计划真正实施的时候才会发生，这也是领导者们经常栽跟头的另一个原因。有些时候是因为领导者没有能力很好地实施计划，获得追随者遵守计划最好的办法就是让他们来制订计划。即便有时不能让所有的追随者加入到计划的制订当中，但是如果行为要求是明确的、变革的个人利益是清楚的并且追随者与领导者之间的关系是信任的，那么追随者仍然会很好地遵守变革的计划。

思考：

1. 环境对于领导来说，它的重要性在于哪里？
2. 什么是组织变革，组织变革与哪些因素有关？
3. 如何解释皮尔的组织变革公式？

7.2 领导权变理论

7.2.1 菲德勒模型

模型及因素

自 1951 年起，弗莱德·菲德勒（Fred Fiedler）开发了最难共事者问卷（Least Preferred

Co-worker Questionnaire, LPC），用以测量个体是任务取向型还是关系取向型。另外，他还分离出3项情境因素，即领导者—成员关系（Leader-member Relations）、任务结构（Task Structure）、职位权力（Position Power）。他相信通过操作这3项因素能产生与领导者行为取向的恰当匹配。经过十多年的调查研究，他于1962年提出了菲德勒权变模型（Fiedler Contingency Model），通常被称为菲德勒模型。

由菲德勒创立的权变模型不是像以往的研究那样去寻找最优领导风格，而是认为领导的成功与否取决于领导风格与环境的要求是否相匹配。这种理论认为领导风格属于个人性格，具有持续性并难以改变，同时任何风格都不总是有效的。因此该理论不强调训练领导者采用新的领导风格，而是建议他们针对环境在既有的风格中找到最适合的工作方法。为了判断领导环境，我们必须弄清楚这3项情景因素。领导—成员关系质量的好坏可以衡量下属对领导者的支持程度；任务结构化程度的高低可以衡量任务的目标、过程和指导方针表达的清晰程度；职位权力的强弱可以衡量职位所赋予领导者奖励或惩罚下属的权力的大小。

研 究 成 果

表7-4给我们展示了从最有利环境到（上下级关系良好、任务明确、职权强大）最不利环境（上下级关系紧张、任务模糊、职权无力）的8种可能性情景的组合，其中，领导模式看上去既可以是任务导向，也可以是人际关系导向的。以上关于菲德勒模型的描述显得过于抽象，下面我们从更为实际和具体的角度来了解这一研究成果。

（1）领导风格类型由人格特性决定

由于人格特性是相对稳定的，因此每个领导者的领导类型也是相对稳定的。菲德勒设计了一个"最不受欢迎的共事者问卷或量表"（见表7-4）来了解、判断一个领导者的领导类型。

该问卷要求领导者在所有过去与现在的同事中选取他认为最不受欢迎、最难合作的人，然后通过在21对截然相反的形容词之间，选择一个认为最合适的等级对此人进行描述。最终加总21个项目的得分，一个领导者的LPC分数反映了他对于同他难以共事者的情感反应。LPC分数高的领导者，比较关心人际关系，并从和谐的人际关系中获得满足，对部下比较宽容体贴，不随意命令，比较愿意让部下分享责任与权力。这种领导者主要以人际关系为目标来激励自己，通过与其他人建立良好的人际关系来实现自我。LPC得分低的领导者，对人苛刻、以工作为中心，相对于群体成员之间的人际关系他更加重视工作任务的完成和目标的实现，往往从工作的完成中获得满足和自尊。为了保证工作的完成，这种领导者倾向采用专制式管理。总之，高LPC的领导者偏向于关系导向，低LPC的领导者偏向于任务导向。

表 7-4　LPC 问卷

令人愉快的	8 7 6 5 4 3 2 1	令人不愉快的
友善的	8 7 6 5 4 3 2 1	不友善的
坏的	1 2 3 4 5 6 7 8	好的
有距离的	1 2 3 4 5 6 7 8	亲近的
支持他人的	8 7 6 5 4 3 2 1	抱有敌意的
满足的	8 7 6 5 4 3 2 1	不满足的
没有进取心的	1 2 3 4 5 6 7 8	有进取心的
紧张的	1 2 3 4 5 6 7 8	轻松的
不用心的	1 2 3 4 5 6 7 8	用心的
没有同情心的	1 2 3 4 5 6 7 8	有同情心的
没耐心的	1 2 3 4 5 6 7 8	有耐心的
缺乏热诚的	1 2 3 4 5 6 7 8	热诚的
快乐的	8 7 6 5 4 3 2 1	沮丧的
没有信心的	1 2 3 4 5 6 7 8	有信心的
好与人争论的	1 2 3 4 5 6 7 8	与人和睦的
顽固的	1 2 3 4 5 6 7 8	不顽固的
不能产生的	1 2 3 4 5 6 7 8	能产生的
缺乏冒险精神的	1 2 3 4 5 6 7 8	有冒险精神的
好交际的	8 7 6 5 4 3 2 1	不好交际的
满意的	8 7 6 5 4 3 2 1	不满意的
没有野心的	8 7 6 5 4 3 2 1	有野心的

（2）领导效果取决于领导情境

菲德勒经过 15 年的调查研究之后发现，影响领导效果的情境因素主要有 3 个：领导者与被领导者的关系、任务结构、领导者的职位权力。这 3 项因素组合起来，可以得到 8 种不同的情境和类型（详见图 7-1），每个领导者可以从中找到自己的位置。

1）领导者与被领导者的关系。菲德勒认为这个因素是最重要的，因为职位权力和任务结构大多可以置于组织的控制之下，但是领导者与被领导者的关系不易控制，如果处理不好，可能影响下级对领导者的信任和爱戴，领导者和成员之间良好的人际关系意味着他们具有一种团队精神，相互支持，凝聚力强。这一因素可用好或不好为指标。所谓好与不好，是指领导者受其群体成员所喜爱、信任、乐意服从的程度，这可用社会关系测量法或群体气氛表加以测量。

2）任务结构。它是指工作任务的明确程度和人们对这些任务的负责程度。当下属成员对所承担任务的性质、目的、方法和绩效标准清晰明确时，领导者对工作质量较易控制，含义模糊不清的任务会带来一种不确定性，从而降低领导者对情境的控制度，这一因素以明确或不明确为指标。

3)职位权力。这是指领导者所拥有的对下属的雇用、解雇、报酬和奖惩等正式的与领导者职位相关联的权力,以及领导者从上级和整个组织各个方面取得的支持程度。职位权力是由领导者对其下属的实有权力。当领导者拥有一定明确的正式的职位权力时,则更容易使群体成员遵从他的领导,拥有较多正式权力的领导者更容易控制执行。

根据这3个权变因素可以评估环境是否对领导者有利,菲德勒指出,领导者与下属关系越好,任务结构化程度越高,职位权力越大,领导者拥有的控制力和影响力也越高,环境对领导者越有利;反之,环境对领导者则不利。

(3)领导与情境的匹配

菲德勒还注重将领导风格理论与情境理论结合起来加以研究,以探讨领导风格与情境顺利程度的交互作用(图7-1)。他认为,在领导职位权力不足、任务结构不明确、领导与下属的关系恶劣的情境因素下,任务导向型的领导者将是最有成效的。在职位权力很高、任务结构明确、领导者与其成员关系良好等情境因素下,任务导向型的领导者也是最有成效的。但当情况在中等有利时,关系导向型的领导是最有成效的。总之,在情境因素最好或最差的条件下,应选择任务导向型的领导方式,反之,则应选择关系导向型的领导方式。

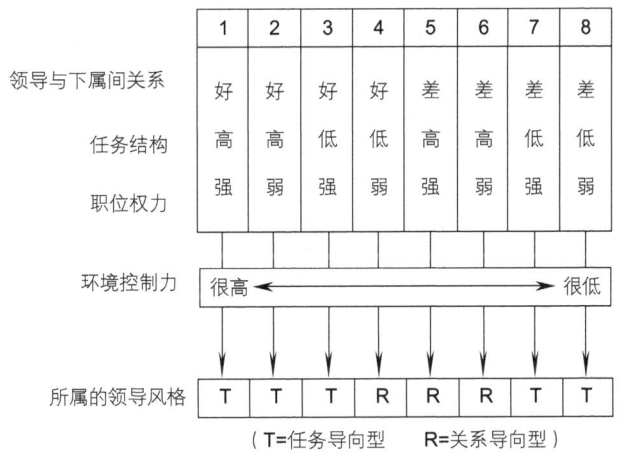

图 7-1 环境特征的组合

上面菲德勒模式证明了有效的领导不仅仅取决于领导者的行为类型,而且也决定于情境对于领导者是否有利。因此,对于领导者来说,不能用一种固定的模式去管理千差万别的组织,而应根据具体情况采取不同的领导方式。而对于组织上安排领导者来说,则要考虑该领导者的领导类型与该单位的情况两方面的因素是否搭配,应根据各单位的具体情况选派不同领导者,只有这样才能发挥出最佳的领导效能。

个体的领导风格是稳定不变的,个体的LPC分数决定了他最适合于何种情境条件。个体不可能通过改变自身的领导风格去适应变化的情境,因此提高领导者的有效性实际上只有两条途径:

1）替换领导者以适应情境。在棒球比赛中，教练可以根据击球手的情境特点而决定起用左手投手还是右手投手，从而获得比赛的胜利。再比如，如果群体所处的情境被评估为十分不利，而且之前又是一个关系取向的管理者进行领导，那么替换一个任务取向的管理者则能提高群体绩效。

2）改变情境以适应领导者。通过重新建构任务或提高或降低领导者可控制的权力（如加薪、晋职和训导活动）使环境符合领导者的风格。假设任务取向的领导处于第三类型的情境中，如果该领导者能够显著减弱他的职权，即在第四类型中活动，则该领导者与情境的匹配十分恰当，从而会获得更高的群体绩效。

评 价

从某种意义上说，菲德勒的模型属于过时了的特质理论，因为 LPC 问卷只是一份简单的心理测验。然而，菲德勒的理论比那些忽视情境的特质理论和行为理论强很多，他将个体的个性特点与情境联系起来，并将领导效果作为二者的函数进行预测。有大量的研究对菲德勒模型的总体效率进行了考查，它依然是领导科学上最早的，也是迄今为止最好的研究方法之一。其权变模型的基本前提是：领导绩效是领导方式和领导情景相互作用的产物，有效的群体绩效取决于与下属相互作用的领导者的风格和情境对领导者的控制和影响程度之间的合理匹配。如果领导方式与情境相容，那么这种领导就是有效的；如果领导方式不能满足领导情境的需要，那么，这种领导将失去有效性。领导者必须是一位具有适应能力的人。

但是，该模型目前也还存在一些欠缺，还需要增加一些变量来加以改进和弥补。另外，在 LPC 量表以及该模型的实际应用方面也存在着一些问题。比如，LPC 的逻辑本质尚未被很好地认识，一些研究指出作答者的 LPC 分数并不稳定。另外，这些权变变量对于实践者来说也过于复杂和困难，在实践中很难确定领导者—成员关系有多好，任务的结构化有多高，以及领导者拥有的职权有多大。

思考：

1. 什么是"最难共事者问卷"，它主要用于测量什么？它的结果可以给我们提供哪些信息？
2. 菲德勒模型中重点考虑的 3 个情境要素是什么？
3. 菲德勒模型是如何将领导风格理论与情境理论结合起来的？

7.2.2 赫塞—布兰查德情境理论（领导生命周期理论）

理 论 视 角

另一个被广泛推崇的领导模型是 1981 年由保罗·赫塞（Paul Hersey）和肯尼思·布

兰查德（Kenneth Blanchard）开发的情境领导理论（Situational Leadership Theory，SLT），该理论又称为领导生命周期理论，这个重视下属的权变理论受到了广大领导者的推崇。尽管对这一理论的效率尚未进行深入广泛的考察，但由于其广泛的接受性和很强的直观感染力，被作为培训下属的主要手段和方式。如《幸福》杂志 500 家企业中的北美银行、IBM 公司、美孚石油公司、施乐公司等都采用了此理论模型。

情境理论与菲德勒权变理论的不同点在于它把研究的重点放在被领导者身上，赫塞和布兰查德认为，依据下属的成熟度水平选择正确的领导风格会取得领导的成功。恰当的领导方式必须根据下属的成熟度来确定，因为领导是通过被领导者起作用的，领导权力从某种意义上说来自被领导者。如果被领导者不认同、不接受领导者，无论领导者的观点多么正确，行动计划多么周密，都只能是领导者自己的事，难以变成现实，因此就没有什么绩效可谈。

什么样的下属需要什么样的领导

"成熟程度"这个概念是由美国哈佛大学心理学家阿吉里斯（C. Argyris）提出来的。他认为个体发展从婴儿到成年是从不成熟到逐渐成熟的过程。这里的"成熟程度"主要不是以生理年龄来衡量的，而是指心理上的成熟程度，主要指个人的知识、经验、能力、人格、教育水平以及责任感和成就动机等。个人的成熟度是不完全一样的，即使是成年人，在成熟度上也有很大差别。而且，组织的管理方式对个人的成熟度具有很大影响。美国一个制造收音机的工厂，曾招收了一批智力落后的女孩来从事简单的低技术工作，结果却受到了经理的表扬，他说，这些女孩子异常地规矩，特别地服从，绝对的忠诚可靠，她们的工作效率高得令人惊讶。这说明传统的管理方式很适合于心理不成熟的人，而对于成熟的人来说却是一种束缚和压抑。

赫塞和布兰查德将成熟度（Maturity）定义为：个体对自己的直接行为负责任的能力和意愿。它包括两项要素：工作成熟度与心理成熟度。前者包括一个人的知识和技能，工作成熟度高的个体拥有足够的知识、能力和经验来完成他们的工作任务而不需要他人的指导。后者指的是一个人做某事的意愿和动机，心理成熟度高的个体不需要太多的外部鼓励，他们靠内部动机激励。两个不同方面成熟度的高低结合形成了 4 种类型的成熟度类型，领导方式应随着被领导者成熟度的变化而变化。根据这一理论，"高工作，高关系"的领导方式并不经常有效，而"低工作，低关系"的领导方式也不一定经常无效，都要视下属的成熟程度而定。他指出，领导者的工作行为、关系行为与被领导者的成熟度之间是一种曲线关系。这条曲线可以使领导者了解领导方式与下属成熟度之间的关系，见表 **7-5** 所示。

表 7-5　领导方式与下属成熟度之间的关系

成熟度	低	中低	中高	高
	低能力 低动机	低能力 高动机	高能力 低动机	高能力 高动机
领导方式	指导式 高工作 高关系	推销式 高工作 低关系	参与式 低工作 高关系	授权式 低工作 低关系

情境领导模式使用的两个领导维度与菲德勒的划分相同：任务行为和关系行为。但是，赫塞和布兰查德向前迈进了一步，他们认为每一维度有低有高，从而组合成以下 4 种具体的领导风格，见表 7-6：

表 7-6　生命周期理论中领导风格的划分

象限	风格类型	说明
Q1 （第一象限）	指示型（Telling） （高任务—低关系）	当下属的工作与心理成熟度很低，没有意愿也没有能力处理所交付的工作的时候，领导者应该采取的领导方式是由领导者来定义工作角色，并告知人们要做什么、如何做、何时做，以及在哪里进行各类任务
Q2 （第二象限）	推销型（Selling） （高任务—高关系）	领导者除了继续监控下属完成工作任务之外，同时不断地给以下属提供指导性和支援性的帮助，以促进其成长和进步，这种领导风格强调领导者对所做要有所解释说明，并让下属有机会澄清问题
Q3 （第三象限）	参与型（Participation） （低任务—高关系）	领导者协助下属完成任务或支持下属的工作构想，并与下属共同制定决策，分担各项责任，并且能使用鼓励及双向沟通、协调的讨论方式，来提升下属独当一面的能力
Q4 （第四象限）	授权型（Delegating） （低任务—低关系）	这种领导风格适用于下属能力与意愿较高的情况下，领导者将决策制定、问题解决等权责，授予下属自行负责，以体现自主领导；此时更强调的是领导者完全的授权与信任，很少的指导和协助，并非领导者放任不管

领导生命周期模型图

图 7-2 中横坐标代表以关心工作为主的工作行为，纵坐标代表以关心人为主的关系行为。其中第三个坐标则是图中最下面一行，即赫塞—布兰查德理论的最后部分定义的成熟度的 4 个阶段：

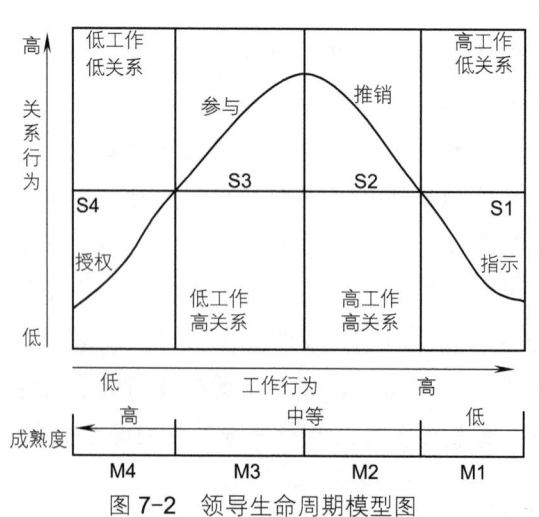

图 7-2　领导生命周期模型图

第 7 章　领导与情境

第一阶段 M1：这些人对于执行某任务既无能力又不情愿。他们既不胜任工作又不能被信任。

第二阶段 M2：这些人缺乏能力，但却愿意从事必要的工作任务。他们有积极性，但目前尚缺乏足够的技能。

第三阶段 M3：这些人有能力却不愿意做领导者希望他们做的工作。

第四阶段 M4：这些人既有能力又愿意从事让他们做的工作。

情境模型是这样解释领导者与被领导者之间关系的：随着下属由不成熟走向成熟，领导行为应按下列程序逐步推移，高工作与低关系——高工作与高关系——高关系与低工作——低工作与低关系。就是说，当被领导者成熟度很低时，可以采用高工作、低关系的专制式领导，上级通过单向信息沟通指令下级做什么、怎么做。当被领导者的成熟度处于中等水平时，可以采用高关系、高工作，或高关系、低工作的领导行为，通过说服教育或参与管理来调动下级的生产积极性。当被领导者的成熟度达到相当高的水平时，可以采取低工作、低关系的领导行为，通过充分授权、高度信任来调动下级的生产积极性。

例如，某一学徒工刚进工厂时，他的性格与工作经验都比较幼稚，又缺乏生产的基本知识和纪律性。这时，领导者应侧重为他细致安排工作，加强指导、监督和检查，并提出严格要求，这时的领导行为就是高工作与低关系。过了一个阶段，他在工作方面的知识和技巧逐渐增加了，从不能自我控制逐步走向自我控制，这时，领导者对他应逐渐放手，并适当放权，让他独立自主地工作，并对其工作上的进步随时给予鼓励和肯定。此时，领导行为就成为高工作与高关系的类型。到了更成熟时期，就应让他在工作上负更多的责任，让他自己去组织安排，而领导者则通过双向沟通和悉心倾听的方式，与下级互相交流信息、讨论问题，支持下级努力发挥他们自己的能力，此时的领导行为就是低工作、高关系的类型。随着下属性格和技能的更加成熟，领导者就应该更多地让他们独立工作和单独处理问题，对他们充分信任，这时的领导行为就变成低工作、低关系的类型。

概括起来，领导生命周期理论认为，有效的领导行为不仅应该因人而异，而且应该根据每个人不同时期的成熟程度而变化。在任何实践中应用这个模型的领导者必须有根据不同的下属成熟度采用不同领导方式的能力。授权风格适合于团队能力、意愿和自信度较高的情况；而命令风格适合于与之相反的低水平的情况。在这两者之间，参与风格用于相对较低的成熟状态时，而说服风格应用于相对较高的成熟状态。

除此之外，赫塞和布兰查德进一步认为领导风格能够并且应该在特定情况下随着时间的推移而调整。这个模型还告诉我们，如果在一个低准备水平的环境下使用了对路的方法，雇员们会变得更加成熟，在个人能力、工作意愿和自信心方面得到提升，这样做除了对自身可以产生积极结果外，还能够减少领导者的指挥工作量。

评 价

领导生命周期理论由科曼（A. K. Karman）在 1966 年首先提出，其后由赫塞和布兰查德予以发展。这一领导模式的主要观点是领导者的领导风格应该适应其下属的"成熟"程度，在被领导者渐趋成熟时，领导者的领导方式要做相应的调整，这样才能取得满意的领导效能。科曼的这一领导模式是在分析俄亥俄派的"领导行为四分图"时，加入了第三个因素——被领导者的成熟程度之后建立的。所以，敏锐的读者可能注意到，赫塞和布兰查德的四种领导风格与管理方格论的四个"角"极为相似，情境理论与管理方格论大体相同，二者的主要差异只是将 919 型的内容（一种适合于所有情况的风格）做了改动，认为"正确的"风格应与下属的成熟度相联系。

赫塞和布兰查德否认了这种看法。他们认为管理方格论强调的是对生产和员工的关注，是一种态度维度，而情境领导模式却相反，强调的是任务与关系的行为。尽管赫塞和布兰查德这样辩驳，但它们之间确实差异很小。如果认为情境领导理论是在管理方格论基础上的改进，它反映出了下属成熟度的 4 个方面，则更易于加深对它的理解。

最后，我们再回到一个重要问题上来：是否有证据支持情境领导理论？前面已指出，这一理论很少被研究者所重视，就目前的研究资料来看，对这一理论的结论应该持谨慎态度。一些研究者认为有证据部分地支持这一理论，也有人指出没有发现这一假设的支持证据。

思考：

1．情境领导理论与菲德勒领导权变理论有着怎样的不同？
2．成熟度仅仅是生理上的体现吗？它具体包括哪些内容？
3．按照关心工作还是关心人，领导风格被划分为了哪几种类型？它们分别具有怎样的特点？
4．具体解释一下领导生命周期理论中的各个阶段？其中领导者与被领导者分别具有怎样的特点，两者之间的关系如何？

7.2.3　路径—目标理论

理 论 来 源

路径—目标理论（Path-Goal Theory）是由伊文斯（Martin G. Evans）和豪斯（Robert J. House）结合了伏隆（Victor H. Vroom）的期望理论（更多有关期望理论的内容详见 5.3.1）与俄亥俄大学的领导行为四分图理论（更多有关领导行为理论的内容详见 4.3.2）而开发的一种领导权变模型。它将领导行为四分图理论中的"结构"改为了"工作的明确性"或"路径—目标的明确性",而将"关怀"改为"协助路径达成"或"领导者的领导程度"所发展而成。这个理论强调,领导是一个激励下属的过程,领导方式只有适合于下属和环境时,才能是有效的,即领导者行为的结果要通过环境与下属两种不同情境因素来诠释。此理论着重考虑领导者如何影响下属对工作目标的知觉,以找到成功引导下属去达成工作目标的途径和方法。

目 标 导 向

根据期望理论,判断一个人被激励与否主要取决于效价和期望值的影响,所以目标导向理论认为一个领导者要能够激励下属,必须解决3个问题:

(1)使下属认识到达成目标后所能获得的利益,就是说,领导者要设法提高下属对实现目标意义的了解,增加目标的效价。

(2)提高下属对实现目标可能性的认识,即提高下属对实现目标的期望值,要做到这一点,一方面要帮助下属明确自己所扮演的角色,即领导者要阐明要求下属做什么;另一方面,要帮助下属掌握实现目标的方法,使其明确通向目标的途径。

(3)要使下属在实现目标的过程中得到满足,以刺激他们的工作动机。

路 径 选 择

一个领导者应该采取什么样的领导方式才能达到上述目的呢?俄亥俄学派曾认为"高结构,高关怀"的领导行为是最有效的领导方式,而路径—目标理论的研究表明,"高结构"与"高关怀"的组合不一定是最有效的领导方式,还应该考虑环境的因素,即当工作任务模糊不清导致下属无所适从的时候,他们希望有"高关怀"的领导为他们提出明确的工作规定和安排。而对于例行性工作或内容已经很明确的工作,他们则希望有"高关怀"的领导,让下属得到需要的满足。相反,如果工作任务已经很明确,领导者仍在喋喋不休地发布指示,下属一定会感到很厌烦。有效的领导者能够为下属指明完成任务的途径,使下属既能实现任务目标,又能实现个人目标。根据上述思想,豪斯提出了4种领导方式:

(1)指令型领导方式。领导者明确指导下属工作方向、内容和技巧方法,让下属清楚他人对他的期望,并指导如何去完成工作。领导者发布指示,决策时没有下级参与,应当告知下属目标是什么,指导他们做什么和怎样做,规划工作进程,明确绩效标准,清晰定位自己在团队中的角色。指导型领导者让下属知道期望他们的是什么,以及完成工作的时间安排,并对如何完成任务给予具体指导,这种领导类型与俄亥俄州立大学的结构维度十分近似。

(2)支持型领导方式。亲切友善,并对下属的需求表示关切。领导者对下级友善、关心,从各方面给予支持,使工作气氛更加愉悦,平等地对待团队成员,友好而易于亲近,关心下属的幸福。支持型领导十分友善,并表现出对下属需求的关怀,这种领导类型与俄亥俄的关怀维度十分近似。

（3）参与型领导方式。在作决策前，咨询下属的意见并纳入参考。领导者在作决策时，征求并采纳下级的建议，与组员一起作决策，与组员协商，向组员征求意见并在决策时采纳这些意见。参与型领导则与下属共同磋商，并在决策之前充分考虑他们的建议。

（4）成就型领导方式。领导者给下属提出挑战性的目标，以鼓励下属尽其所能，并相信他们能达到目标。设立挑战性目标，期待高水准的表现，强调工作中的持续进步，对于达到高标准充满自信。成就导向型的领导设定富有挑战性的目标，并期望下属实现自己的最佳水平。

环 境 变 数

与菲德勒的领导行为相反，豪斯认为领导者是灵活的。以上4种领导方式在一个领导者身上应该同时存在，同一领导者可以根据不同的情境表现出任何一种领导风格。领导者在选择领导风格时主要应考虑两个因素：

（1）下属的个性特点，包括控制点、经验和知觉能力等，如领导能力、受教育程度、对成就和独立的需求，以及愿意承担责任的程度等。有的人自视甚高，认为自己的能力和意志能够控制事物的发展，并能够影响周围的事物，这种人喜欢参与式的领导方式；有的人则认为工作的成就主要靠命运和机遇，自己无法控制，这种人比较适合指令型领导。

（2）环境因素，包括任务结构、工作性质、正式权力系统、工作小组的情况等。因此，在任务分配不明确时，优秀的领导者会通过指示型领导来明确任务目标和预期奖励。当一名员工缺乏自信心时，优秀的领导者会通过支持型领导来评价个人能力以提供必要的帮助；当激励机制作用不大时，优秀的领导者会通过参与型领导来确定员工的需求和适当的激励；当任务的挑战性不高时，优秀的领导者会通过成就导向型领导来提升员工的积极性。

那么到底领导者应该调整情境以适应个体，还是应该调整个体以适应环境呢？答案可能在于领导者本身，尤其是领导者在自我监控方面的程度。由于个体在行为的灵活性程度上存在很大的差异，一些人很容易调整自己，而有些人无论周围情境如何，其行为都表现出高度的一致性。所以，一般认为高自我监控者可以很好地调整自己的领导风格以适应环境。

结 论

以下由路径—目标理论引申出的一些假设已经得到证实：

（1）相比具有高度结构化和安排完好的任务来说，当任务不明或压力过大时，指导型领导导致了更高的满意度。

（2）当下属执行结构化任务时，支持型领导导致了员工高绩效和满意度。

（3）对知觉能力强或经验丰富的下属，指导型的领导可能被视为累赘多余。

（4）组织中的正式权力关系越明确、越官僚化，领导者越应表现出支持型行为，降低指导型行为。

（5）控制点为内部的下属，对指导型风格更为满意。

（6）当任务结构不清时，成就导向型领导将会提高下属的努力水平，从而达到高绩效的预期。但当任务本身十分明确或下属有能力和经验处理它们而无需干预时，如果领导者还花费时间解释这些任务，则下属会把这种指导性行为视为累赘多余甚至是无用。

这些假设的成立进一步支持了路径—目标理论背后的逻辑，即有效的领导者通过明确指明实现工作目标的途径来帮助下属，并为下属清理各项障碍和危险。领导者要长期运用可以补充环境需求的领导风格，这意味着领导者要不断地通过提供环境所没有的东西或增添新的内容来使任务"增值"，尤其要避免多余的行为。领导者一方面要弥补员工或工作环境方面的不足，来帮助下属达到他们的目标，另一方面要提供必要的指导和支持以确保员工各自的目标与群体或组织的总体目标相一致。

思考：

1．路径—目标理论主要是建立在哪两种理论的基础之上的？通过比较分析，说说你看到了哪些以往理论的痕迹？

2．路径—目标理论通过什么来决定领导风格？

3．按照路径—目标理论，领导者的风格是固定的吗？领导者的风格是唯一的吗？

4．路径—目标理论得出了哪些有价值的结论？

7.2.4 领导者—参与模型

理 论 视 角

与路径—目标理论相同，领导者—参与模型（Leader-Participation Mode）也反对把领导者的行为看作固定不变的，而认为领导者应该根据不同的情境来调整自己的领导风格，领导者—参与模型进一步证实了领导研究应该指向情境而非个体。

领导者—参与模型是由两个阶段的工作组成的，包括弗洛姆—叶顿模型和弗洛姆—亚戈模型。弗洛姆（Victor Vroom）和叶顿（Philip Yetton）于1973年提出了领导者—参与模型，认为例行性与非例行性的活动有着不同的工作结构，主张领导行为应该根据工作结构而加以调整。1988年弗洛姆和亚戈在批评路径—目标理论中提出，路径—目标理论没有考虑到在什么情形下管理者可以允许下属参与决策。弗洛姆与亚戈（A. G. Jago）模型建立的目的是为了判断当领导者面对问题的时候，应该给予下属参与的时机以及参与的程度。作为一个解决之道，他们发展并修正了传统的弗洛姆—叶顿情境领导模型，在保留5种可供选择的领导风格的基础上，加入了决策的质量和决策的可接受性后将情境变数扩充为

12 个。这个模型分离出 5 种领导风格和 7 项权变因素,他们构成了一个从专断型(AI,AII)到协商型(CI,CII)再到团队型(GII)的连续统一体。

参与决策类型

领导者—参与模型将领导行为与参与决策联系在一起。由于认识到常规活动和非常规活动对任务结构的要求各不相同,研究者认为领导者的行为必须加以调整以适应这些任务结构,弗洛姆和叶顿的模型是规范化的,它提供了根据不同的情境类型而遵循的一系列的规则,以确定参与决策的类型和程度。其中专断决策是由领导者先决定而后在群体中交流的决策,除非是按照要求提供特定信息,否则下属不必提供意见和看法。协商决策是领导在听取了下属的信息、意见和建议后做出的决策,有时是个别地征求意见;有时则是在全体会议上共同协商。群体决策是指全体成员共同参与决策,并按照大家一致赞同的方式行动的决策。这种决策方法是一种授权的形式,当每个成员都能接受决议的逻辑性和可行性时,这种方法就成功了。参与决策的类型见表 7-7。

表 7-7 参与决策的类型

决策类型	定义
专断一型 (Authority Decision I,AI)	领导者运用手头的资料,单独做出决策,独立解决问题
专断二型 (Authority Decision II,AII)	领导者向下属取得资料然后自己做出决定;向下面索要资料时,可能向下属说明问题,也可能不说明;下属只是提供资料,并不提供及评价解决问题的方案;在决策中下属扮演的角色显然是向你提供必要信息的人,而不是提出及评估可行性解决方案的人;最后领导仍然独自做出决策
协商一型 (Consultative Decision I,CI)	领导者以个别接触的方式,让下属了解要解决的问题并征求他们的意见和建议,并不将下属组成一个团队;然后由领导者单独自己做出决策,决策可以反映下属意见,也可以不反映
协商二型 (Consultative Decision II, CII)	领导者与下属们集体讨论问题,下属集体了解问题,集体提意见和建议,但由领导者自己做出决策,所做出的决策可能受到或不受到下属集体的影响
团队二型 (Group Decision II,GII)	领导者让下属集体了解问题,并且与之一起提出和评价可供选择的方案,最终领导与下属努力就解决问题的方法达成一致意见。领导者并不试图去影响下属接受他的解决办法,而是愿意接受执行下属集体所赞成的解决办法

参与决策还是不参与决策

领导者—参与模型是用一系列权变因素分析领导的情境,依次来决定决策适合的风格。当面对某一特定问题时,不论是前面讲的 5 种方式的哪一种,领导者都要对下面表 7-8 中的 12 项情境因素问题逐一做出回答,以便获得最合适、最有效的领导决策方式。由于问题的性质不同,有时也许有不止一种领导风格是适合的。

第 7 章 领导与情境

表 7-8　修订后的领导者—参与模型的权变因素

QR：质量要求
这一决策的技术质量有多重要？

1	2	3	4	5
不重要	不太重要	中等重要	比较重要	非常重要

CR：承诺要求
下属对这一决策的承诺有多重要？

1	2	3	4	5
不重要	不太重要	中等重要	比较重要	非常重要

LI：领导者的信息
你是否拥有充分的信息做出高质量的决策？

1	2	3	4	5
没有	可能没有	拿不准	可能有	有

ST：问题结构
问题是否结构清楚？

1	2	3	4	5
不是	可能不是	拿不准	可能是	是

CP：承诺的可能性
如果是你自己作决策，你的下属肯定会对该决策做出承诺吗？

1	2	3	4	5
不是	可能不是	拿不准	可能是	是

GC：目标一致性
解决此问题后，所达成的目标组织是否是下属所认可的？

1	2	3	4	5
不是	可能不是	拿不准	可能是	是

CO：下属的冲突
下属之间对于优选的决策是否会发生冲突？

1	2	3	4	5
不是	可能不是	拿不准	可能是	是

SI：下属的信息
下属是否拥有充分的信息做出高质量的决策？

1	2	3	4	5
不是	可能不是	拿不准	可能是	是

TC：时间限制
是否因为时间紧迫而限制了你包含下属的能力？

1	2	3	4	5
不是	可能不是	拿不准	可能是	是

CP：地域的分数
把地域上分散的下属召集到一起的代价是否太高了？

1	2	3	4	5
不是	可能不是	拿不准	可能是	是

MT：激励—时间
在最短的时间内做出决策对你来说有多重要？

1	2	3	4	5
不重要	不太重要	中等重要	比较重要	非常重要

MD：激励—发展
为下属的发展提供最大的机会对你来说有多重要？

1	2	3	4	5
不重要	不太重要	中等重要	比较重要	非常重要

　　领导者—参与模型中包含两类非常关键的情境变量，即决策质量和决策可接受的程度，如图 7-3 所示。决策质量定位在问题的解决上，涉及决策影响群体的诸如信息沟通、规范

等的活动过程。决策的可接受度是指为了有效地实施决策需要下属赞成的程度,用公式可以理解为:决策的结果=决策质量×决策接受度。因此,对于想通过参与决策获得成功的领导者来说,有效地管理决策过程面临两个方面的挑战:①领导者必须清晰地认识到每种决策方法在何时是有效的;②领导者必须有能力在适当的时候运用适当的方法。

当下列情况出现的时候,领导者—参与模型的有效领导方式需要更注意决策的群体导向和参与性:

(1)领导者自身缺乏解决问题的足够信息。
(2)面临的问题不清晰,需要明确定义环境的帮助。
(3)行动的执行需要其他成员对于决策的接受。
(4)有充足的时间来进行真正的参与。

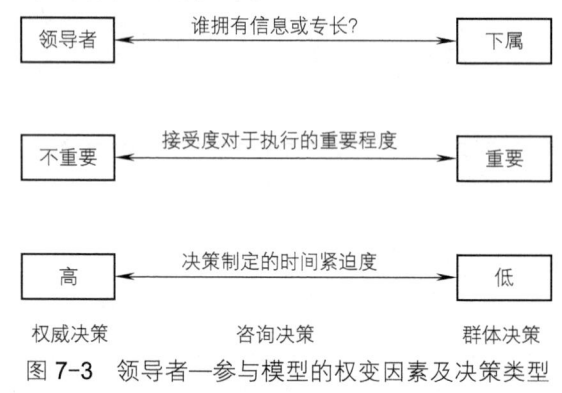

图 7-3 领导者—参与模型的权变因素及决策类型

评 价

与豪斯的路径—目标理论相同,弗洛姆、叶顿和亚戈都反对把领导者的行为看作固定不变的,他们认为领导者可根据不同的情境调整他的风格。除此之外,采用参与决策的方法为领导者提供了很大的帮助。首先,这种方法给决策带来了更多的相关信息,提高了决策的质量;其次,由于参与者对于决策有所了解并对执行过程负责,这种方法还提高了员工对于决策的接受度;另外,这种方法还通过积极参与解决问题过程的经验帮助提高领导的潜力。然而,这种方法也有一个值得注意的成本问题:参与越多,决策过程就需要越多的时间。因为领导者并不总是有足够的时间去讨论,而一些问题必须马上得到解决。这种情况下,权威决策是唯一的选择。当领导者个人具有解决问题的专长、自信并且由独立操作能力,下属更愿意接受他们所做出的决策且没有时间讨论时,偏重于权威的决策可以运行得更好。此外,更为重要的是,领导者—参与模型进一步证实了领导研究应指向情境而非个体。

思考:

1. 领导者—参与模型的主要目的在于解决什么问题?
2. 参与决策类型包括哪几类?它们各自具有怎样的特点?
3. 领导者如何判断应该采取哪种参与决策类型?

7.2.5 对权变理论的批评

领导权变理论提供的重要启示在于领导者应当善于对情况进行分析和诊断，并且推崇"每事问"的探究精神，以觉察、鉴别和理解情景的差异，使自己的行为更适合于此情此景的要求，只有这样才能更好地实现组织目标。但是目前很少有研究来证明这个理论所提出的假设和观点。权变理论还有一个根本缺陷，即没有统一的概念和标准。虽然权变理论往往采取案例研究的方法，通过对大量案例的分析，从中概括出若干基本类型，试图为各种类型确认一种理想模式，但却始终提不出统一的概念和标准。权变理论强调变化，却既否定领导的一般原理、原则对领导实践的指导作用，又始终无法提出统一的概念和标准，每位领导者都根据自己的标准来确定自己的理想模式，未能形成普遍的管理职能，权变理论使实际从事领导的人员感到缺乏解决问题的能力。这导致权变理论不能发现所有重要的权重，只能界定出少数的权变因素，并且在有限的范围内进行探讨。而随着权变理论的发展，权变理论变得越来越复杂和烦琐。

让我们以下面这则关于大科学家爱因斯坦与保罗·赫塞的假想对话来结束本章的学习吧。

在清流激湍，映带左右的所在，爱因斯坦首先发话："大道至简。听闻物理学与管理学的发展方向现在是完全相反，物理学是越发展越简单，管理学是越发展越复杂，不知阁下在人间有何感受？"

赫塞博士欣欣然答曰："我是感同身受啊。物理学越发展越简单是认识世界、解释世界的需要，管理学越发展越复杂同样也是为了认识世界、解释世界的需要，只不过人的世界比自然界复杂得多，所以说我的情境领导模型不得不越发展越复杂。比如，不同的人会有不同的个性模式，因此我在情境领导模型中增加了下属个性模式这一维度；不同的人会有不同的行为模式，因此我在情境领导模型中增加了下属行为模式这一维度；不同的人会有不同的文化模式，因此我在情境领导模型中增加了下属文化模式这一维度……"

爱因斯坦吓了一大跳："四的四次方，打住吧，打住吧。人类所受的苦难已经够多了，别再让人类受管理理论恶魔的折磨了。神啊，救救人类吧……"于是爱因斯坦虔诚祈祷的身影映在了清流激湍间。

思考题

1. 情境理论的主要观点是什么？
2. 情境领导理论有哪些优点和不足？

第 8 章 目录

Content

8.1 领导与组织文化

8.1.1 文化与组织文化

8.1.2 组织文化与时代范式

8.1.3 组织文化的维度

8.1.4 文化预期的领导特质

8.2 领导与组织结构

8.2.1 组织结构

8.2.2 集权与分权

8.3 团队发展与变革

8.3.1 群体与团队

8.3.2 团队建设

8.3.3 领导创新与组织变革

8.4 全书总结

第8章 领导与组织

> "文化是使一个人类群体的成员区别于另一个人类群体的集体思想纲要。"
>
> —— 格尔特·霍夫斯泰德（Geert Hofstede）

"怎样才能不使一滴水干涸？"释迦牟尼回答道："一滴水放到大海里才不会干涸。"任何个体离开群体将无法生存，将会像一滴水一样干涸消失。只有依靠群体的力量才能实现个体的生活目标。但是我们周围的群体千姿百态而拥有自己的个性，它们特有的习惯、价值观、信仰、语言、思考方式和行为方式就是自身的标志，这就是群体文化。所以我们应该将领导看作一种社会文化现象，领导者应该在文化的背景下去了解个体和群体之间的关系、群体与个体的行为之间的相互影响以及群体的心理与行为特点，最终推动整个团队的建设、变革和发展。

8.1 领导与组织文化

8.1.1 文化与组织文化

组织文化的文化性

"文化"一词来源于拉丁文 cultural 或 cultus，原义是指农耕以及对植物的培育。18世纪以后在西方的语言中，culture 才逐渐演化为个人素养、整个社会的知识、信仰、艺术道德、法律、风俗的汇集，后被引申为一定时代、一定地区的全部社会生活内容等。在中国的古籍中，"文化"指的是以礼乐制度教化百姓。如今人们都用来指称人类社会的精神现象，泛指人类所创造的一切物质产品和非物质产品的总和。文化作为一套积累的准则、信仰、仪式、活动、直觉、决策和沟通的方式以及一群相互认同的人们的传统习惯，它是一个不断构造现实的过程。简单地说,一种文化就是"我们在自家的一亩三分地上做事的方式"。文化的本质是一定群体所共有的、相对稳定性的价值观。这种价值观可以通过一定的形式外化,形成现象文化,如习俗、语言等。

组织文化是文化的一个子集,只不过它代表的不是整个社会,而是一个群体或组织所认同的信念、期望、理想、价值观、态度、行为以及思维方式、办事准则等。组织文化就是组织成员的思想观念、思维方式、行为方式以及组织规范、组织生存氛围的总和,它既是一种客观存在,又是对客观条件的反映。

组织文化是共性和个性的统一体。由于组织从事的行业相似、所处的环境相同,可能组织文化有共性的一面,而另一方面,所在行业、社会环境、历史特点、发展特点的不同也会塑造出组织文化鲜明的个性。正如每个人都有其独特的个性一样,一个组织也具有自己的个性,这种个性就是组织文化的体现。一般认为,组织文化就是指组织在长期的生存和发展中所形成的,为本组织所特有的,且为组织中多数成员所共同遵循的最高目标、价值标准、基本信念和行为规范等的总和,以及其在组织活动中的反映。

组织文化的组织性

组织文化(Organizational Culture)被著名学者顾问埃德加·沙因(Edgar H. Schein)定义为:在一个组织中形成的、能够指导其成员行为的共享的信念和价值系统。例如,当一些人讲到"我们的行事方式"的时候,他们实际上在讨论组织的文化。

组织文化是影响组织成员做什么以及怎样做的重要因素,它给我们提供了一种考察文化的新视角,即从微观角度来观察组织内部的人与技术之间的关系,主要包括组织结构的设计、权责的分配和高层领导者的价值取向这3个方面构成。一个组织的文化可以被喻为一个有投入、中间过程和产出的池塘。组织对人员、思想、目标和技术就好比池塘外面流入的活水;物理空间、技术、规则、角色关系、相互作用的方法、态度、价值观和信仰等就好比池塘中共生的生物;组织提供的产品和服务就好比池塘涌出的水流。组织的投入、中间过程和产出的相互作用就产生了文化。

组织文化都可以被观察吗?

组织文化往往体现在3个层次上。其中,第一、二层级是组织文化的实质内容,第三层级则是组织文化的表达形式(如图8-1所示)。因此,我们往往观察到的只是文化的表层。

第一层级作为最深层的是组织的基本假设与前提。组织的基本假设和前提有5类:

(1)组织与环境的关系:人定胜天、人为环境的主宰;人为环境所左右;人需要与环境和谐相处。

（2）真理的本质：真理是外在权威人物所决定，或是经由个人研究和考验而定。

（3）人性的本质：人性本善、性本恶、性无善无恶、性善恶混合。

（4）人类活动的本质：成员均须接受统一标准考核，倾向于集体主义导向的普世主义（Universalism）；或者是应该依据个别考量予以考核，倾向于个人主义导向的特殊主义（Particularism）。

（5）人类关系的本质：成员与组织关系被认为是层级权威的上下直线关系、平行的团体取向关系，还是个人主义本质。

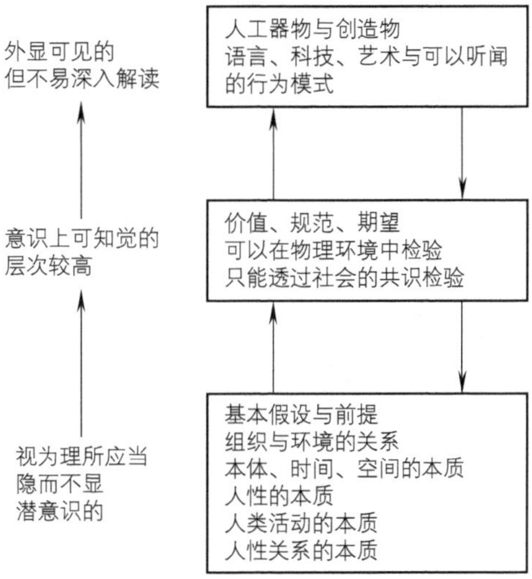

图 8-1 组织文化的层级及其互动

居于中间层级的为组织的价值、规范以及期望。主要是对组织员工和组织行为产生规范性、约束性影响的部分，它集中体现了组织文化的物质层及精神层对组织成员行为的要求，如组织的工作作风、组织风气、组织目标和组织道德等。

居于表层层级的则为组织的人工器物与创造物。物质层是组织文化的表层部分，是形成制度层和精神层的条件，它往往能够折射出组织的作风、哲学等，如建筑物的布局、室内空间的设计和布置、成员的衣着、产品的外观和包装、组织的纪念物等。

组织具有统一的文化吗？

很少有组织单独属于一种特定文化，一般组织通常都会包含多种组织文化，但只有一种比较突出。乔安娜·马丁指出一个组织内可能有多种文化，但是一些只是由少数人所拥有的文化却可能对组织的主流文化产生很大的影响。沙弗尔特更加犀利地对单一文化的假设提出了严厉的批评，他认为任何组织必然有多种不同的文化。有些组织可能有一个较为完整的、为大多数人所接受的文化，称为主流文化（Dominant Culture）。主流文化体现的是一种核心价值观（Core Values），它是为组织大多数成员所认可的核心文化。当我们谈到组织文化的时候，一般指的是组织的主流文化，正是这种宏观角度的文化，使得组织具有独特的个性。此外，组织中还有次文化或亚文化（Subculture）的出现，这种次文化或亚文化可以是与主流文化相互补充的，也可以是互不相干的，甚至可能是一种反文化（Anti-culture）。这些次文化或者亚文化与核心文化一样，可以借助象征性的符号外显出来。它们都被称为外显文化。如图 8-2 所示。

领导者的一项重要责任就是建立、维持主流文化，提升核心文化的价值。现在流行一种被称为象征性领导者（Symbolic Leader）的概念，即善于运用象征性符号来建立和维持良好组织主流文化的那些领导者。象征性领导者使用组织或团队的语言进行"交流"，他们总是小心翼翼地用口头和书面文字来描述员工、事件，传递积极能量的事例隐喻作用十分突出。优秀的象征性领导者通过不断地复述故事、进行礼仪和典礼、推崇英雄或使用符号来强调外显文化（如图 8-2 所示），最终使得核心价值为组织中的所有成员所了解并接受，这种组织文化被称作强文化。在强文化中，组织的核心价值观得到了强烈的认可和广泛的认同，接受这种核心价值观的成员越多，他们对这种价值观的信仰越坚定，组织文化就越强。相应的，由于高度的共享和强度在组织内部创造了一种很强的行为控制氛围，因此组织文化越强，对成员的行为产生的影响越大。反之，如果组织中很少存在一致性意见，那么这种文化就是弱势文化，即组织没有主流文化，而是由多种次文化或亚文化构成自己的组织文化。在这种情况下，组织文化作为独立变量的价值就大大减小了，对于组织成员的行为没有了统一的解释。

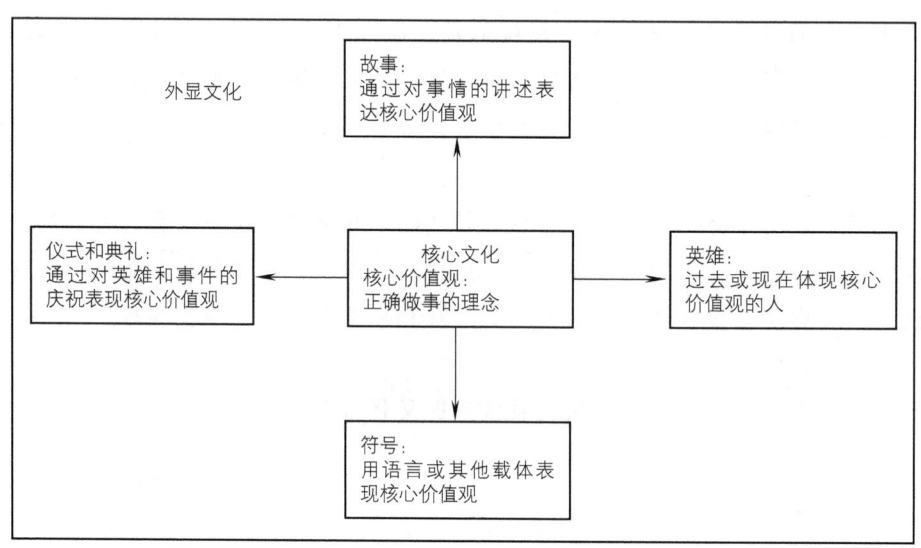

图 8-2　核心文化与外显文化

组织文化真的可以发挥作用吗？

　　文化对组织的行为有着重要的意义和巨大的影响。组织文化是组织成员在认识和行为上的共同理解，它贯穿于组织的全部活动，影响组织的全部工作，决定组织中全体成员的精神面貌和整个组织的素质、行为和竞争能力。

　　组织文化在持续地发挥着无形的约束力量。当一个新来者第一次接触到所在组织的文化时，他立马能感知的是这种新文化和他熟悉的旧文化"所见和所闻"诸方面的差异。社会文化对于在它之中进行的任何事情都有约束作用。领导者必须学会"读懂"它们以便能够有效地工作，即所谓的"入乡随俗"。

组织文化在形成态度、增强信念、指引行为、建立绩效预测以及激发动机方面都有极大的潜力。文化作为一种意义形成和控制机制，能够引导和塑造下属的态度和行为，作为领导者尤其关注最后这种功能。正如迪尔（Terrence E. Deal）和肯尼迪（Allen A. Kennedy）说的，组织文化决定了游戏的规则。

组织文化的重要性是构成了一种气氛，这种气氛使得组织中的成员，不论其工作能力强弱，都会受到或多或少的影响而有所改变，这种认同感影响深远。特别是强有力的组织文化，可以降低组织成员的流动率。在强有力的组织文化中，组织成员对于组织的立场有着高度一致的看法，这种目标的一致产生了内聚力、忠诚和对组织的承诺，而这些反过来降低了成员流出组织的比率。

每个组织成员都处在某种文化之中，但组织文化通常不为人所关注。只有当组织试图推行一些违背组织基本文化准则和价值观的新战略或计划方案的时候，组织成员才会切身地感受到文化的力量。组织文化一方面是组织实践的结果，另一方面又影响着未来的实践。组织文化的核心是组织成员的思想观念，它决定着组织成员的思维方式和行为方式。

组织文化对于一个组织的成长来说，看起来不是最直接的因素，但却是最持久的决定因素。从各种有关组织文化与组织效能的研究中，我们可以得出这样一个结论，即某一种特定的文化种类只可以影响某一些组织效能或效能的指标，一种文化不能使一个组织在各种组织效能或效能的指标上都得到提高。在组织文化与组织效能的关系上，只存在着次优解，而不存在着最优解。

组织文化是否可以被塑造和移植？

有的学者指出，组织文化是组织在思维、价值观或行为方式上特征的表现，并不是该组织所拥有的具体特征，因此组织文化是不能随意改变和创造的。而埃德加 H. 沙因（Edgar H. Schein）认为，文化包含着组织成员所共同拥有的深层的基本假设和信念，它是可以习得的，即便是两个组织结构完全相同的企业，它们的企业文化也可能是差别极大，甚至是完全不相同的。现有认识或用来表述一个组织的文化不过是更深层次文化的表象，真正深层的、起更大作用的文化隐含在组织成员的潜意识里。

沙因还指出，组织文化不仅可以解释组织的运行情况，而且能向领导者指出组织中最重要的问题。一种组织文化是"好"还是"坏"、"有效"或"无效"，并不能单从文化本身进行评判，而是要取决于文化和它所存在的组织环境。一个领导者如果希望塑造组织文化，必须首先考虑到它是否与组织的实际情况及其动态的发展阶段相适合；其次，要从五个维度系统性地建构本组织的文化；最后，要统一人为事物表象、价值观和基本假设三个层次，避免在表象和员工潜意识之间发生较大的偏差,并最终将企业文化表里如一地体现到员工的行动中来,这才是真正创建了一种组织文化。

思考:

1. 什么是文化?领导者为什么要重视文化?
2. 组织文化都是可以直接观察到的吗?为什么?
3. 如何理解主流文化与非主流文化之间的关系?
4. 一个组织能否塑造文化?为什么?

8.1.2 组织文化与时代范式

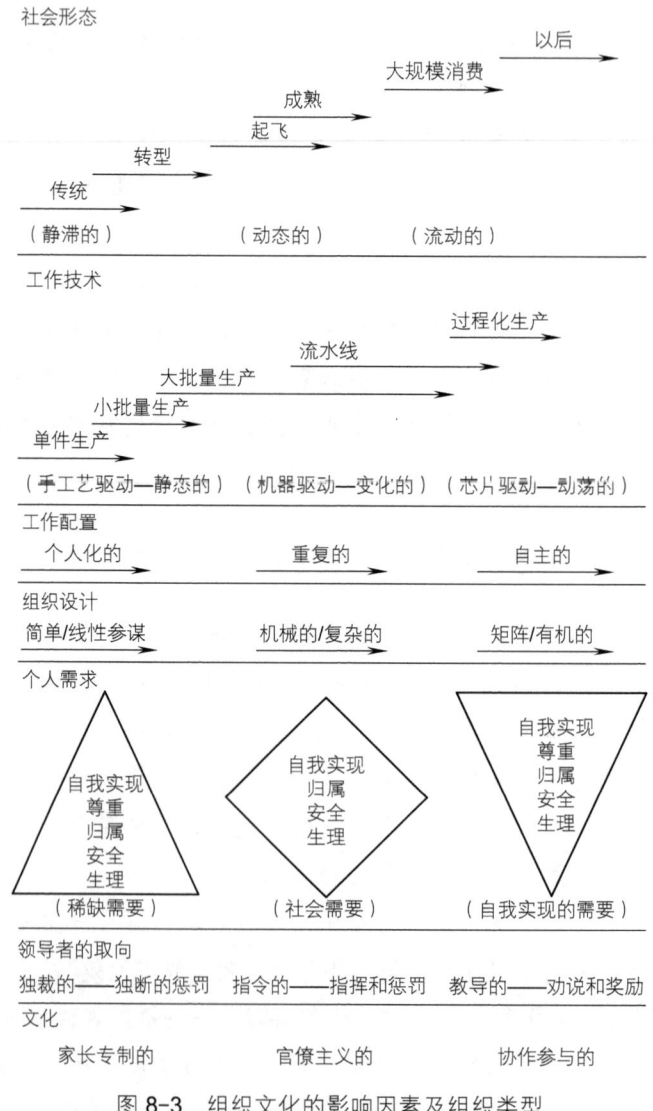

图 8-3 组织文化的影响因素及组织类型

第8章 领导与组织

组织文化的微观与宏观因素

人类社会经历着范式的嬗变,从农业时代到工业时代,再到信息时代。伴随着时代的变化,人类文化也在随着社会活动发生质的改变,组织文化的变化正是社会演进过程中微观因素以及宏观因素相互作用的结果。微观文化因素包括组织设计、工作配置和领导者的取向;宏观因素包括社会形态、工作状态和人们的需求。所有这些因素综合反映了该时代的特征,如果这些因素不能够协调一致,则会限制组织功能的发挥。

图8-3显示了组织文化及其关键因素之间的关系。其中,社会形态和工作技术表表示为有所重叠的箭线,表明它的变化是阶跃式的,而个人需求则是相对稳固的,特别是在其成功适应环境的情况下更是如此。只有在危机时候才能使之发生变化,工作配置和领导者的取向则用简单箭线表示。

三角形和菱形用于表示特定社会发展和技术阶段中人们有效的需求层次。随着社会从传统/转型阶段向大规模消费阶段发展,人们需求的三角形结构发生了变化。这意味着一个社会不仅仅只满足于基本的生理需要,而是更加倚重于追求自我实现。实际上,在社会发展的早期阶段,人们也有很多的闲暇,但是由于生产率有限并不能满足自我实现的需要。技术的发展、个人收入的提高,在有了大规模的商品和服务之后个人才开始追求更高的需求,这也进一步导致了领导方式和组织文化的变化。

由此,在前工业时代价值系统的组织中,家长专制式的组织文化将会以绝对的优势发展并成为主流;在工业时代价值系统的组织中,官僚主义的组织文化将会以绝对的优势发展并成为主流;在后工业时代价值系统的组织中,协作参与的组织文化将会以绝对的优势发展并成为主流。

家长式的组织文化依靠的是个人的深远影响而进行组织化,而官僚主义的组织由于理性特征相当脆弱又过分地依赖于条条框框,使得这种组织的发展因循守旧,因而它的文化也显得呆板和教条。至于协作参与的组织,它结构灵活,虽然它也会像官僚主义组织和家长专制式的组织一样出现职能的分化,但是在协作参与型组织的文化中,对忠诚的要求不再是组织的要求,而变成了组织成员实现其价值的自身要求。表8-1对组织文化进行了更加详细和具体的比较。

表8-1 三种组织文化的比较

类型 表现	家长专制式的	官僚主义的	协作参与的
判断组织的标准	手段和目的的有效调控	生存与发展	有价值
怎样看待组织成员	机器的部件	为一定目的服务的器官	有目的的参与者
组织的要素怎样联系	以人为纽带	以信息为纽带	以目标为纽带
成员之间的关系	线性的	并行的	个人主义的
组织设计	简单/线性的	复杂/机械的	矩阵的/有机的
期望的行为	根据领导的意图	根据职位	以产品为中心
服从的基础	忠心和恐惧	法规和制裁	信任和奖励

组织文化如何变革？

勒温（Kurt Lewin）提出了组织变革三阶段的模型（有关组织变革的详细内容见 8.3.3），并将组织文化的更新分为了大致三个步骤：

① 对现状文化进行"解冻"（Unfreezing）；
② 通过变革（Motivation）以达到新的状态；
③ 对新的状态进行"再冻结"（Refreezing），以维持期稳定和持久的状态。

海瑞格尔（Don Hellriegel）、斯洛克姆（John W. Slocum）与伍德曼（Richard W. Woodman）认为组织文化的创造，除了源于组织解决外部调试问题和内部整合问题的需要之外，还可能受到另外两种因素的影响：

① 在组织建立之初，组织的创立者大致能够决定组织的文化。但是在组织创立之后，组织文化不但反映了创立者的观念和基本假设前提，而且也容纳了其他组织成员的学习经验。

② 组织所在地的国家文化会影响组织的文化。一个组织既有的文化传统固然会影响组织现行的运作方式，但是一个组织现行的运作方式也会反过来影响既有的文化传统。

海瑞格尔等人又指出，下面 6 种领导活动有助于领导者强化组织既有的文化价值：

① 领导者对某一组织事务的强调与评论；
② 领导者对组织重大事件或危机的反应方式；
③ 领导者的角色示范、教导和训练；
④ 领导者在组织奖惩系统和社会地位系统上的设计；
⑤ 领导者对选择新成员、晋升新成员和开除新成员所采取的标准；
⑥ 领导者执行的仪式和典礼。

所以要改变一个组织的文化不是一件容易的事情。沙因认为，组织文化是自然发展而来的，很难从中加以人为的变化。而且，组织文化具有长期稳定性，成员一旦接受了既有的文化传统，往往视文化传统为当然的、不可挑战的，因此要成员放弃既有文化传统，转而采取其他文化价值与规范，常常会遭到组织成员的抵制。

思考：
1. 随着时代的变迁，组织文化经历了怎样的变化？
2. 组织改变组织文化是否是一件容易的事情？为什么？
3. 在组织文化变革的时候我们应该注意些什么？

8.1.3 组织文化的维度

高内涵与低内涵文化模式

美国学者豪（Edward T. Hall）在 1976 年提出的一个简单的文化模式，根据文化复杂与精细程度的不同讨论了两个不同的群际间交流方式的差别,即高内涵和低内涵(High-Context and Low-Context)文化模式。在这一模式中,"内涵"指相互行动和交流的环境及信息背景。

处在高内涵文化环境中的领导者高度依赖对沟通情境与相关文化意义的掌握,包括非语言的时间和情境因素,来达到相互交流和理解与认识的目的。同时,他们也高度依赖个人的人际关系来进行沟通。高内涵文化中所使用的沟通语言通常都比较晦涩、含蓄,会隐藏某些文化上的含义。沙特阿拉伯、意大利、法国、越南、朝鲜和中国都是高内涵文化,在这些国家,微妙的身体姿势、语调、过程细节、个人的头衔和身份都极大地传递着行为的信息。要达到沟通不必总是需要明确而特定的方式,彼此间的信任被看作比正式书写的文件和具有法律效力的合同更为重要。

而低内涵文化是一个直来直往的沟通模式,对于沟通情境所提供的种种线索与蛛丝马迹只有些许的依赖。处于低内涵环境中的领导者则主要通过明确的、特定的口头和书面方式来理解人和环境。在低内涵文化的国家,如德国、瑞士、美国、英国和加拿大,人们则认为逐字逐句的语言表达、口头陈述和书面的文字比非语言和情境显得更为重要,人们彼此之间的交往也由此变得更加明确而简单清晰。

高内涵和低内涵文化的差别,能够解释很多领导者面对跨文化交流和沟通时出现的问题。低内涵文化国家如欧洲和北美的领导者在领导亚洲和中东这些高内涵文化国家的下属时可能会遭受失败。低内涵文化国家的领导者着眼于特定的指令,而高内涵文化国家的领导者则注重人际关系。同样,一个高内涵文化国家的领导者可能被低内涵文化下属的直率而冒犯。

霍夫斯泰德的五维文化分类

荷兰文化协作研究所所长霍夫斯泰德(Geert Hofstede),根据他对40个国家的企业工作人员所做的大量问卷调查,分析了40个国家的数据后得出了目前最有名的一种文化分类法,即霍夫斯坦德维度分析法。

霍夫斯泰德指出,所谓"文化"就是在同一个环境中的人们所具有的"共同的心理程序"。因此,文化不是一种个体特征,而是具有相同生活经验、受过相同教育的许多人所共有的心理程序。不同的群体,不同的国家或地区的人们,这种共有的心理程序之所以会有差异,是因为他们有着不同的思维方式。他从其调查数据的分析中归纳了影响文化的5种基本因素:权力距离、不确定性回避、个人主义、果断刚毅和时间取向。这5个因素的不同组合使每个国家的文化呈现出特殊性和唯一性的特征(见表8-2、表8-3)。例如,在霍夫斯泰德所调查的40多个国家中,美国在权力距离和不确定性回避因素上低于平均水平,最高的是个人主义因素(仅低于澳大利亚),果断刚毅因素在平均水平之上,时间取向中等偏上。这些得分说明美国似乎带有平等主义色彩,他们能不能容忍含糊和不确定性,更加注重个人的成就感、独断性、表现欲和独立性,性别角色相对处理得较好,组织的注意力集中在行为的快速效果上。而日本在权力距离、果断刚毅(最高分)和不确定性回避方面比美国高,个人主义因素比美国低,以及在时间上趋于长期取向。与之相适应,美国和日本的领导者在领导风格上必然会存在着巨大差异。

表 8-2　霍夫斯泰德五维文化因素

因素	描述
权力距离 (Power Distance)	描述领导者与追随者之间,较小权力方所感受到的权力与影响程度的指标,反映出个体接受权力不平等分配的程度。在一个高权力距离的文化中,权力较大者和权力较小者之间的鸿沟很深 例如,PDI 较高的社会,如菲律宾的雇员不敢与老板有不同的意见;而在 PDI 较小的澳大利亚,下属就不那么害怕持不同的意见
不确定性回避 (Uncertainty Avoidance)	人们对未来不确定性和模糊性的忍受程度。任何一个社会,对于不确定的、含糊的、前途未卜的情境都会感到是一种威胁,因而总是试图加以防止。防止的方法很多,如提供更大的职业稳定性、建立更多的正规条令、追求绝对真实的东西、努力获得专门技术等等。一个强烈的追求避免不确定性的社会有着较低的风险容忍程度并且追求绝对真相,一般来说会产生高度的紧迫感和进取心,会激发人们努力工作的动机 例如,希腊具有很强的规避不确定性的倾向,所以很可能出现对外国经理不信任的情况;而规避不确定性较弱的国家,如新加坡,就更容易接受一位外国经理
个人主义 (Individualism)	描述了个人和社会的主要团体之间的关系。个人主义是指一种结合松散的社会组织结构,其中每个人只关心自己,个人在行为和态度上更多地依赖自我,个人独立性较强而且也依靠个人的努力来为自己谋取利益。集体主义则指的是一种结合紧密的社会组织结构 例如,集体主义强调大家庭主义是社会的基础。个人主义注重自我,强调个人成就
果断刚毅 (Masculinity)	度量社会对不同的性别担当的角色是怎样分配的,以及人与人之间的和谐程度和重视果断和独立性的程度。较高的果断、刚毅会导致性别歧视,注重独立性、雄心和物质利益;例如,日本存在着显著的男性文化
时间取向 (Long-term Orientation)	关注过去、现在和将来的程度。长期取向的文化关注未来,人们注重节俭和毅力,愿意为未来投资,眼光长远。而短期取向的文化关注的是过去与现在,人们注重传统和社会责任,但是此时此地才是最重要的

霍夫斯泰德还指出了前 4 种特征参数在心理学和社会学上的含义:从心理学角度来看,权力距离意味着依赖性及父亲对个人个性的影响;不确定性回避程度的弱和强,分别意味着积极进取和冷漠、不关心,应对压力和自我封闭的程度;个人主义意味着自我本体意识;果断刚毅则意味着决策武断、性别意识及母亲对个人个性的影响。从社会学的角度来看,权力距离意味着社会的等级制度和不平等;规避不确定性意味着对结构和正规化的需要;个人主义表示个人、组织及社会之间的关系;果断刚毅意味着性别的社会职能的分化。

同霍夫斯泰德一样,荷兰国际管理学家、心理学家冯斯·绰姆潘纳和剑桥大学汉姆登-特纳(Fons Trompenaars & Hampden-Turner)也集中研究了组织的价值观。所不同的是,他们以七组反义词的方式来概括管理文化的特性,这七组两难的选择分别是:平等与等级、个人主义与集体主义、按时间顺序与仅注意某一时间、功利主义与忠诚、普遍性与特殊性、成就与归属、内在取向与外在取向。

绰姆潘纳的文化因素分类

绰姆潘纳用平等主义或等级主义、个人取向或任务取向这两种最为重要的因素作为坐标系，区分出4种不同类型的组织文化：孵化器型、导航器型、家族型和埃菲尔铁塔型（见表8-3）。

表8-3 绰姆潘纳的多文化型组织文化

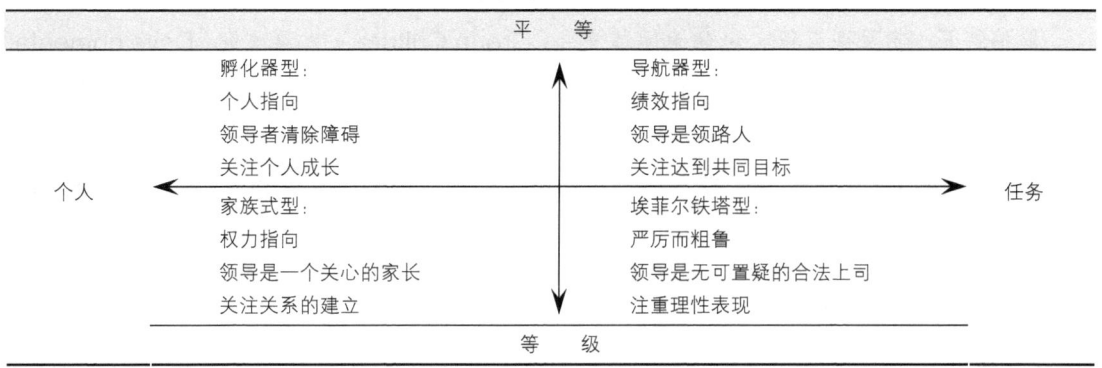

（1）"孵化器型"组织文化。"孵化器型"组织文化具有平等主义色彩，关注个人需求，这种事例在美国和英国的许多处于成长的高技术公司比比皆是。这种自由主义的文化典型地表现为专家有相当的自由来随心所欲地从事自己的工作，在这样的组织中，领导者应该从事组织协调工作而不是只会命令，领导必须是专家才能胜任，其角色是提供资源，解决管理冲突，化解行动中的障碍。

（2）"导航器型"组织文化。"导航器型"组织文化也是一种平等文化，但这种文化关注的是任务完成情况而非个人需求。作为一个结果，组织文化是非个人的，是工作或任务导向型的。在这种类型的组织中，领导者被期望是以专家的共同参与者的身份出现，人们工作在一个平等的团队组织中，遵从效率标准。

（3）"家族式型"组织文化。"家族式型"组织文化是多等级多层次的。家族文化关注个人，家族式型组织更像一个传统的家庭，领导者扮演一个极具权威的父亲角色，对所有成员的福利负责，家族式型组织在希腊、意大利、新加坡、韩国和日本等国家中较多。

（4）"埃菲尔铁塔型"组织文化。"埃菲尔铁塔型"组织文化也是多等级多层次的，与家族文化不同，"埃菲尔铁塔型"组织文化注重任务。多数法国的公司组织具有这种文化特征，它追求严厉、稳定、高效、神圣不可侵犯，注重通过合法而无可非议的领导权威，关注命令和命令下达后执行的结果，这种文化环境中的领导者是一个组织中的绝对权威，对所有的事情负全部责任。

奎因的竞争价值结构

罗伯特 E. 奎因（Robert E. Quinn）和他的同事们提出应用竞争价值结构（Competing

values Framework）来分析组织文化。事实上，他们关于外在环境与内部组织之间的矛盾这一基本的价值冲突的想法来源于埃德加 H. 沙因（Edgar H. Schein）1992年的研究成果，沙因的外部环境适应与内部组织一体化是奎因和他的同事们提出的组织内不同的价值观矛盾的理论来源。经过奎因和他的同事们的改造，用来分析组织效能的竞争价值结构已经被广泛地应用在组织文化的研究上。学者们也建立起了一套量表来应用此结构，其信度和效度也被接受。

罗伯特 E. 奎因将组织文化分为团体文化（Group Culture）、发展文化（Developmental Culture）、理性文化（Rational Culture）和层次文化（Hierarchical Culture），如图 8-4 所示。这种竞争价值分析结构理论强调组织内部不同的价值观，如平稳与转变之间（Control Versus Flexibility）的矛盾、外在环境与内部组织之间（Internal Versus External Focus）的矛盾，这些基本的价值冲突和张力都可以用来解释一个组织内不同的着重点，从而考虑该组织领导人的风格、凝聚力、战略导向以及组织整体的特性，从这些基本价值取向上便可以看出组织文化的重点。

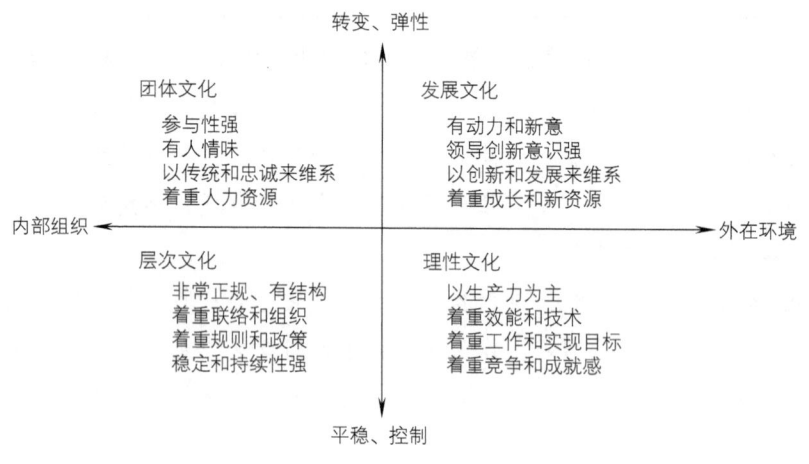

图 8-4 竞争价值的组织文化结构

资料来源：Carmeron and Freeman, 1991; Quinn and Spreitzer, 1991。

思考：

1．你如何评价书中介绍的划分文化的几种理论？你有没有自己的划分方法呢？如果有的话，是什么？

2．低内涵文化与高内涵文化有着怎样的区别？具体分析下我国属于其中哪种类型呢？具有怎样的特点呢？

3．请用霍夫斯泰德的五维文化理论来比较一下中国文化和美国文化的差别。

4．如何区分绰姆潘纳的 4 种文化类型？

5．奎因根据竞争的环境将文化划分为怎样的 4 种类型？

8.1.4 文化预期的领导特质

跨文化领导

领导作为一种特殊的文化现象，在不同的文化背景中，人们对有效领导的理解是不同的。传统的领导理论基本上都是以美国为基础的，带有美国中心主义色彩的领导模式是否也适用其他文化体系？对此，一些美国学者的回答也是否定的。事实上，对于跨文化领导的关注源于日益全球化导致了大量劳动力的跨国流动，在流动的过程中，这些领导者常常经历"文化震惊"（Culture Shock）。据统计，在美国大约有20%~50%的经理无法胜任海外工作。所以他们不得不摆脱狭隘眼界，以全球化视野为基础，以文化差异性假设为依据，随着所在国的规则和要求来调整他们的管理和领导方式。

"文化权变"（Cultural Contingency）这一概念已经被大多数学者和跨国组织的领导者所接受。传统的领导权变理论认为，没有一种领导风格可以适用于所有情境，有效的领导风格应该考虑下属特征、工作特点和组织特性等多重变量。而文化权变理论进一步拓展了传统权变理论的视野，将一个国家的文化特征作为情境因素，引入到对领导风格的研究和实践应用中，使跨文化领导风格的比较研究成为可能，并使跨国组织的领导者们更清楚地意识到当今要在全球化经济下获得成功，就要有文化意识和适应不同文化的能力。此外，有研究表明，这些意识和能力是可以测量和评估的，它们被称作文化智商（Cultural Quotient, CQ），文化智商测量的是在各种国家、民族、组织的背景下都能够有效地活动的能力。在过去的十年里，有超过30个国家的学术研究者测试了这种文化智商，它同智商和情商类似，包含了许多被认为与个体成功相关的能力。它的独特性在于它特别关注了在不熟悉的文化背景下成功所需要的技巧，每个人都有自己独特的文化智商。哈佛商业评论中的一个报告声称，文化智商对于21世纪商业是一个必不可少的核心能力。

跨文化领导理论详细地描述某一国家文化的特点，并且将这些具体的特征与组织活动相联系，同时借助案例来指导在不同的文化背景下应该做什么和不应该做什么。虽然有关这种类型的著作在管理类图书中仍然热销，但是已经被旨在发展出一种统一的跨文化领导理论的思想所取代。

一方面跨文化研究尝试着发现不同文化背景下领导者所展示出的一贯行为方式，特别是主流文化价值如何调整了领导行为方式。在这个研究领域出现了许多影响力很大的文化维度理论，其中包括前面提到的霍夫斯泰德的五维文化理论。

另一方面跨文化研究尝试着发现并划定对某种特定文化来说非常有效的领导方式样本。通过检验追随者对领导者行为、价值、态度和个性的感知，建立一种隐式领导理论（Implicit Leadership Theory）。这个研究领域强调下属在将领导者归类之后使得领导者能够发挥领导影响力，如果领导概念没有随着文化的不同而改变，那么就会限制领导者的影响力。换句话说，领导的概念在领导者及下属或者同事中的概念越是不同，那么领导者发挥的作用就越小。

当前对于跨文化领导研究最著名的就属罗伯特·豪斯（Robert House）所做的"全球领导和组织行为效果"（Global Leadership and Organizational Behavior Effective, GLOBE）项目了。该项目由170位研究者经过11年的时间调查了62个国家，通过定量分析和定性分析的方法获得了3个行业（银行业、食品加工业、通信业）900个组织中超过17000个领导者的数据，这项长期的研究评估了九大文化维度和六大全球领导维度之间的关系。GLOBE项目系统检测了超过20条假设，这大大加深了我们对于跨文化领导的理解。

虽然有着可喜的研究成就，但是P. W. Dorfman警告我们，当我们将跨文化应用在领导研究的时候应该牢记以下4个局限：①跨文化研究忽略了国家间的不同，而只是研究了文化集群或者国家集群的不同；②文化的概念是随着时间变化的，某个国家文化的文化维度可能变化巨大；③在文化价值中仍旧存在着个体的不同，如不是所有的个体都展示出本国文化；④文化应该被认为是动态的和持续发展的，而并不是静止和停滞的。

美日中三国领导文化对比

接下来让我们观察美国式的英雄文化（图8-5），比较下美、日、中三国领导风格的不同。

1. 美国式的英雄文化

美国人是以线性的观点来看待时间，认为"时间一去不复返"，所以美国领导者非常珍惜时间。大家来赛跑，谁跑得最快谁就当领导，美国人这种英雄文化来自于希腊的奥林匹克精神。美国人喜欢英雄，更崇拜英雄，所以经常在各种场合中制造英雄。英雄式的领导，就像一个有底边的三角形。领导者的接班人是个重要问题，重心如果不稳，可能会向左或向右颠倒，把顶点的领导者推翻。并且B与C之间的关系更多的是竞争，而非互助，这种优胜劣汰的法则不利于组织的团结和整体行动。

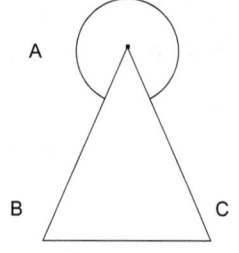

图8-5 美国式的英雄文化

2. 日本人的大和文化（图8-6）

日本人特别重视追随者的关系，以致纵向关系大于横向关系。同样的组织，日本人比较侧重AB、AC关系，会强调B、C的心朝向焦点A。并且日本文化强调资历，谨守年资序列制度，这使得领导者的地位得以巩固和稳定。日本人的伦理道德将下对

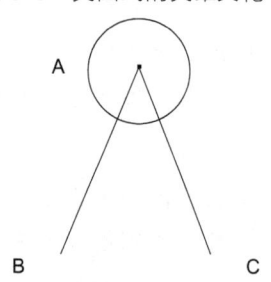

图8-6 日本式的大和文化

上的恭顺看得很重要，上保护下，下依从上；上对下施恩，下对上忠顺，彼此紧密地联系在一起，根本用不着讲求什么领导，自然产生出集团的力量。只要年资比较深，便成为大家遵从的"前辈"，这种领导方式，实在轻松、简便。有没有能力并不是大家关注的重点，年长者居高位，但是年轻人掌实权，这样的组合保证了组织一团和气地前进，大家不迷失方向。

3．中国式的中庸文化

中国人中庸化，实际上兼顾纵向和横向。如图 8-7 所示，我们看到领导者甲有自己的尊严，却善于透过乙和丙去充分了解丁、戊等成员的意愿作为参考。丁与戊之间也有联系，甲领导适宜则大家拥戴，不得人心，大家忍无可忍，也可能群体将他推翻。中国的制衡力量，在下对上"不要顺"而不是"要顺"。甲、乙、丙是领导集团，以甲为中心，甲却没有英雄性。中庸的安排既让乙、丙表现，也让丁、戊合理地顺从乙、丙的指示，以求顺得合理，不致过分顺从。

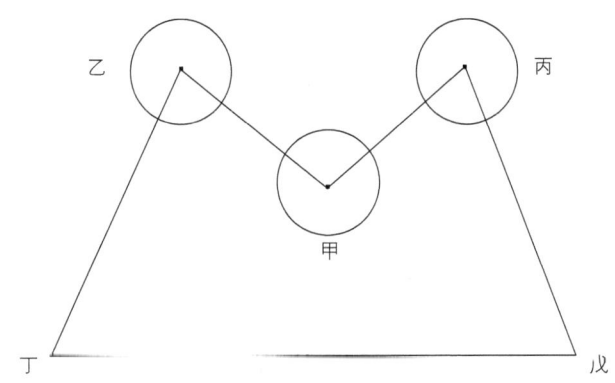

图 8-7　中国中庸文化的领导精神

图中甲居于领导高位，发挥"深藏不露"的精神，用不着表现英雄性，只要放手支持乙、丙去表现。乙、丙表现良好，丁、戊等人归心于甲。乙、丙表现不佳，丁、戊激烈反对，甲可以将乙、丙换掉，无损于自己的位置。看起来险诈，其实道理十分清楚：甲无为，才能公正地分辨乙、丙是否合理地有为；也才能公正地分辨丁、戊的反应是否合理。

通过对三个国家的领导文化比较后，我们发现，每种文化都有其一定的劣势。其中，中国式的领导弊病侧重横向的关系，容易引起相互之间的竞争；美国式领导的弊病在与，人人乐于表现自我，往往难以安心做好手头的工作；日本式领导的危机在与强调纵向关系，容易造成盲目的跟从。

思考：

1．跨文化领导如何看待文化权变的？
2．美国、日本和中国的领导文化有着怎样的联系与区别？你更欣赏哪一种？为什么？

8.2 领导与组织结构

8.2.1 组织结构

组织要想发挥作用就需要对自身掌握的资源进行合理的设计。组织结构就是由任务、工作流、责任关系和连接组织各部门的沟通渠道所构成的系统。它决定了组织中正式的指挥系统和沟通网络，影响信息和材料的沟通与利用的效率，而且影响组织心理和社会方面的功能。组织结构一般通过组织图来表现，一个典型的组织图说明了组织中的关键职位和职务的名称，并显示出它们之间职权和沟通的层次，即组织是如何运作的。

常见的组织结构有哪些？

劳动分工使得人们专业化并成为某一特定工作或任务领域的专家。对于领导者来说，这需要先划分人员到不同的团队或部门中去，然后再将他们整合在一起形成协调关系。传统的组织结构包括职能型、分部型和矩阵型结构。

（1）职能型结构（Functional Structure）是指具有相似职能和执行相似任务的人被组合在一起，每个职能部门的成员都在其专业领域中工作，组织的成功在于每个职能部门都能很好地完成其工作。因此，职能型结构有效地利用了资源，并做到专长和培训相一致，这种专长又高质量地解决了技术问题，同时可以进行深入和具有相对性的培训。职能型组织结构的优点是一方面各级领导人员有相应的职能机构作为助手，以充分发挥其专业管理的作用；另一方面，每一个管理机构内又保持了集中统一的指挥和管理，避免多头指挥和无人负责的现象。

但是这种结构的组织面临最典型的问题就是职能灯罩问题（Functional Chimneys Problem）。这时职能部门的成员形成了自我中心和狭隘的视角，变得与其他职能部门之间缺乏沟通、协调，失去了全局的系统视角。当问题发生在其他职能部门的时候，他们通常希望让较高职位的人来解决问题，这延缓了决策的制订和问题的解决，并可能导致竞争优势的丧失。此外，责任模糊不清、不能很好地适应环境进行创新等都是职能型结构面对的问题。在实行职能型组织结构时，由于各职能部门的业务分工，势必带来协调配合上的问题。此外，还存在着各种横向联系上的困难和矛盾。

（2）分部型结构（Divisional Structure）指的是将同一产品或流程或者处于同一领域或地区的人员集中在一起的组织结构。分部型结构拥有多样和细分化的产品和服务，追求的是多元战略，因此这样的组织可以对环境做出快速灵活的反应，并保持自身结构的灵活性。

（3）矩阵型结构（Matrix Structure）综合了以上两者的优势，两者的结合产生了这种结构形式。它利用长期的跨职能团队来整合各部门的职能专长。在矩阵型结构中,下属同一时间至少同时属于两个正式的群体,即一个职能部门和一个产品或项目团队,这也孕育了矩阵结构潜在的劣势,即双重领导之间可能的权力争斗导致组织内耗增加。

超乎你观察的组织结构

非正式结构是一种"影子"组织,由组织成员之间非正式的但是往往很重要的相互关系组成。如果不深入考察正式结构和非正式结构,就不能完全理解一个组织。非正式组织也是很有价值的,它通过非正式结构自然而然地自发联系,人们得以进入情感支持和产生友谊的人际关系网,在满足社会需要的同时使得工作获益。非正式结构表现出来的只是通常谁与谁交谈、谁与谁保持经常性的接触,而无论他们的正式职位和关系如何,非正式结构的关系可以任意跨越层次和部门。有研究就发现,咖啡厅是学习的"温室",因为人们在那里休息或就餐的时候彼此交换意见、问题和解决办法。当然,非正式结构也有潜在的弱点,它们可能容易受到谣言的影响、传递不确切的信息、产生对变革的抵制,甚至导致工作倦怠。

组织的结构都是固定的吗?

由于面对着一个高度竞争和迅速变化的时代,因此领导者要寻求一种结构来适应不断变化的环境所提出的挑战。水平结构(Horizontal Structure)或称为扁平化结构的组织,以整合和跨职能团队为基础,充分利用信息技术获得网络优势。团队是构建更加扁平化的新型组织形式的基石。团队结构(Team Structure)指的是通过正式指派和利用永久性以及暂时性团队来完成任务,各种类型的团队按照需要互相合作以解决问题和发现机会。

现在的新型组织广泛利用先进的信息技术来改善组织内部和组织与环境之间的关系。在网络结构(Network Structure)中,组织中央的核心通过关系"网络"与外部的群体相联系。现在还有一种越来越流行的说法就是无边界组织(Boundaryless Organization)。无边界组织消除了各组成部门之间的内部边界以及与外部环境相联系的外部边界。它可以被看作团队结构与网络结构的复合,外加"临时性"。在内部关系中,团队工作和沟通取代了正式的权力关系,使组织各成员相互分离的那种传统的和结构性的界限已经不存在了。在外部关系中,随着环境的变化,组织的结构会不断地进行调整。这种无边界组织的关键就是取消层级、积极授权、充分利用技术和接受临时性。这时的工作是经过授权的人们自愿地暂时组合在一起,运用各种的技能共同完成同一项任务。

思考：

1. 最常见的 3 种职能结构各有怎样的优点和缺点？分别适用于怎样的组织和外部环境中？
2. 非正式的组织结构具有怎样的特点？你身边有没有这类似的经历？在这种经历中非正式组织结构发挥了怎样的作用？
3. 时代特点如何影响了组织结构？组织结构正在发生怎样的变化？

8.2.2 集权与分权

集　权

集权制是指所有主要权限都由领导者掌握，领导者通过固定渠道和方式，直接控制和指挥几乎一切活动，所有重大决策均由领导者机构的法令或指示决定，员工被动地从事各项管理活动。显然，集权制下要求把组织内外所有信息都输入一个中心，由它做出决策，共同行动，有利于整体优化，因而具有政令统一、标准一致、统筹兼顾、力量集中、层级节制、指挥灵便和符合行政统一原则的优点。但是，所有信息输入一个决策中心，然后加工处理做出指令，必然费时较多，易于贻误时机，落后于形势，也不适于因地制宜。另外，集权制忽视了管理中的另一个重要原则——调动人的积极性，追随者处于完全被动状态，消极待命，唯命是从，积极性不利于发挥。可见，集权制往往使一个行政体系趋于僵化，缺少弹性，导致文牍主义。

分　权

与集权制相反，分权制是按照一定的原则与方式把权力分配给追随者，追随者在其管理范围内有自主决定权，领导者对追随者在其权限内决定的事项不予干涉，仅是处于监督地位。分权制的特点是追随者对领导者有明显的独立性，它可按照环境情况和自己的价值观念行使法定决策权，对本机构活动范围和活动方式进行选择，并按选择结果调配人力、物力、财力。分权制的优点在于：组织的运行有较大灵活性，容易抓住机遇，及时解决面临的问题；分权分工，防止和避免专断与独裁；因地制宜，灵活权变，对外界环境适应性强；分级治事，分层负责，有利于追随者充分发挥积极性和创造性，对整体组织兴旺发达起重要作用。但是，若权力过度分散则不利于统筹规划，甚至导致组织四分五裂，影响整体活动的效能。

集权还是分权？

笼统地说，集权强调决策权在组织系统中较高层次的一定程度上的集中，分权则侧重决策权在组织系统中较低层次的一定程度上的分散，集权与分权是相对的概念。绝对的集权意味着组织中的全部权力集中在一位领导者手中，组织活动的所有决策均由其做出；绝对的分权则意味着全部权力分散到各个部门或个人手中。没有集中的权力，一个统一的组织也就不复存在了。所以，我们应该关注的不是应该集权还是分权，而是哪些权力应该集中，哪些权力应该分散，什么情况下应该侧重集权和什么时候应该侧重分权。一般考虑的因素包括：

（1）决策的代价。在考虑经济指标的同时还应该考虑一些无形的指标，如信誉、士气等，一般对于重要的或耗费较大的决策一般由较高的领导层做出。

（2）政策的统一要求和现代控制手段的使用情况。如果组织内部执行同一个政策，集权的程度就会较高。如果组织内部具备良好的控制手段，那么组织就可以进一步分权。但是现代通信技术是一把"双刃剑"，它既有助于分权也可以推动集权。

（3）组织的规模和空间分布广度。组织的规模越大，需要做出的决策越多，协调、沟通以及控制越是不易，这时适合于分权；相反，组织规模越小则越适合于集权。

（4）组织的历史和管理者的情况。如果组织是由小到大逐步发展来的，则集权的程度较高；如果组织是经联合或合并而来，则分权的程度较高。此外，领导者的素质与数量也会影响职权的分散与集中。如果领导者人员数量充足，能力强且经历丰富，则可较多地分权。

（5）组织处理的事务性质。当组织需要处理时间性强、需要随机应变的事务，若权力过于集中就容易贻误时机，此时应该适当地分权。

正如明朝政治家张居正所说："天下之事，虑之贵详，行之贵力，谋在于众，断在于独。"在现实中，我们应该将集权和分权集合起来推动团队的发展与变革。

思考：

1．集权与分权背后的人性假设有着怎样的区别？
2．如何判断应该采用集权还是分权？
3．集权和分权具有怎样的特点？集权是个贬义词吗？现实中我们应如何对待集权和分权？

8.3 团队发展与变革

8.3.1 群体与团队

为什么是群体？

亨利·福特说："就算你没收我的生财器具，霸占我的土地、工厂，只要留下我的伙伴，我也能再起风云，建立起我的新王国。"从政府部门到大公司，再到社区的便利店，组织都是为了实现共同目的而一起工作的人的集合。组织绝不是个体的简单相加，组织可以完成任何人独自行动所远远不能完成的任务，一个单打独斗的人是不可能战胜一个团队的。没有任何的证据表明，伟大的领导者拥有魔力，总是能够制定出高明的决策和战略，不需要一星半点来自平凡的追随者的帮助。对领导者实际工作情况的研究发现，领导者生活在一个充满混乱和不确定的妥协的世界里，工作时间被不断地打断，整天在暂时而无计划的活动中做着"布朗运动"，并在这些活动中试图去刺激、指导和影响追随者，以求完成任务。

因此，认真想一想领导者应该做什么。寻找组织的"救世主"，认为以一己之力能解决组织所有问题的孤胆英雄是孤注一掷。在这样一个充满变化、竞争的时代，只有在运作良好的组织里，寻找或好或坏的实践经验并从中学习，在做的过程中不断地质疑、演化和学习，这不仅仅是领导者应该做的事，也是组织对领导者的要求。

群体是指建立在工作关系与社会心理关系双重基础上的人群集合体。群体中的个体必须遵守群体共同的规范，具有集体意识和归属感，在群体中能找到自己的角色和地位。同时个体之间在行为上和心理上都能认识到他人的存在，并且彼此之间有着思想、感情和情绪上的交流。心理学家霍曼斯（G. G. Homans）在20世纪50年代提出了群体模型，认为任何一个群体都是由活动、相互作用、思维情绪、群体规范这4种要素组成的系统。研究群体领域最著名的学者之一美籍德国人库尔特·卢因（Kurt Lewin）提出了群体动力论，该理论论述了群体中的各种力量对个体的作用和影响。一个人的行为B，是个体内在需要P和环境外力E相互作用的结果，可以用函数形式表示为：$B=f(P, E)$。

群体就是团队吗？

团队（Corporation）的正式定义为由具备互补技能的人所组成的小群体，他们一起工作以期实现共同目标，并为目标的实现而相互负责。团队的英文为"corporation""corporate"。"corporate"前面四个字母"corp"意为"身体"，因此翻译为"共同体"，其内涵要比"企业"或"团队"的内容更加丰富、贴切和深刻。作为一个"共同体"，领导者所带的应该是一个休戚相关的组织，一荣俱荣、一损俱损。假若组织没有与人相处的观念，而只是部门与部门的结合，则无法将全体人员的心力融合起来。从文化共同体的层面上看，人不是一个制度或结构中的一颗螺丝钉，而是一个活生生的、有血有肉的、有喜怒哀乐的人。用这种眼光来进行观察，可以超越管理学的角度，领导者面对的不是流程图，而是活生生的人。所以，组织应该是活的，应该具有代表"共同体"认同感的象征。

所有的团队都是群体，但并非所有的群体都是团队。一位领导者可以将一群下属集合在一起，但并不一定建立一个团队。经过广泛的研究证实，团队与群体之间确实存在不同之处。

（1）团队概念包含一种共同的使命感和集体责任心，但在群体之内则不一定具有共同的使命感和责任心。团队中的成员对团队有着强烈的归属感，这种归属感并非信仰，亦非法律和法规的影响，而是成员由于参与团队而产生的亲密感觉。它不同于企业式的合约，而是一种义结金兰式的情感，其中"情"的部分多于"法理"的成分。

（2）团队的特点是平等，最优秀的团队中没有个人的"明星"，每个成员都为了整体利益而约束自我。团队成员具有共同的目标或任务，而群体成员工作的独立性稍高一些。群体的成员有一个坚强的领导，而团队成员共同承担领导责任。团队中既有个人的责任，也有相互的责任，群体则强调个人的责任。因此团队还有其象征以及团聚的标志，如图腾、传说等。现代的"国家"实际上也还承袭了这种团队文化，如国旗、国歌、国花等基本上即是由部落文化延伸至今的记号，这些记号对于增强部落的凝聚力具有很大的价值。

（3）在群体中，成员通过相互作用来共享信息、做出决策，帮助每个成员更好地承担自己的责任。群体的绩效仅仅是每个成员个体绩效的总和，并没有产生协同作用。而团队工作独特的优点在于协同效应——团队成员努力的结果使团队的绩效永远大于个体成员绩效的总和。团队充分利用自身资源，通过集体方式获得绩效比在其他情况下获取的都多，这时就产生了协同效应。在团队工作并成为团队一员可以满足重要的个人需要，同时也会提高绩效，简单地说，团队既能为组织又能为组织的成员带来利益。

团队发挥更大的力量

走到一起只是开始，团结在一起算是进展，协作在一起便是成功。只有当每一个成员都意识到他的行为将会如何影响其他成员时，团队才会真正存在。越来越多的组织发现，以团队为基础的改革影响深远。采用团队工作的方式的时候，任务执行更加顺利和高效、员工与顾客有更多的接触、成员更加互相支持。

一方面，以合作为特征的团队有着更高的生产率和资源共享水平，成员间能够相互提供更多的帮助和更大的支持，更有说服力和更少强制，并且在权力关系中形成彼此信任和友好的氛围，可以综合不同的观点和意见去解决问题、讨论问题并达成多方满意的协议，成员表现出首创精神，会同其他人协商并遵循适当的程序。

另一方面，团队合作提高了员工的道德水平，避免单纯的竞争所导致的内耗。竞争性或独立性关系的成本是极高的，这种工作情况下双方都不愿互相帮助，仅从自己的角度看问题，拒绝讨论问题。双方都严格遵循工作说明而忽略忠告，孤立工作，这反而不能遵循程序。单纯的竞争是以牺牲合作为代价的。当人们不得不互相对立地工作时，共享资源就变得几乎不可能。竞争一般来说不能增进卓越，试图做好与试图击败别人完全是两件不同的事情。团队合作要求成员把自己看作团体的一部分，在那里，他们的目标是合作性的，团队成员互相帮助，提供支持，共享资源，从而可以降低成本。

思考：
1. 群体总是能够超越个体，发挥出巨大的作用吗？
2. 为什么团队比一般的群体更具有优势？

8.3.2 团队建设

团队总是成功的吗？

常言道，"三个臭皮匠胜过一个诸葛亮"，团队作用可以是正面的，然而现实生活中也常见"三个和尚没水吃"这样的悲剧。我们无法保证团队永远都会成功。现实中总是存在着一些"搭便车者"（Free Rider）坐享其成他人努力成果的现象，即由于团队中的工作职责导致的社会堕化（Social Loafing）。

一般说来，糟糕团队的形成主要有以下5点原因，即领导不力、团队成员之间缺乏信任、目标不明确、责任分工混乱、沟通不畅，这5条中4条与领导有关。虽然在全球500强企业中有80%以上的企业都有超过半数以上的员工在各种各样的团队中工作，但是并非各个团队都成功并且优秀。由于团队成员之间的高度依赖和利益共享，任何一个在团队里工作的成员都面临着是否合作的选择。如果自己不合作，而其他人努力付出，那么自己就能够坐享团队的成果。如果所有团队成员都想坐享其成，那么团队将一事无成，结果每个人都毫无所获。如果自己全身心投入，而其他成员心不在焉、松散慵懒，那么自己的成果将被其他人瓜分。因此，在团队的环境中，个人难免在两端进行选择。

领导在团队建设中至关重要。团队工作的内容可以不同，团队成员的知识结构可以不同，只要抓住了团队的特征进行有针对性的管理，就有可能打造优秀的团队。领导者的作用重要但是又不能凸显，关键是有但又不能过分强调。领导者要在领导的同时让成员感到是他们自己在领导整个团队。这样，当每个成员都产生自己对团队的归属感时，就再也不必苦苦思索是否合作的问题，而是忘我地投入工作。

每个人扮演好他的角色

为了弄明白"为什么有的团队成功有的团队失败"这个问题，贝尔宾（Raymond Meredith Belbin）提出了贝尔宾团队角色理论（Team Role Theory）。他强调："团队并不是一群有着职称的人，而是一群个体的集合，他们中每个人的角色都为他人所理解。团队中的成员扮演着与自己天性相符的角色。"每种角色对于团队成功地开始和结束都是非常重要的，所以成功的团队往往就像一个"联合国"，包括担任不同角色的人，里面的人形形色色。各种性格不同的人承担其合适的角色。贝尔宾通过对团队成员所表现出来的角色特征进行打分，从而辨识出人们在行为上的优势和劣势，最后归纳出每一个成功团队都必须具有的 9 种角色（各自的行动、特征、所允许的缺点，见表 8-4）。这里注意，贝尔宾指的角色是一种以特殊方式活动、做事和与他人交往的倾向而非人格特质。在此基础上他于 1981 年提出了通过角色扮演建设团队的方法。

表 8-4　贝尔宾团队角色理论

角　色	行　动	特　征	允许的缺点
智多星者 Planter	提出建议和新观点，擅长以不拘一格的方式解决问题	富有创造力和想象力、思维自由	思路非常人、无视细节和偶然，一心关注有效的沟通
审议员 Monitor Evaluator	以理智符合逻辑的思路分析问题和复杂的事情，冷静地权衡团队的决策并对他人的工作给予公正的评价	冷静，眼光长远，聪明，谨慎，公正，客观，理智	非常挑剔，做事慢条斯理，无法激励他人
领导者 Chairman/ 协调者 Co-ordinator	阐明目标，分配责任与义务，做出总结	稳重，治理水平中等，信任别人，积极思考，自信	充分授权，自己只处理少量的事务，但被认为在背后操控着一切
外交家 Resource Investigator	为了避免与外界的隔离和闭门造车，向外部发布内部信息，同外部人谈判并确保团队的理念可以为团队外所接受	有求知欲，多才多艺、喜欢社交，直言不讳、有创新精神	过于乐观，一旦热情过去就失掉了兴趣
执行者 Implementer	设计出可行、有效的战略并将之赋予行动	吃苦耐劳、脚踏实地	有一点灵活性，对新情况反应较慢
完成者 Completer/Finisher	在任务的最后关头非常重要，强调对工作细节的美化，检查工作中蛛丝马迹的"瑕疵"，并严格控制任务达到高质量标准	力求完美、坚持不懈、勤劳、注重细节、充满希望	非常偏执、极端地关注细节和要求完美、容易过虑、不愿授权
鞭策者 Shaper	为团队提供所必需的动力，保证团队以强劲的势头朝着目标前进	有较高的成就需要、敏感、耐心、好交际、喜欢辩论、精力旺盛、能应对压力	具有煽动性和攻击性，脾气还很糟糕
凝聚者 Teamworker	帮助团队更富有凝聚力，代表团队完成所必需的工作	善于合作、多才多艺、灵活、老练、敏锐	当需要做出一个不那么受欢迎的决策时可能会优柔寡断，避免冲突
专业师 Specialist	具有深厚的专业知识，其自身也被视为对团队的贡献	单纯、有奉献精神、知识渊博	可能非常局限在自己所专属的专业，只关心学术或技术

资料来源：Belbin R M. Management Teams. London. Heinemann, 1981
　　　　　Belbin R M. Team Roles at Work. Oxford. Butterworth Neinenmann, 1993

但是为什么一些在能力上非常强的团队本来应该是十分出色的，却没有能够发挥它们的潜力呢？那是因为团队的成功不在于团队中的人员能力，关键在于如何分配团队中成员的角色、如何在功能和角色中找到一种平衡。所以说，世界上不存在完美的人，只有完美的团队。成功的团队能够兼容各种角色，而不成功的团队却常常遭受角色冲突。贝尔宾借助于心理测试和 CTA（Critical Thinking Appraisal）评估，预测出个体所承担的角色，并最终预测团队能否成功。

从个体的角度来看，个体在相同的情境下反应却是迥异的，个体差异可能会导致一个团队分崩离析。但是另一方面，如果可以很好地发现和利用的话，个性特质的不同可以变成团队的一种优势。所以每个个体都是团队不可缺少的资源，组织成功关键的第一步就是分析出下属的角色特征，并且告诉每个人在什么情形下他们对于组织是有益的。

思考：

1. 什么是搭便车？如何克服搭便车？
2. 领导在团队建设中应该是怎样的位置？
3. 团队建设的关键是什么？团队中的个体角色包括哪些种类？它们各有怎样的特点？应该如何理解这些特点？在团队建设中如何发挥这些个性特点？

8.3.3 领导创新与组织变革

一个组织或一个团队犹如一个人，每个人身上的关节是一定的，且彼此协调。缺少某一关节或关节间紊乱无序，人就会出现病状。一个组织或一个团队又犹如一部机器，每部机器由一定的零部件构成。零部件散落一地，堆成一堆，这不是机器；零部件组装起来，但其中哪怕一个部件没有放到它应有的位置，这部机器就不可能正常运转。因此，无论是为了应对环境变化还是为将来的目标做出准备，组织必然要随时调整自身的结构、重新构成组织的凝聚力，准备组织的变革。

领导者的创造力

研究创造力的热潮早从 20 世纪的 50 年代和 60 年代就开始了，源自人们认为创造力是可以培养出来的。帕尼斯（S. J. Parnes）认为华莱士（Graham Wallas）在 1926 年提出的创造性成就行动模型中，创造力被视为是天生的，而非后天可以培养的。随后，学者开始认为，可以使用一些特意的方法或步骤来刺激创造力酝酿期，也因此可以增大"灵光一闪"可能性。所以直到最近的几年，我们仍然可以见到大量的关于领导者创新的书籍。

但是对于究竟什么是创新，多数学者还是认为，创造力是一个非常含糊的概念。一位研究创造力的创立者之一的麦金农（D. W. MacKinnon）最后这样总结自己的研究生涯："我认为，创造力的本质令我们无法捉摸。即便是这样我们也没有理由放弃我们的研究，因为我们有更多的理由继续我们的研究。"除了概念上含糊不清，创造力作为一种科学研究常常面对着悖论的质疑，即如果在此之前这个创造力意味着一种独一无二的话，那么创造的过程如何能够在一个理论中再次表现出来呢？

第8章 领导与组织

大脑爆米花与CPS模型

有学者指出，创造力是产生一种新的想法——通过挖掘现有的技术或者机会，要么找到看待事物的新方式，要么看到新的机会。由此，创造力强调的是以一种不同的方式看待我们习以为常的东西，这种能力产生了应对所有类型问题、困难、情境和挑战的新颖反应。头脑风暴法毫无疑问是目前最著名的激发创造力的方法。在1953年，广告商亚历克斯·奥斯本（Alex Osborn）选择了一些技术来激发创造力，目的是通过找到新奇的、异想天开的解决问题的方法。这在一本《应用想象力》（Applied Imagination）书中被称为头脑风暴法（据说此书的销量曾一度超过《圣经》）。奥斯本认为要在工作环境中产生创造力有3个主要的原则：搁置评判、重量不重质、跟进他人。

（1）搁置评判。这是最重要的规则。当想法被提出的时候，所有的想法都要写下来，不允许做任何的评价。创造一个想法同时又批评它就像在树苗上同时浇水和除草剂，那些愚蠢、不切实际和疯狂的主意可能就是正解。我们要允许自己的思考跨越普通和常规的界限，随心所欲地自由思考。

（2）重量不重质。进行头脑风暴的团队一般会设定一个固定数目的目标，比如50或者100个想法才结束会议。这样渴望大量想法的原因有两个：第一，显然那些普通、老套和不切实际的想法会首先进入大脑，所以，比如前20个到25个想法很可能不是新颖的和创造性的；第二，大量的想法产生之后才能方便对它们进行筛选、改造和构建。

（3）跟进他人。目的是用另一个想法来刺激想法的改进或者变化，最终有可能把一个不能用的方案的一部分改变之后产生了一个伟大的方案。例如：如何让我们的学校有更多的学生？头脑风暴产生的主意：给他们钱让他们来。这听起来没用，但是改一下如何？给他们一些东西，而不是钱——比如情绪上、精神上或者智力上的奖赏或现实的增值奖赏，比如更好的人际网络和工作接触。

但是自从在20个世纪50年代被《财富》杂志讽刺为"大脑爆米花"之后，头脑风暴法的地位发生了翻天覆地的变化。许多的学术研究结果显示，没有任何互动的组织似乎比头脑风暴的团队产生了更多的创意。另一方面，没有结论性的证据可以证明所产生的创意的质量如何。

当前提升创造力最有效的、影响力最广泛的方法还是CPS（Creative Problem Solving）模型。奥斯本（Alex Osborn）和克劳福德（Robert Crawford）早在1948年就正式开始创造力提升的计划，这些计划在20世纪50年代日趋成熟。在奥斯本《应用想象力》一书的启发下，奥斯本的同事帕恩斯（Sid Parnes）在1966年发展出了众所周知且描述清晰的CPS六阶段模型，其中包括发现挑战、发现事实、发现问题、发现想法、发现解答、寻求接受。奥斯本-帕恩斯（Osborn-Parnes）的CPS模型被用于理解项目的范围，并提供有创意、可执行的新思路。随后到了20世纪60年代，CPS模型被认为有着相当好的效度,被广泛应用于各种研究学科背景之下。

组织变革的步骤

很多的西方管理学、社会学以及心理学家对组织变革的过程,进行了总结并建立起了相应的理论形式。这里重点介绍的是被称作"社会心理学之父"的库尔特·勒温(Kurt Zadek Lewin)群体动力学中关于组织变革的内容。

在第二次世界大战期间,勒温从事改变人们饮食习惯的研究后发现,团队决定比单独做出的决定对团队中的个体有着更持久的影响。在这一实验中,一组孩子的妈妈被给予个别指导,向她们说明婴儿用餐最好加些橘汁。另一组孩子的妈妈则讨论改善孩子食谱的好处,最后达成用餐加入橘汁的共同决定。结果表明,参与团体决定的妈妈要比那些接受个别指导的妈妈更遵守加用橘汁的做法。团队讨论促进并强化了决定。而且,团队对于其成员越是重要,在引起变革方面就越有说服力。勒温将此实验研究得到的启示广泛应用于社会实践。他提出了进行组织变革最好分3个步骤:①解冻(Unfreezing),即减少与团体过去标准的关联;②引进新标准;③坚实地建立在新标准上的"再冻结"(Refreezing)过程。

(1)解冻

在组织变革之前,人们的工作常常是熟悉的、稳定的,这在心理上有一种安全感。当人们面临变革时,这种职业认同受到一定影响,于是产生对变革的抵制。有的领导者甚至觉得变革意味着自己没有做好工作,因此会产生抵触态度。另外,人们习惯于稳定的惯常的工作模式,一旦打破这种工作模式,实行新的变革,就会产生某种压力和不满意感,从而抵制变革的进行。从现实角度看,变革会打破群体原有的平衡,带来经济收入或者权力地位上的调整,这些也是群体抵触变革的重要原因。

对于过去的留恋是抵触群体、抵触变革的根本原因。如果群体与过去标准之间的关联能够明显地减少,那么个体就更愿意考虑接受新的标准。为了做到这一点,群体要认识到过去对未来造成的障碍,要使人们感到变革的迫切性。只有当群体自己认识到旧观念、旧行为实在行不通,迫切要求变革,愿意接受新的东西时,变革的实行才有可能。同时,还要给人们以一定的安全感,扫除害怕失败、不愿变革的心理障碍,让群体能够将过去抛之脑后。

(2)引进新标准

如果把新标准看作由团体决定而不是外界强加的,它就更容易被人们所接受。新标准指明改变的方向,实施变革,使个体形成新的态度和行为。这一步骤中,应该注意个体的以下几个心理过程:首先,学习一种新的观念,或确立一种新的态度的最有效的方法之一就是看其他人是如何做的,并且以这个人作为自己形成新态度和新行为的榜样,用心理学术语讲就是对角色模范的认同。其次,由于职位的不同、工种的不同等,以角色模范学来的东西不能生搬硬套。因此就必须从客观情况出发,对于多种信息加以选择,并需在复杂的环境中筛选出有关自己特殊问题的信息。勒温说，变革是个认知的过程，它由获得新的概念和信息得以完成。但上述过程完成的前提条件是个体有真正愿意变革的动机，否则，上述的"认同""信息的选择"和"在环境中筛选"都只能是一句空话。个体选举产生的领导，其领导行为容易为个体所接受。由这种领导实行变革时，受到的抵制就较少，同时领导要身体力行，做出表率，重视变革过程中的思想教育工作。

（3）再冻结

人们对某项事情参与的程度越大，就越会承担责任，把这件事当作自己的事。如果团体参与了整个渐进的过程，新标准就会更加自然地被吸收，抵制的情况就较少发生，变革就容易顺利进行。

除此之外，为了确保变革的稳定性，首先，要给群体充分的机会去检验新态度和新行为是不是符合自己的具体情况。其次，要给群体充分的机会去检验与他有重要关系的其他人是否接受和肯定新的态度。这时候领导者要关注群体中的核心人物及其影响，通过他们来强化群体的认同感，共同明确变革目的。然后，利用必要的强化方法使新的态度和行为方式固定下来，使之持久化。在这个过程中，领导者一定注意合理安排变革的时间和进程，切不可操之过急。

思考：

1. 创造力是天生的吗？创造力概念中存在着怎样的悖论？
2. 头脑风暴法与 CPS 模型有着怎样的区别和联系？
3. 勒温将组织变革分为了怎样的 3 个步骤？
4. 解冻步骤主要为了达到的目标是什么？如何能够更顺利地让人们发生改变？什么是"再冻结"？

8.4 全书总结

领导真的有那么大的作用吗？

一方面领导者的作用得到了充分的肯定。历史上充满了给世界带来巨大转变的领导者：甘地领导印度脱离英国殖民统治，实现独立；马丁·路德·金为美国黑人争取民权，并为全体美国人实现了经济上的公平与正义；伊丽莎白一世的坚持和政治技巧，巩固了大不列颠王国的统一局面；丘吉尔首相的讲演和供给，在二战中保住了全国人民的战斗意志和士气；希特勒发动的战争夺走了几百万人的性命。当然领导者也能在较小的组织范围内创造出不同的局面。诚如领导学研究者罗伯特·霍根（Robert Hogan）及其同事所指出的："南北战争中林肯总统一方的军队萎靡不振，直到格兰特将军上任之后才出现巨大转机……对于大多数人来说，这就是领导者至关重要的证据。"

有关领导力对于绩效的影响,汽车行业进行过一次最复杂的研究。研究发现,除了丰田,各公司最高管理层对组织绩效的影响都非常显著。领导者不仅影响着组织中的财务绩效,还会影响组织中的人际氛围、员工的工作满意度和身心健康。曾有学者研究了50多年的组织氛围之后发现,"任何组织不管其所属职业,也不管调查的时间和地点,都有60%~75%的员工报告,他们工作最恶劣、压力最大的方面来自于他们的直属领导者",并且"这些滥用职权又无能的领导层,每年会给生产力带来数以十亿计算的损失"。

另一方面,领导力固然重要,但是说领导者一定能给组织绩效造成巨大差异则是一种片面的说法了。领导者的影响力有很多时候也远远低于大多数人的意料。早在1977年,杰弗瑞·菲佛(Jeffrey Pfeffer)发表领导力研究报告时就称,尽管领导者的确有一定的影响,但最佳的和最差的组织之间的绩效差异,最多只有10%可以归结到领导人的行动上。近年来的大量研究证实,领导力与绩效之间的关联性相当有限。学者们对于领导力的作用,以及它什么时候能发挥最大作用存在着争议,但是大多数人还是认为:领导力对组织绩效的影响极为有限;只有少数情况显得比较强势,而在另一些情况下几乎近于零。詹姆斯·梅德尔(James Meindel)说,我们的文化美化了领导者,赋予了他们超出实际的"尊重、声望、魅力和英雄主义"。因此,有效的领导者应该做的第一件事,不是问"我能做什么",而是问"真的需要我吗",最好的领导者应该放开对组织的掌控,知道在什么时候、以什么样的方式退场。

领导无可取代

目前不少的研究成果显示,在许多情境下领导者表现出什么样的行为都是无关紧要的。某些个体、任务和组织变量可能作为"领导"的替代因素,或者使领导者对下属的影响失效。无效因素使领导者的行为对下属的工作产生不了作用,替代因素指的是可以替代领导者的影响,见表8-5。比如下属自身有深厚的工作经验、拥有熟练的技术、受过培训或者对组织的奖励非常淡然的时候,这些下属的特点就可以替代领导方面的支持。

表8-5 领导的替代因素和无效因素

特 点	关系取向领导	任务取向领导
个体:		
经验/培训	无影响	替代
专业	替代	替代
对奖励的淡然态度	无效	无效
工作:		
高结构化任务	无影响	替代
提供自身反馈	替代	无影响
满足个体需要	替代	无影响
组织:		
正式确定的目标	无影响	替代
严格的规章和程序	无影响	替代
内聚力高的工作群体	替代	替代

听到"领导者并不总是对下属产生影响"这句话的时候我们应该一点都不吃惊。领导只是组织行为总体模型中的一个自变量而已，除了在某些条件下它有利于解释员工的生产率、缺勤率、离职率和对工作的满意度之外，在另外一些情况下它的贡献寥寥无几。

按照权变的理论，在此我们可以断定认为领导风格在任何情境下都有效的看法可能并不正确。领导并不总是重要的，不少研究资料表明在许多情境下，领导者表现出什么样的行为是无关紧要的。某些个体、工作和组织变量可以作为"领导的代替物"，从而替代了领导者的影响。

首先，当下属的特点是有经验、受过专业培训，或有独立需要时，则替代了领导的效果，这些特点可以取代为了进行结构化和降低任务模糊性而需要的领导方面的支持和能力。同样，当工作本身十分明确、规范或自身能满足个体时，对领导变量的需要也大大减少。最后，某些组织的特点，如明确正式的目标，严格的规章和程序，或高内聚力的工作群体，都可以代替正式的领导活动。

前面讲的路径—目标理论引发一些理论家试图研究他们称之为领导替代品（Substitutes for Leadership）的概念。领导替代品指工作环境和相关人员的某些能够减少领导者个人参与需要的方面，因为领导已经融入环境之中，故领导替代品使来自"外部"的领导毫无必要。

最后的话

总之，领导者能给组织和团队绩效带来一定的差异，尽管效果并没有我们预想的那么大，也不如其他因素那么重要。领导者有机会把事情变得更好的同时，也会令组织的局面变得更糟。所以，避免糟糕的领导者恐怕是一个比找到一个伟大的领导者更重要的目标。到这里，本书的结尾却好似回到了本书的开始。前面种种对领导者的探讨和对领导理论的介绍仿佛不再有意义。这是留给大家的最后一个思考——领导者只是一系列的理论吗？绝对不是，领导是关于智慧的艺术。最好的领导者要足够聪明，拥有一副一切尽在执掌的从容姿态；同时又要足够明智，不让权力冲昏头脑。

思考：

1. 回顾全书，我们如何正确地评价领导的作用？
2. "避免糟糕的领导者恐怕是一个比找到一个伟大的领导者更重要的目标。"对于这句话，你是如何理解的？

参 考 文 献

[1] 饶美蛟，刘忠明. 管理学新论[M]. 北京：商务印书馆，1996.

[2] 余朝权. 组织行为学[M]. 台北：五南图书出版股份有限公司，2003.

[3] 理查德·哈格斯. 领导学[M]. 北京：清华大学出版社，2007.

[4] 弗里蒙特 E 卡斯特，詹姆斯 E 罗森茨威克. 组织与管理——系统方法与权变方法[M]. 北京：中国社会科学出版社，1985.

[5] 丹尼尔雷恩. 管理思想的演变[M]. 北京：中国社会科学出版社，2000.

[6] 托马斯 D 兹韦费尔. 管理就是沟通[M]. 北京：中信出版社，2004.

[7] 杰弗瑞，菲佛等. 管理的真相：事实、传言与胡扯[M]. 北京：中国人民大学出版社，2008.

[8] 曾仕强，刘君政. 领导与激励[M]. 北京：清华大学出版社，2004.

[9] S. A. Kirkpatrick & E. A. Locke. 领导力：阅读与练习[M]. 4版. 北京：中国人民大学出版社，2009.

[10] 理查德·达夫特. 领导学：原理与实践[M]. 北京：机械工业出版社，2005.

[11] 安弗莎妮·纳哈雯蒂. 领导[M]. 北京：机械工业出版社，2007.

[12] 巴尔多尼. 向领导大师学沟通[M]. 北京：机械工业出版社，2004.

[13] 吴维库. 领导[M]. 北京：高等教育出版社，2011.

[14] 麦格雷戈·伯恩斯. 领导学[M]. 北京：中国人民大学出版社，2013.

[15] 苏保忠. 领导科学与艺术[M]. 北京：清华大学出版社，2009.

[16] Bass. Bass & Stogdill's Handbook of Leadership: Therory, Research, & Managerial Applications [M]. 3rd edition. New York: Free Press, 1990.

[17] Burns. Leadership[M]. New York: Harper & Row, 1978.

[18] MChemers and RAyman. Leadership, Theory and Research: Perspectives and Directions[M]. New York: Academic Press, 1993.

[19] GYukl. Leadership in Organizations [M]. New York: Prentice Hall, 1989.

[20] John PKotter. What leaders really do[M]. New York: Free Press, 1999.

[21] Mintzberg. Power in and around organizations[M]. Englewood Cliffs: Prentice Hall, 1983.

[22] Carter. Authority and Democracy[M]. London: Routledge and Kegan Paul, 1979.

[23] Northouse. Leadership: Theory and Practive[M]. New York: Sage, 2004.

[24] Price. Understanding Ethical Failures in Leadership[M]. New York: Cambridge University Press, 2006.

[25] Rost. Leadership for the Twenty-first Century[M]. New York: Praeger, 1991.

[26] Stodgill. Handbook of Leadership[M]. New York: Free Press, 1974.